全国城市轨道交通专业高职高专规划教材

Guidao Xianlu Yanghu yu Weixiu Jishu
轨道线路养护与维修技术

车广侠　颜月霞　主　编
开永旺　副主编
刘卫民[长春市轨道交通集团有限公司]　主　审

人民交通出版社股份有限公司
China Communications Press Co.,Ltd.

内容提要

本书为全国城市轨道交通专业高职高专规划教材。主要内容包括：城市轨道交通线路养护维修准备、线路病害防治、城市轨道交通线路维护作业、无缝线路养护与维修、道岔养护维修和线路设备大修。

本书可作为轨道类、铁路类高职、中职院校教材，也可作为轨道交通行业从业人员培训教材，亦可供行业从业人员参考。

＊本书配套课件，可通过加入职教轨道教学研讨 QQ 群索取（群号：129327355）。

图书在版编目（CIP）数据

轨道线路养护与维修技术／车广侠，颜月霞主编.—北京：人民交通出版社股份有限公司，2014.8
全国城市轨道交通专业高职高专规划教材
ISBN 978-7-114-11459-5

Ⅰ.①轨… Ⅱ.①车…②颜… Ⅲ.①城市铁路—铁路线路—铁路养护—高等职业教育—教材②城市铁路—铁路线路—维修—高等职业教育—教材 Ⅳ.①U239.5

中国版本图书馆 CIP 数据核字（2014）第 118044 号

全国城市轨道交通专业高职高专规划教材

书　　名：	轨道线路养护与维修技术
著 作 者：	车广侠　颜月霞
责任编辑：	袁　方
出版发行：	人民交通出版社股份有限公司
地　　址：	（100011）北京市朝阳区安定门外外馆斜街 3 号
网　　址：	http://www.ccpress.com.cn
销售电话：	（010）59757973
总 经 销：	人民交通出版社股份有限公司发行部
经　　销：	各地新华书店
印　　刷：	中国电影出版社印刷厂
开　　本：	787×1092　1/16
印　　张：	13
字　　数：	300 千
版　　次：	2014 年 8 月　第 1 版
印　　次：	2022 年 12 月　第 8 次印刷
书　　号：	ISBN 978-7-114-11459-5
定　　价：	39.00 元

（有印刷、装订质量问题的图书由本公司负责调换）

全国城市轨道交通专业高职高专规划教材
编 审 委 员 会

主　　任：施建年(北京交通运输职业学院)
副 主 任：(按姓氏笔画排序)
　　　　　刘大洪(武汉铁路职业技术学院)　　　张竟成(北京地铁运营有限公司)
　　　　　李加林(广东交通职业技术学院)　　　杨金华(云南交通职业技术学院)
　　　　　徐雅娜(辽宁省交通高等专科学校)
特邀专家：(按姓氏笔画排序)
　　　　　王志红(中铁建港航局集团轨道交通工程有限公司)
　　　　　王得楷(甘肃省地质所)
　　　　　包惠明(桂林理工大学)
　　　　　刘静予(江苏省力学学会)
　　　　　朱红洲(重庆交通大学)
　　　　　宋延安(中铁建港航局集团轨道交通工程有限公司)
　　　　　杨建国(交通运输部科学研究院)
　　　　　高虎艳(西安市地下铁道有限责任公司)
　　　　　缪林昌(东南大学)
委　　员：(按姓氏笔画排序)
　　　　　丁洪东(辽宁轨道交通职业学院)　　　王心明(上海交通职业技术学院)
　　　　　王玉辉(湖南铁路科技职业技术学院)　王劲松(广东交通职业技术学院)
　　　　　王运周(甘肃交通职业技术学院)　　　王建立(北京铁路电气化学校)
　　　　　王　越(辽宁铁道职业技术学院)　　　邓木生(湖南铁道职业技术学院)
　　　　　冯卫星(河北交通职业技术学院)　　　邝青梅(广东省交通运输技师学院)
　　　　　刘东华(包头铁道职业技术学院)　　　刘淑珍(北京市电气工程学校)
　　　　　吕建清(青岛港湾职业技术学院)　　　朱庆新(南京交通职业技术学院)
　　　　　何　鹏(陕西交通职业技术学院)　　　张红梅(武汉市交通学校)
　　　　　张　辉(吉林铁道职业技术学院)　　　李　军(北京交通运输职业学院)
　　　　　李　季(北京自动化工程学校)　　　　李　锐(安徽交通职业技术学院)
　　　　　李慧玲(天津铁道职业技术学院)　　　杨　平(四川交通职业技术学院)
　　　　　汪武芽(江西交通职业技术学院)　　　周秀民(吉林交通职业技术学院)
　　　　　罗建华(北京地铁技术学校)　　　　　范玉红(南通航运职业技术学院)
　　　　　胡邦曜(柳州铁道职业技术学院)　　　赵　岚(西安铁路职业技术学院)
　　　　　都娟丽(西安科技商贸职业学院)　　　盛海洋(福建船政交通职业学院)
　　　　　董黎生(郑州铁路职业技术学院)　　　覃　峰(广西交通职业技术学院)
　　　　　熊文林(湖北交通职业技术学院)
秘　　书：袁　方(人民交通出版社股份有限公司)

出版说明

我国轨道交通正处于快速发展阶段,目前已有 30 个城市的轨道交通建设规划获批,预计至 2020 年,我国城市轨道交通累计营业里程将达到 7395km,而我国有发展轨道交通潜力的城市更是多达 229 个,预计 2050 年规划的线路将增加到 289 条,总里程数将达到 11700km。

面临这一大好形势,各地职业院校纷纷开设了城市轨道交通相关专业。为了适应我国城市轨道交通专业高职高专教育对教材建设的需要,我们在 2012 年推出城市轨道交通运营管理专业高职高专规划教材之后,广泛征求了各职业院校的意见,规划了全国城市轨道交通工程技术专业高职高专规划教材。

为保证教材出版质量,我们从开设城市轨道交通工程技术专业的优秀院校中遴选了一批骨干教师,组建成教材的编写团队;同时,在高等院校、施工企业、科研院所聘请一流的行业专家,组建成教材的审定团队,初期推出以下 13 种:

《工程地质》

《工程制图及 CAD》

《工程力学》

《土力学与地基基础》

《轨道交通概论》

《轨道工程测量》

《桥梁工程技术》

《轨道施工组织与概预算》

《工程材料》

《轨道线路养护与维修技术》

《轨道施工技术》

《路基施工技术》

《隧道及地下工程技术》

本套教材具有以下特点:

1. 体现了工学结合的优势。教材编写过程努力做到了校企结合,聘请地铁施工企业参与编写、审稿,并提供了大量的施工案例。

2. 突出了职业教育的特色。教材内容的组织围绕职业能力的形成,侧重于实际工作岗位操作技能的培养。

3. 遵循了形式服务于内容的原则。教材对理论的阐述以应用为目的,以够用为尺度。语言简洁明了、通俗易懂;版式生动活泼、图文并茂。

4. 整套教材配有教学课件,读者可于人民交通出版社网站免费下载;每章后附有复习思考题,部分章节还附有实训内容。

希望该套教材的出版对全国职业院校城市轨道交通专业教材体系建设有所裨益。

全国城市轨道交通专业高职高专规划教材
编审委员会
2013 年 5 月

前　言

当前,我国城市轨道交通建设正处于快速发展时期,多数城市轨道交通企业需要大量的面向生产一线的技能型人才。在这样的背景下,职业教育迎来了最好的发展时期,同时也进入了克难攻坚的阶段,多数职业院校正在探索课程体系与课程结构、内容的改革,希望通过改革,开发出与职业岗位需求联系紧密的教材。为适应这种形式的需要,我们组织编写了本书。

本书以培养学生综合职业素质和综合职业能力为目标,同时吸取了大量的轨道交通企业技术人员的建议,教材内容紧贴城轨中级线路工的职业岗位能力要求,本着必需、够用的原则,在编写过程中进行了大量的需求分析和资源分析,经过充分的调研论证,精心选择了本课程的内容。

本书是全国城市轨道交通专业高职高专规划教材之一。主要内容包括:城市轨道交通线路养护与维修准备、线路病害防治、城市轨道交通线路养护作业、无缝线路养护与维修、道岔养护与维修、线路设备大修等。本书可作为高等职业院校城市轨道交通工程技术专业的教学用书,也可供从事城市轨道交通工程施工及养护维修的人员自学或参考。

本书具体编写分工为:吉林交通职业技术学院车广侠(编写项目一、三、四及项目五中任务一、二)、李飞燕(编写项目四中任务一)、于慧玲(编写项目四中任务二)、李晓红(编写项目五中任务三),北京交通运输职业学院颜月霞(编写项目二),浙江交通职业技术学院开永旺(编写项目六)。全书由车广侠担任主编并统稿,颜月霞担任第二主编,开永旺担任副主编,长春市轨道交通集团有限公司刘卫民担任主审。

本书在编写的过程中得到了北京地铁、上海申通地铁、长春市轨道交通集团有限公司的大力支持,在此表示衷心的感谢。

另外,本书也参考引用了国内外专家、学者发表的有关城市轨道交通的文献资料,在此谨向文献资料的作者表示真挚的谢意。

由于编者水平有限,书中缺点和不足在所难免,敬请读者批评指正。在具体教学实践中,编者会不断修改和完善,并期待领导、专家及同行提出批评,使得本书更加充实和完善,更加体现城市轨道交通专业高职高专规划教材的特色。

编 者

2014 年 6 月

目　　录

项目一　城市轨道交通线路养护与维修准备 ·· 1
　任务一　熟悉城市轨道交通线路环境 ··· 1
　任务二　城市轨道交通线路检查准备 ·· 16
　任务三　认识城市轨道交通线路养护机具 ·· 35
　任务四　城市轨道交通线路状态检测 ·· 41
　复习思考题 ··· 51

项目二　线路病害防治 ·· 52
　任务一　线路爬行防治 ··· 53
　任务二　线路坑洼防治 ··· 56
　任务三　线路方向不良防治 ··· 58
　任务四　胀轨跑道防治 ··· 61
　任务五　钢轨及接头连接零件病害防治 ·· 65
　复习思考题 ··· 68

项目三　城市轨道交通线路维护作业 ·· 69
　任务一　轨道线路单项作业 ··· 69
　任务二　起道捣固作业 ··· 77
　任务三　改道作业 ··· 81
　任务四　拨道作业 ··· 85
　复习思考题 ·· 121

项目四　无缝线路养护与维修 ·· 122
　任务一　无缝线路故障分析及处理 ··· 122
　任务二　应力放散与调整作业 ··· 127
　复习思考题 ·· 135

项目五　道岔养护与维修 ·· 137
　任务一　普通单开道岔检查 ··· 137
　任务二　普通单开道岔养护与维修 ··· 150
　任务三　复杂道岔养护与维修 ··· 167
　复习思考题 ·· 177

项目六　线路设备大修 ·· 178

  任务一 熟悉线路设备大修 ………………………………………………………… 178
  任务二 线路大修施工流程 ……………………………………………………… 179
  任务三 单项大修作业 …………………………………………………………… 180
  任务四 线路大、中修验收 ……………………………………………………… 184
  复习思考题 …………………………………………………………………………… 190
附录 《轨道线路养护与维修技术》课程标准 ……………………………………… 191
参考文献 ……………………………………………………………………………………… 197

项目一　城市轨道交通线路养护与维修准备

工程案例

上海地铁 9 号线一期工程途经松江、闵行、徐汇三个区,工程自松江新城站至宜山路,全程约 31km,线路呈东西方向走向。全线共 13 座车站,西起松江区的松江新城站经大学城站、佘山旅游度假区二站、佘山旅游度假区站、泗泾站、九亭站、中春路站、七宝站、外环路站、合川路站、虹梅路站、桂林路站至宜山路站。整个工程全范围内:正线地下线及敞开段 DK0+000～DK1+840,正线高架线及地面线 DK1+840～DK18+027,辅助线高架线 0.409km,设有交叉渡线 1 组、单渡线 4 组、钢轨伸缩调节器 4 组。工程线路敷设情况如下:地下线整体道床 1.84 双线公里;桥上整体道床 15.313 双线公里;地面线碎石道床 0.638 双线公里。

任务描述

该工程于 2009 年建成通车,通车后交给上海地铁总公司第二分公司负责运营,线路运营一段时间之后,情况良好。假如你是该地铁总公司工务分公司的技术组长,请带领你的技术员,解决下列问题:

1. 为确保线路运行顺畅高效,在组织人员进行工务维修时,需要按照何种流程进行操作?
2. 如果你带领技术人员到现场检查,应该检查哪些项目和配备哪些工具?

任务一　熟悉城市轨道交通线路环境

一、城市轨道交通线路敷设方式

城市轨道交通线路(以下简称城轨线路),正随着大都市的繁荣而快速延伸。线路的结构以及线路维护技术和方法,都在随之不断完善和更新。

城轨线路的铺设,由于受市区既有条件的限制,一般情况以地下为主,只有郊区线路或由运营正线通往后方基地时,轨道才由地下延铺至地面。

随着城轨交通的迅猛发展,现代的城轨线路又由地下发展到空中,在高架桥梁上铺设轨道。这样,现代都市轨道交通形成了一种立体式的网络结构,这是新世纪轨道交通事业兴旺发达的显著标志。

由于城轨线路的结构设计与铁路结构设计相比有了新的突破,从事线路养护维修的专业人员都必须适应新时期、新设备的特点。

就城轨线路结构形式而言,主要分为地面线路、地下线路和高架线路三大类型。

(一) 地面线路

地面线路,其上部结构保留了铁路线路的特点,轨下基础也基本保留了传统的碎石道床,如图1-1所示。地面线路是造价最低的一种方式,一般敷设在有条件的城市道路或郊区野外。为保证车辆快速运行,一般为专用道形式,与城市道路相交时,一般应设置为立交。

穿越市中心的城市轨道交通线一般很少设置地面线(市区用地紧张,道路交叉口多,干扰大)。连接中心城与卫星城间或城市边缘地带,应尽可能设地面线以减少造价。

a)　　　　　　　　　　　　　　　　b)

图1-1　地面线路

1. 地面线路的结构

地面线路的结构,见图1-2。地面线路的结构分为上部结构和下部结构。通常把路基面以上的部分称为上部结构,路基面以下的部分称为下部结构。

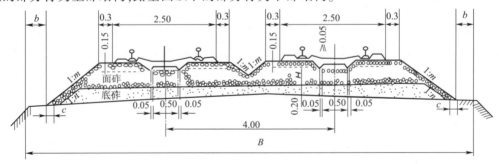

图1-2　地面线路结构(尺寸单位:m)

地面轨道的上部结构,由钢轨、接头连接零件、轨枕、扣件、道床所组成。下部结构由路基和侧沟所组成。

钢轨的轨型,正线采用60kg/m钢轨,基地站场线路,除试车线以外,均采用50kg/m钢轨。两股钢轨头部内侧作用边之间的水平距离称为轨距,标准轨距我国为1435mm,容许误差有新线接管验收、维修施工验收、保养控制值等多项标准。

钢轨的平面连接,有两种形式:第一种是通过夹板和连接零件进行连接,第二种是进行焊接。在立体框架上,钢轨通过扣件与轨枕连接紧固,成为一个框架整体。

城市地铁的地面线大多数采用了碎石道床的结构形式。根据土质情况和地下水源情况的不同,道床有单层和双层两种。单层的为石砟层,双层的为先铺设200mm厚度的黄砂层,然后铺设不小于250mm厚度的石砟层,其厚度从线路中心线处量取。

道床在线路外侧的部分,称为道床边坡。道床边坡的坡度1:1.75,其中坡底处称为坡脚,坡顶处为砟肩。砟肩宽度,轨枕端部至道砟顶面外侧的水平距离,正线不小于0.3m。

道床以下的部分为路基。为利于排水,路基面设计为人字坡的断面形式,称为路拱,路拱拱高0.2m。路基两侧,在道床坡脚以外的部分称为路肩,提供养护维修人员沿线行走。路肩宽度不小于0.6m。

路肩的外侧一般设置排水沟和电缆沟。

上下行线路中心线之间的垂直距离称为线间距,地面线的线间距一般为4.5~5m。

2. 地面线路的特点

钢轨引导车辆行驶,将承受的荷载通过轨枕传布于道床及路基。地面线路碎石道床的优点是弹性好、成本低,并且容易矫正轨道的平面和纵断面。但反过来由于碎石道床的不稳定性,在列车碾压和冲击下,几何尺寸较易变形,必须进行经常性的养护和矫正。

(二) 地下线路

地下线路铺设于隧道内,轨下基础为带枕浇筑式的整体道床。常见的形式如图1-3。地下线路一般选在城市中心繁华区,对城市环境影响最小。地下线埋置深度,应根据地质情况和地下构筑物情况确定。在城市中,一般以浅埋为好。

a)　　　　　　　　　　　　　　　　b)

图1-3　地下线路

1. 地下线路的结构

地下线路铺设于隧道内,隧道有圆形隧道和矩形隧道两种类型。通常,车站前后为矩形隧道,区间为圆形隧道。

隧道内铺设线路,其道床可以为碎石道床,也可以为整体道床。国外地铁始终保留着这两种形式。我国城市地铁基本上采取了整体道床一种形式。

当隧道管片安装结束后,在隧道的底部浇筑混凝土垫层。在地面基地,利用工具轨组装轨排,通过小型龙门吊装运至隧道内,先浇筑支撑块,再布置纵横向钢筋,然后浇筑整体道床和侧沟。

当普通线路施工完毕后,再将焊接长轨条运至隧道内,通过换轨作业的方法铺设无缝线路。

近年来,地下线路的施工技术又有了新的提高,不采用由普通线路向无缝线路过渡的二步法施工方法,而是采用先进的焊接设备,在隧道内将无缝线路一次焊接成型。

圆形隧道内的线路断面,见图1-4;矩形隧道内的线路断面,见图1-5。

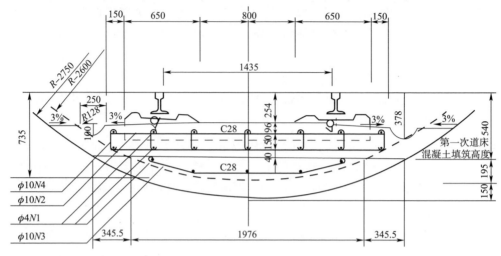

图1-4 圆形隧道线路断面(尺寸单位:mm)

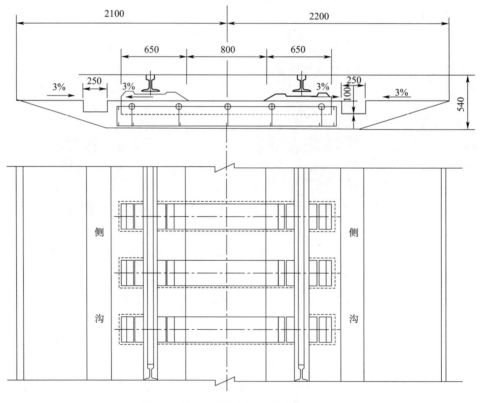

图1-5 矩形隧道线路断面(尺寸单位:mm)

地下线路一般由钢轨、轨枕(长枕、短枕或支撑块)、扣件、整体道床、混凝土垫层、侧沟、隧道管片等部分组成。

2. 地下线路的特点

将松散的碎石道床改变为钢筋混凝土结构,使之整体化,其优点是坚固稳定,外观整洁,维修工作量小,从而降低维修成本。缺点是道床弹性差,并且建设期的造价昂贵。当整体道床一旦发生沉降开裂或其他病害,整治非常困难。

(三) 高架线路

高架线路铺设于高架桥面,轨下基础为支撑块式的整体道床,如图1-6、图1-7所示。高架线路是介于地面和地下的一种线路,既保持专用道的形式,又占地少,对城市交通干扰较小,是城市轨道交通中一种重要的线路敷设方式。高架区段中的高架桥是永久性的城市建筑,结构寿命要求按50年以上考虑。

a)　　　　　　　　　　　　　　　　　b)

图1-6　高架线路

图1-7　高架整体道床

目前,国内外对穿越城区的轨道交通甚至道路设置高架存在一些争议,问题的焦点在于三方面:一是高架线路对市区(一般也是旧城区)景观有些影响,可能破坏城市市容;二是高架系统产生的噪声、振动等对线路周围环境有不良影响;三是高架对沿线居民的隐私权有所侵犯,易引起某些纠纷。一般认为:城市道路红线宽度在40m以上时,可考虑设置高架线。如果工程处理得当,它也能够满足城市环境的要求。

1. 高架线路的结构

高架线路铺设于高架桥面,其组成部分包括:钢轨、扣件、钢筋混凝土支撑块、整体道床、桥梁边侧挡墙和侧沟。

2. 高架线路的特点

高架线路的轨型与地面线路和地下线路完全相同，也采用了 60kg/m 的钢轨。轨下基础采取了整体道床结构，但为减少桥梁上部的自重，没有采取带枕浇筑的形式，而是设一匀支撑块式的结构。在线路扣件的设计上，比地下线路有了新的改变，不设置轨距垫，调整轨距和线路方向，通过横向拨移轨下铁垫板而实现拨道和改道，设计立意新颖。尽管操作不十分方便，但此种方案对线路结构几何尺寸的调整有利。

二、城市轨道交通线路分类

城市轨道交通线路分为正线、车场线和道岔三种类型。

（一）正线

正线是指连接车站、独立远行并贯穿于运营线路始、终点的线路。绝大多数正线按双线设计，进入运营期以后，分为上行线和下行线。其上下行由该城市主管运营的有关部门决定，一般采用右侧行车制。在正线上的沿线各站，没有像铁路那种"正线"、"站线"、"到发线"的区分。但城市轨道线路，除始、终点以外，必须选择几个重要车站，用于列车折返，铺有折返线、联络线和存车线，专门用于特殊情况下应急使用，它不能属于正线的范畴，可称为正线辅助线。

大多数正线线路全封闭，与其他交通线路相交处，一般采用立体交叉。在特殊条件下（如运营初期），两条线路或交通方式的运量均较小时，可考虑采用平面交叉。

（二）车场线

为空载列车提供折返、停放、检查、转线及出入段作业所需的各种线路总称。包括折返线、临时停车线、渡线、车辆段出入线、联络线等，见图 1-8。

图 1-8 车场线路

城市轨道交通线路全线的客流分布可能会不太均匀，因此可组织区段运行。列车根据运行交路的要求，在端点站与中间车站或中间站与中间站间进行折返。在这些提供折返作业的中间站上，需要为列车设置折返线，如图 1-9 所示。

城市轨道交通线路列车运行间隔一般较密。在运营过程中，在线运营列车可能会发生故障，为不影响后续列车运行，设计上应能使故障列车及时退出运营正线。

一般情况,线路沿线每隔 3~5 个车站的站端应加设渡线或车辆停放线。渡线作用是使离开车辆段的故障列车能及时掉头返回车辆段,停车线的作用则是临时停放事故列车。如图 1-10 所示。

为保证运行列车的停放和检修,在轨道交通沿线适当的位置应设置车辆段,车辆段与正线连接的线路为车辆段出入线,出入线可设计为双线或单线,与城市道路或其他方式的交叉处可采用平交或立交,具体方案要根据远期线路的通过能力需要量来确定。如图 1-11 所示。

图 1-9 折返线

a)停车线

b)渡线

图 1-10 停车线及渡线

整修线(图 1-12、图 1-13)是专门对车辆进行检修的线路;还有好多类型的站场线,如试车线、洗车线(图 1-14)、镟轮线等。以上站场线中,有些是设在库内的,该库房就建筑物这一对象而言,分别称之为停车库、检修库、洗车库等。

图 1-11 出入库线

在行车安全的关键处,铺有特别用途的线路,如安全线和避难线。

为提供列车出入往返,在正线和站场线之间所铺设的线路称为出入场线。出入场线的机构虽然与正线比较接近,但由于数量极少,运量极低,完全可以归属在站场线路的站场线路的范畴。

以外,还有一种通向运营线以外的其他单位或与国家铁路相连接的专门线路,称专用线。专用线的数量极少,也可以归属于车场线路。

主场线路的轨型,出入场线及试车线采用 60kg/m 的钢轨,其余均采用 50kg/m 的钢轨。线路形式设置为普通线路,轨枕有木枕和混凝土枕两种形式。

车场线路中,凡是与车辆的检修有关的线路,如停车线、检修线、洗车线、铣轮线等,一般都设置为库内线路。库内线路的结构形式大体上分为三类:第一类是整浇地坪式的整体道床;第二类是浇筑坑道式的整体道床;第三类为立柱式的轨下基础。在地铁建设的早期,扣件的形式基本上采用了固定的形式,较难以调整线路的几何尺寸。近年来铺设的库内线路,扣件都采用了可调式,给养护维修带来了极大的方便。

图 1-12　检修线(检查坑)

图 1-13　整修线

图 1-14　洗车线

(三) 道岔

两条轨道的交叉衔接部位,用于车辆转线的设备称为道岔(图 1-15)。在广义上,线路包括了道岔;但在狭义上,线路与道岔是不同类型的设备。

图 1-15 城轨线路道岔

道岔也跟线路一样,分为正线道岔和站场道岔两大类,其轨型与衔接处的线路轨型相同。

城市地铁的地面正线以 60—9 型碎石道床的道岔为主,地下和高架正线以 60—9 型整体道床的道岔为主,车场以 50—7 和 50—9 碎石道床道岔为主。

道岔应设在直线地段,道岔基本轨端部至曲线端部的距离(不含超高顺坡及轨距递减段)不宜小于 5m,车场线可减少到 3m。

道岔宜靠近车站设置,但道岔基本轨端部至车站站台计算长度端部的距离不应小于 5m。

设置交叉渡线两平行线的线间距宜按下列规定来确定:

(1) 12 号道岔采用 5.0m。

(2) 9 号道岔采用 4.6m 或 5.0m。

(3) 6、7 号道岔采用 4.5m 或 5.0m。

(4) 对于交叉渡线的线间距小于上述标准规定的,应予特殊设计。

(5) 折返线的有效长度,宜为远期列车长度加 40m(不含车挡长度)。

三、城市轨道交通线路其他相关设施

(一) 标志及信号

1. 标志种类

地铁线路上设置下列线路及信号标志:公里标、百米标、坡度标、曲线要素标、圆曲线和曲线始终点标、竖曲线始终点标、水准基点标、停车位置标、进站预告标(分别设于距站界 100m、200m、300m 位置)、警冲标、联锁分界标等,其中,信号标志和百米标为反光标志。

地面线的标志埋设于线路路肩以外,隧道的标志安装于隧道的侧墙,高架桥面的标志安装于桥面的整体道床,但不管哪种标志的安装,都必须严格执行限界的规定,并要安装牢固。

线路标志及信号标志的式样,应符合标准图的规定,并经常保持完整、位置正确、标志鲜明。

2. 线路、信号标志设置的位置

(1)线路标志在单线上顺计算里程方向设于线路左侧,在双线上各设于本线列车运行方向左侧。部分标志如图 1-16 所示。

a)　　　　　　　　　　　　b)　　　　　　　　　　　　c)

图 1-16　坡度标

(2)信号标志顺列车运行方向设于线路左侧。部分标志如图 1-17 所示。

 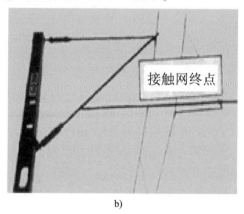

a)　　　　　　　　　　　　　　　　　b)

图 1-17　信号标志

(3)各种标志(警冲标除外)应设在钢轨头部外侧不小于 2m 处。不超过钢轨顶面的标志,可设在距钢轨头部外侧不小于 1.35m 处。

(4)警冲标设在会合线路两线间距为 4m 的起点处中间,有曲线时按限界加宽办法加宽;两线间距不足 4m 时,应设在两线最大间距的起点处中间。如图 1-18 所示。

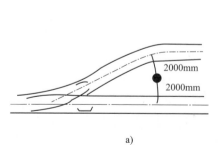 

a)　　　　　　　　　　　　　　　　　b)

图 1-18　警冲标

(二)电缆设施

基地不铺设供电电缆的普通线路,轨端安装跳线,使钢轨连接作为信号电路(图1-19)。

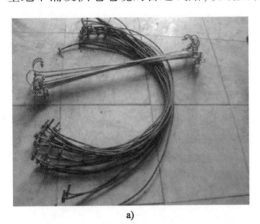 

图1-19 轨端跳线

城市地铁列车基本采取电力驱动。供电电缆的方式有两种,图1-20a)为接触网式;图1-20b)为第三轨式。

 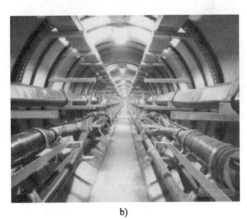

图1-20 触网式及轨旁式供电电缆

凡铺设供电电缆的线路,轨端用电缆进行焊接,既作为信号电缆线,又作为供电回路的回流线(图1-21)。

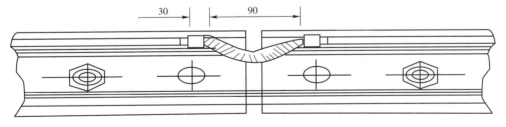

图1-21 回流线实物图(尺寸单位:mm)

沿线信号电缆,有的设置在轨旁,也有的设置于道心(图1-22)。

图1-22 架空式轨道电路

(三)隔声屏设施

对于轨道距离居民住宅区非常接近的地段,应在轨旁护栏安装隔声屏设施,以减少噪声的影响,见图1-23。

四、城市轨道交通线路养护维修内容

轨道受车辆运行的动力荷载作用及各种自然条件的影响,发生着各种各样的形变,包括弹性形变与塑性形变,其中塑性形变是形成轨道残余变形的主要途径。这种残余变形积累到一定程度,将大大降低轨道结构的强度和稳定性,威胁行车安全。

a)

b)

图1-23 轨旁隔声屏设施

(一)轨道的变化形式

轨道的变化分为如下三个方面:

(1)形位变化。形位变化就是轨道空间几何形位上的变化,如水平、轨距、轨向、轨面高低及钢轨爬行等方面,显示轨道结构在三维空间发生了不良位移。

(2)构件质变。组成轨道的各部件,如钢轨、零配件、轨枕等,在行车动力以及自然环境条件影响下发生着各种各样的变化,如锈蚀、腐朽、磨耗、伤损、压溃、断裂等。其中,无论是化学变化还是物理变化,对轨道结构的质量而言,都产生着一定的影响。

(3)紧固度变化。有时轨道的几何形位并没有变化,构件也没有质变,但是各种紧固件发生了松动和脱落等。虽然零部件的松动是局部的,但它发展的速度极快,最终必然导致轨道几何形位的变化。线路上,扣件的连续性松动以及道岔关键螺栓的脱落,将直接影响行车,严重的可导致列车颠覆。

轨道线路的养护维修,就是针对轨道受外界影响所发生的各种变化,所组织的一系列维护工作。它不同于前期的土建施工工程,而是在运营条件下所组织的设施维护,具有边运营边维护而又受运营条件限制的工作特点。

由于轨道变形是经常发生的,有许多变形完全具有规律性和周期性。所以,轨道的养护维修同样具有经常性和周期性。

线路养护维修工作的基本任务是经常保持线路设备完整和质量均衡,使列车能以规定的速度安全、平稳和不间断地运行,并尽量延长设备使用寿命。

线路养护维修工作,应始终贯彻"预防为主、防治结合、修养并重"的原则,按线路设备技术状态的变化规律和程度,相应地进行综合维修、经常保养和临时补修,有效地预防和整治线路病害,有计划地补偿线路设备损耗,以取得较好的技术经济效益。

城市轨道交通线路设施维修,要坚持"安全第一、预防为主"的方针。在养护与维修的关系上,要本着以养为主的指导思想,不能机械地套用维修周期而安排不必要的设备维修;要提倡科学养路,提高设备质量;要努力探索状态修的思路,建立"检测—分析—维修—检测……"的循环体系,不断进行质量跟踪,确保设施质量始终处于受控状态。

(二)养护维修的主要内容

借鉴国家铁路的维修方法,城市轨道交通线路的养护维修分为综合维修、经常保养和临时补修。

综合维修是根据线路变化规律和特点,以全面改善轨道弹性、调整轨道几何尺寸和更换、整修失效零部件为重点,按周期、有计划地对线路进行的综合修理,以恢复线路完好技术状态。

经常保养是根据线路变化情况,在全年度和线路全长范围内进行的有计划、有重点的养护,以保持线路质量经常处于均衡状态。

临时补修是及时整修超过临修容许偏差管理值及其他不良处所的临时性修理,以保证行车平稳和安全。

以上三个层次具有不同的特点,对设备质量和行车安全都具有互补性。综合维修是根据轨道各部件老化的规律和使用寿命所进行的周期性工作,周期的长短主要取决于运量、部件的技术指标和质量指标。同时,还取决于日常养护维修的工作质量,当日常养护工作的质量高,完全可以延长维修周期。

经常保养是及时减缓或消灭线路所发生的经常性变化,阻止线路超限的发展或线路病害的积累,是确保全线质量均衡的措施。

临时补修带有突发性和不可预见性,及时发现和处理突发性病害是养护工作的重中之重。

目前,各城市地铁所采取的维修形式是不一致的,有的基本按照国家铁路的体制运行,结合本企业的特点进行一些改革;有的完全实行状态修,或称故障修。

修程修制是非常重要的因素,但不是唯一的因素和决定的因素。无论如何,最终的目的是保证线路运行的安全、提高运营质量及线路的整体运营效益。

1. 综合维修的基本内容

(1)全面矫正计划范围内线路、道岔的平纵断面;
(2)成段更换伤损、失效部件及扣件;
(3)计划范围内的扣件螺栓涂油;
(4)整治道床和排水设备;
(5)标志刷新。

2. 经常保养的基本内容

(1)对轨道几何尺寸超过保养容许值的局部地段进行矫正;

(2) 局部更换伤损、失效部件及扣件；
(3) 复紧扣件、锁定线路；
(4) 季节性工作及其他单项作业。

3. 临时补修的基本内容

(1) 对轨道几何尺寸超过临修容许值的处所进行调整；
(2) 更换突发性的重伤钢轨及其他伤损部件；
(3) 更换突发性的道岔伤损部件；
(4) 整治其他一切突发性病害。

(三) 维修组织形式

1. 经营模式

随着全国各大中城市轨道交通项目的建设与开展，城市轨道交通线路的经营模式正在走向市场化。经营模式有三种：完全自营型、完全委外型和半自营半委外型。

①完全自营型是指从事轨道交通运营的一切专业，其人力、物力资源均自行组织。鉴于这种特殊的行业，由于专业的联动性决定了专业之间的关联性，管理者通常希望建立自身的队伍，便于管理和指挥。但由于多方面因素，队伍容易庞大，效益难以提高。

②完全委外型是当今社会经营模式的新思路，绝大部分专业都通过招投标的办法实行委外，公司自身只从事管理。其优点是意识更新，队伍轻盈，效益提高。但是，完全委外型成败的关键取决于公司的管理素质和管理水平，如果管理失控，随时都有可能带来不可预料的后果。

③半自营半委外型比较折中，在养护维修生产和设备大修任务方面，部分自己完成，部分对外发包。

既然经营模式正在趋于市场化，那么，作为线路养护维修这一块，也必然处于选择科学、合理、高效模式的探索之中。

2. 组织结构

组织结构与经营模式密切相关，采取什么样的经营模式就必须设置与之相配套的组织结构；否则，不适应的组织结构与拟选的经营模式将不能相容。

组织结构是运行的支撑。组织结构的设置，必须遵循统一指挥的原则、覆盖面完善的原则、无重叠管理的原则、集权与分权相结合的原则和精干高效的原则。

各种组织形式，都有其利弊，应因地制宜。但不管如何划分，必须合理解决管理与协调接口的问题，把接口设置在什么层次，由什么部门进行协调，应妥善考虑。接口设置得合理，办事效率就高。

事实上，并没有一个固定的结构形式能适应所有企业，任何企业也不能存在一成不变的结构。当一个企业陆续接管多线运营的时候，其组织结构的形式必然要进行调整，以适应运营规模不断拓展的形势。

3. 员工组成结构

员工的配置要本着养精英、不养队伍的基本思路。在队伍结构方面，重要岗位为自身员工，一般岗位社会聘用。

如果企业集中了一大批无所事事的庸才,使结构变得十分臃肿,这个企业就永远没有希望。所谓精英是指管理精英、技术精英、生产骨干及特殊工种,这些是企业的核心力量。根据这一思路,可以把企业员工分为三个层次,第一层次为固定性员工,第二层次为聘用性员工,第三层次为劳务性员工。层次的划分主要根据对运营安全的影响程度及技术含量的高低来决定。凡是与安全运营密切相关以及其他专业性很强的岗位才能作为固定性员工。除此以外,那些社会上比比皆是的普通岗位就根本没有设置固定员工的必要,可以作为聘用式员工。对于一些简单劳动或者虽然是复杂劳动,但层次并不太高,在正式员工组织下同样能够实现运作的,完全可以使用劳务性的员工。这样,可防止队伍盲目扩张,降低运营成本;同时,员工的待遇可以相对调整,使分配趋于合理。

4. 维修体制建构

对于城市轨道交通运营企业来说,当接管第一条运营线路时,可以采取完全自营的体制。其组织形式如下:在专业公司之下,建立一个车间层次的维修管理组织,可称领工区或称工程管理部,下设 2~3 个养路工区,实行地域制管理。明确规定各自的职责范围、工作内容和定员、定额。另行配备一个抢修班,既能管辖一部分线路,又能搞好抢修演练,随时应付突发性故障抢修的需要。

如果,第一条运营线所吸纳的人员均为专业精英,当接管第二条运营线路时,在质量控制、安全控制以及劳动定额、费用定额等各方面已积累了一定经验,就完全有条件实行委外型的体制,但必须建立一整套安全质量监控体系。

由承包方根据发包方(专业公司)的要求建立维修队伍,组织日常的养护维修,由专业公司进行管理,在安全和质量上进行监督。

既然是全发包,发包方要具备监督、控制和考测承包方的水准和能力,并不是一包了事。要定期对承包方所管辖的设备进行检测,并考评承包方对设备质量的保证程度。

专业公司自身在发展的过程中,将不再需要增加直接生产人员,而是根据接管线路扩展进度,不断引进质量管理、检测人员。同时抢修队伍的组织也要相应扩编,并在完善科学、合理的抢修预案的前提下,组织演练,努力提高对设备故障的应变程度。

5. 维修运作模式

不管是完全委外型、完全自营型,还是半委外半自营型,对于一个专业公司,其维修模式应该是一致的。无论是选择自身经营,还是选择发包,都要按专业公司所统一规定的规程或运作模式来进行运转。

(1)维修计划

维修计划按照时间周期划分,可分为年计划、月计划和日计划。维修计划按种类划分,可分为施工进度计划、费用计划、物资申购计划、劳动力计划和施工封锁或封闭计划。

①施工进度计划。施工进度计划以一条运营线路为单元进行编制,编制依据主要根据设备维修的周期,并结合设备年检(秋季设备大检查)资料,首先编制年度总进度计划,然后分解为月计,年度计划通常在上一年度的 12 月份制订,月度计划在上月下旬制订。

②费用计划。在编制年度生产计划的基础上,结合物料消耗定额和费用定额标准,可以编制年度费用计划。同样,费用计划也是以一条运营线路为单元。

③物资申购计划。物料消耗与申购,是费用计划运行的一部分。通常可以采取大件按年申购,小件按月申购的办法。如果实行定额储备的方法,当月的消耗量便是次月的申购量。

④劳动力计划。劳动力计划应在月度生产计划中反映。当岗位定员确定后,在正常情况下,劳动力计划不是主要问题,可以在组织之间互相调剂;在非正常情况下,应另行采取措施。

⑤施工封锁(或封闭)计划。施工封锁计划(或封闭)是通过协调所确定的各专业施工单位在运营线停运后占用地段和时段的计划。施工封锁计划(或封闭)每半月申请一次,首先由车间(或管理部)层次提出,专业公司汇总后参加由总调所组织的施工协调会,通过各专业协调确定后颁布执行。各生产班组凭总调所批准发放的书面计划,在施工区域所在车站办理施工前的登记手续和施工后的注销手续。

(2)维修运作流程

维修运作流程,见图1-24。

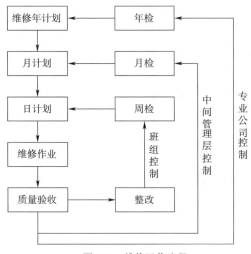

图1-24 维修运作流程

任务二 城市轨道交通线路检查准备

随着城市轨道交通规模的不断扩大,一方面,养护维修工作量将会越来越大;另一方面,为运营安全提供保障作用的养护维修工作的重要性更加突出。因此,养护维修工作不仅是运营安全的基础,同时也是运营成本的重要组成部分。

城市轨道交通虽然与铁路同属轨道交通,但由于城市轨道交通的荷载形式,构筑物(桥梁、隧道、路基)结构,轨道、设备、供电方式等工程结构及土建设施的运营功能、结构安全、消防安全、使用寿命、环境保护等内容与铁路有很大区别,导致城市轨道交通的养护维修标准及要求与铁路的有不小的差异。

一、养护维修工作流程

由于轨道在机车车辆动力作用下,在风、沙、雨、雪和温度变化等自然条件影响下,将产生一系列变形,这些变形包括弹性变形和永久变形。轨道的永久变形不仅影响列车的平稳运行,而且当这种变形累积到一定限度后,将大大削弱线路的强度和稳定性,危及行车安全。轨道结构和一般工程结构的显著差别在于边运营、边破坏、边修理。通过线路与轨道的养护维修,提高设备质量,确保轨道状态经常良好,符合规定的技术标准,保证列车平稳、安全、准时的运营。

一般来说,一条新线,从施工结束到接管后的养护维修,大致要经历如下几个阶段:

(1)初验及整改阶段;

(2)设备调试阶段;

(3)终验及试运营阶段;

(4)正式运营阶段。

负责线路养护维修的专业单位,在初验过程中负责线路几何尺寸的实测,实测资料所反应的所有线路缺陷均由原施工单位负责整改,整改后由维修专业单位确认。

在设备调试阶段,部分列车进入线路参与联合调试。此阶段,线路由于受动力作用所发生的动态变化应由维修专业单位负责保养,以确保行车安全。

在试运营阶段,列车载客运行。线路实行全线保养,除养护工作以外不发生维修项目。

进入正式运营阶段,线路维修专业按正式的周期修与状态修相结合的方式运转。

(一)维修准备工作

1. 建立修程修制

需要建立的最起码的修程修制如下：
(1)线路维修规则；
(2)生产组织体系；
(3)安全控制体系；
(4)质量保证体系。

2. 技术资料准备

新线接管阶段,有可能施工单位的竣工资料没有编制完毕,但由于养护维修工作的需要,施工单位必须提前向维修专业单位提供必需的技术资料。
(1)正线线路综合图；
(2)正线道岔设计图；
(3)伸缩调节器设计图；
(4)正线结构设计图；
(5)扣件设计与组装图；
(6)无缝线路长轨轨节配置图；
(7)焊接记录；
(8)锁定轨温资料；
(9)水准点资料；
(10)正线曲线资料；
(11)正线坡度资料；
(12)车场线平面布置图；
(13)车场线配轨图；
(14)车场曲线表；
(15)车场道岔设计图；
(16)容许运行速度资料；
(17)变更设计通知书；
(18)质量检查和验收资料；
(19)排水系统设计图；
(20)附属设施技术资料。

3. 建立线路设备台账

线路设备台账以运营线为单元编制。

(1) 线路设备数量汇总表(表1-1);
(2) 正线登记表(表1-2);
(3) 正线曲线统计表(表1-3);
(4) 正线辅助线统计表;
(5) 正线道岔统计表(表1-4);
(6) 辅助线道岔统计表;
(7) 伸缩调节器统计表;
(8) 车场线股道表(表1-5);
(9) 车场线曲线表;
(10) 车场线道岔表。

线路设备数量汇总表　　　　　　　　　　　　　　　　表1-1

序号	设备名称		单位	一号线	二号线	三号线	四号线	合计
一	线路		km					
1	正线		km					
(1)	地下线路	正线	km					
		辅线	km					
(2)	地面线路	正线	km					
		辅线	km					
(3)	高架线路	正线	km					
		辅线	km					
2	站场线路		一股					
			km					
二	道岔		组					
1	正线道岔		组					
2	站场道岔		组					
3	伸缩调节器		组					

正　线　登　记　表　　　　　　　　　　　　　　　　表1-2

序号	上下行	种类		起讫里程	单位	数量	备注
		碎石道床	整体道床				
1					km		
2					km		
3					km		
4					km		
5					km		
…					km		

正线曲线统计表　　　　　　　　　　　　　　　　　　　表 1-3

编号	起讫里程		直线长(m)	偏角		曲线半径(m)	切线长(m)	圆曲线长度(m)	缓曲线长度(m)	外股超高(mm)	轨枕	
	起点	终点		左	右						混凝土枕	木枕
1												
2												
3												
…												

正线道岔统计表（正线、站线表式相同）　　　　　　　表 1-4

编号	起讫里程		直线长(m)	偏角		曲线半径(m)	切线长(m)	圆曲线长度(m)	缓曲线长度(m)	外股超高(mm)	轨枕	
	起点	终点		左	右						混凝土枕	木枕
1												
2												
3												
…												

车 场 线 股 道 表　　　　　　　　　　　　　　　　　表 1-5

序号	级别	编号	经由道岔(编号)			有效长(m)	全长(m)	铺轨长(m)	钢轨类型		轨枕根数			
			起	经由	止				P50	P60	木枕	混凝土枕	岔枕	短枕
1	出库线													
2	入库线													
3	停车线1													
4	停车线2													
5	停车线3													
6	清扫线													
7	走行线													
8	洗车线													
9	镟轮线													
10	临修线													
11	检修线													
12	修车线													
13	静调线													
14	解钩线													
15	吹扫线													

续上表

序号	级别	编号	经由道岔（编号）			有效长（m）	全长（m）	铺轨长（m）	钢轨类型		轨枕根数			
			起	经由	止				P50	P60	木枕	混凝土枕	岔枕	短枕
16	存车线													
17	材料线													
18	试车线													
19	牵出线													
20	联络线													
21	交接线													
22	喷漆线													
23	触网工区线													
24	特种车存放线													

4. 其他准备

其他准备,包括:人员组织准备、生产用房准备、机具准备、线路材料准备、劳防用品准备等。

（二）编制维修计划

正线线路维修,原则上以整公里为单元,车场线以股道为单元,道岔以组为单元。由于城市轨道交通线路的曲线较多,并且多为跨公里,鉴于曲线的特点,在维修过程中,不能分段进行,应以整条曲线为单元。因此,组织线路维修,编制维修计划之前,必须首先合理确定维修基本单元。

1. 年度维修计划

年度维修计划以每条运营线路为单元,编制依据主要根据设备维修的周期,编制维修周期表(见表1-6),然后按周期表编制年度维修计划。除周期性计划以外,再结合线路的状态,编制年度重点保养计划。

维修周期表　　　　　　　　　　　　　　表1-6

单位	项目	第一季度			第二季度			第三季度			第四季度		
		一月	二月	三月	四月	五月	六月	七月	八月	九月	十月	十一月	十二月
工区1	正线维修												
	正线重点保养												
	道岔维修												
	道岔重点保养												
	伸缩器维修												

续上表

单位	项目	第一季度			第二季度			第三季度			第四季度		
		一月	二月	三月	四月	五月	六月	七月	八月	九月	十月	十一月	十二月
工区2	正线维修												
	正线重点保养												
	道岔维修												
	道岔重点保养												
	伸缩器维修												
工区3	车场线维修												
	车场线重点保养												
	车场道岔维修												
	车场道岔重点保养												

2. 年度费用计划

在编制年度生产计划的基础上，结合物料消耗定额和费用定额标准，编制年度费用计划。同样，费用计划也以每一条运营线路为单元。

对于已投入运营的线路，无论是年度维修计划还是年度费用计划，都应该在设备年检(秋检)之后进行，按线路设备的状态为依据。

3. 月度维修计划

月度维修计划见表1-7。

月度维修计划也以运营线路为单元，月计划是年计划的分解。

编制依据有以下两个方面：

(1)年度维修计划与年度重点保养计划；

(2)上月线路检查的技术质量资料。

4. 班组维修作业计划

班组维修作业计划，由养路工区编制，与年计划、月计划的区别是：年计划、月计划只反映计划量的大小与多少，而不反映日程的安排；但班组作业计划要分解到工作日，将本班组的月度养护维修计划按作业日期进行编排。

月度维修计划表　　　　　　　　　　　　　　　　　表 1-7

部门　　　　　　　　　　　　　　　　　　　　　　　　　　　　　　　年　　月份

序号	计划维修项目		计划情况		完成情况			备注
			工程量	计划工日	完成工作量	完成工日	工程质量	
一	综合维修							
	正线	1.线路维修						
		2.道岔维修						
	站线	1.线路维修						
		2.道岔维修						
二	重点保养							
	正线	1.线路保养						
		2.道岔保养						
	站线	1.线路保养						
		2.道岔保养						
三	常规工作							
		1.巡检						
		2.月检						
		3.曲线轨涂油						
		4.工电联检						
四	应急补修							
五	其他							

二、施工作业安全防护

(一) 防护信号

信号是用特定的物体(包括灯)的颜色、形状、位置,或用仪表和音响设备等向行车人员传达有关机车车辆运行条件、行车设备状态以及行车的指示和命令等信息。它是列车运行及调车作业的命令,有关人员必须严格执行。信号的显示方式及使用方法,应按各城市的《行车组织规则》规定执行。

1. 按感官方式分类

城市轨道交通信号按感官方式分为视觉信号和听觉信号。

(1)视觉信号。城市轨道交通信号机显示采用的颜色主要有红色、绿色、黄色、蓝色和月白色等。根据不同的颜色显示可以表示不同的行车信息,用于指挥列车的运行。

①红色——代表停车信号,列车必须在信号机前停车;

②黄色——代表列车应注意并低速度运行通过信号机,且进路中的道岔至少有一组开通侧股(用于正线显示),用于车辆段显示时,只代表列车可以通过信号机,不含道岔开通情况;

③绿色——代表列车可以按规定速度通过信号机,且进路中的所有道岔开通直股(只用于正线显示,在车辆段一般不设绿色显示);

④蓝色——代表禁止调车信号(用于车辆段显示),列车必须在信号机前停车;
⑤月白色——代表允许调车信号(只用于车辆段),列车可以通过信号机进行调车作业。
视觉信号又可分为昼间、夜间及昼夜通用信号,昼间和夜间的信号分别以不同方式显示。

在昼间遇降雾、暴风雨雪及其他情况,致使停车信号显示距离不足1000m,注意或减速信号显示距离不足400m,调车信号及调车手信号显示距离不足200m时,应使用夜间信号。隧道内只采用夜间或昼夜通用信号。线路沿线及站内,禁止设置妨碍确认信号的红、黄、绿色的装饰彩布、标语和灯光。在规定的信号显示距离内,不准种植影响信号显示的树木。

(2)听觉信号。听觉信号主要包括号角、口笛、响墩发出的音响和机车的鸣笛声,表示方法见表1-8和表1-9。为交换信息,对讲系统也是广义听觉信号的一部分。

常用听觉信号表示方法　　　　　　　　　　　　　　　　　表1-8

序号	名　称	鸣示方式	使　用　时　机
1	起动注意信号	一长声 —	①列车起动或机车车辆前进时(双机牵引时,本务机车鸣笛后,尾部机车应回示,本务机车再鸣笛一长声后起动); ②接近车站、鸣笛标、曲线、道口、桥梁、隧道、行人、施工地点、黄色信号、引导信号、容许信号或天气不良时; ③自动闭塞区间,通过信号机前停车后,能继续运行,通知运转车长时
2	退行信号	二长声 — —	列车、机车车辆、单机开始退行时
3	召集信号	三长声 — — —	要求防护人员撤回时
4	呼唤信号	二短一长声 · · —	①列车或机车要求出入车辆基地时; ②在车站要求显示信号时
5	警报信号	一长三短声 — · · ·	①发现线路有危及行车安全的不良处所时; ②列车发生重大、大事故及其他需要救援情况时; ③列车在区间内停车后,不能立即运行,通知车长时
6	试验自动制动机及复示信号	一短声 ·	①试验制动机开始减压时; ②接到试验制动结束的手信号,回答试风人员时; ③调车作业中,表示已接受调车长所发出的手信号时
7	缓解信号	二短声 · ·	试验制动机缓解时
8	紧急停车信号	连续短声 · · · · ·	司机发现(或接到通知)邻线发生障碍,向邻线上运行的列车发出紧急停车信号时,邻线列车司机听到后,应紧急停车

口笛鸣示方法 表1-9

序号	工作项目	鸣示方式	
1	发车、指示机车向显示人反方向移动	一长声	—
2	指示机车向显示人方向移动	一短一长声	·—
3	指示发车	一长一短声	—·
4	制动机减压	一短声	·
5	制动机缓解	二短声	··
6	取消	二长一短声	— —·
7	再显示	二长二短声	— —··
8	列车接近通报信号 上行 下行	 二长声 一长声	 — — —
9	停车信号	连续短声	······

2. 按安装方式分类

城市轨道交通信号按安装方式可分为固定信号、移动信号和手信号。

(1) 固定信号:是指固定地安装在运行线路一定位置,用以指示列车运行和调车工作的信号,如信号机、行车信号标志牌、信号表示器等,见图1-25。

图1-25 固定信号

(2) 移动信号:当运行线路在特殊情况下或需要施工、救援,要求列车禁止驶入某地点、区域或必须减速运行时应设置移动信号,可根据需要临时设置或撤除。如停车信号牌或灯、减速信号牌或灯、减速防护地段终端信号牌或灯。

① 停车信号:

a. 昼间——红色方牌[图1-26a];

b. 夜间——柱上红色灯光[图1-26b]。

② 减速信号:

a. 昼间——黄色圆牌[图1-27a];

b. 夜间——柱上黄色灯光[图1-27b]。移动减速信号牌黄底黑字,应标明列车限制速度。

施工及其限速区段,在原减速信号牌前方,按不同速度等级的紧急制动距离,增设减速信号牌,昼间与夜间均为黄底黑"T"字圆牌。

a)红色方牌　　　　　　　　b)柱上红色灯光

图 1-26　移动停车信号牌

a)黄色圆牌　　　　　　　　b)柱上黄色灯光

图 1-27　移动减速信号牌

③减速防护终端信号：

a. 昼间——绿色圆牌[图 1-28a)]；

b. 夜间——柱上绿色灯光[图 1-28b)]。

在单线区间,司机在昼间应看线路右侧减速防护终端信号牌背面的绿色圆牌,在夜间应看柱上的绿色灯光。

(3)手信号:是行车有关人员手持信号旗者直接用手臂显示的信号,用来表达相关的含义,指示列车或者车辆的允许和禁止条件。信号旗在使用时有展开、拢起和卷起之分,巡道工常用"卷起";防护员和道口工常用"拢起"。

①停车信号:要求列车停车。

a. 昼间——展开的红色信号旗[图 1-29a)]；

b. 夜间——红色灯光[图 1-29b)]；

　　a)绿色圆牌　　　　　　　b)柱上绿色灯光

图1-28　移动减速防护终端信号牌

　　c. 昼间无红色信号旗时,两臂高举头上向两侧急剧摇动;夜间无红色灯光时,用白色灯光上下急剧摇动,见图1-29c)。

　　a)展开红色信号旗　　　　　　b)红色灯光　　　　　　c)两臂高举头上

（夜间无红色灯光时,用白色灯光上下急剧摇动）

图1-29　停车信号示意图

　　②减速信号:一般情况下,在施工限速区段由施工防护人员显示减速信号,指示列车按规定限速越过该区段。

　　a. 昼间——展开的黄色信号旗;

　　b. 昼间无黄色信号旗时,用绿色信号旗下压数次;

　　c. 昼间无信号旗时,单臂高举缓缓下压数次;

　　d. 夜间——黄色灯光,夜间无黄色灯光时,用白色或绿色灯光下压数次,见图1-30。

　　③发车信号:列车在车站具备发车条件后,由车站发车人员向司机显示发车手信号,要求司机发车;司机确认发车信号后,应鸣笛回示并及时动车。

　　a. 昼间——展开的绿色信号旗上弧线向列车;

　　b. 夜间——手信号灯的绿色灯光上弧线向列车方向作圆形转动,见图1-31。

　　④通过手信号:在出站信号机故障并开放引导信号的情况下,行车调度员准许列车直接通过该车站时,由车站行车人员向列车显示通过手信号。

a) 用绿色信号旗下压　　　　b) 用白色或绿色灯光下压　　　　c) 单臂高举缓缓下压

图 1-30　减速信号示意图

a) 展开绿色信号旗上弧线向列车　　b) 用绿色灯光上弧线向列车方向作圆形转动

图 1-31　发车信号示意图

a. 昼间——展开的绿色信号旗；

b. 夜间——手信号灯的绿色灯光，见图 1-32。

a) 展开绿色信号旗　　　　b) 手信号灯的绿色灯光

图 1-32　通过信号示意图

⑤引导手信号:列车进入车站或车辆段的信号机故障不能正常显示信号时,应使用引导手信号,指示列车以不超过25km/h速度越过该信号机。空车引导时,见图1-33。

　　a. 昼间——展开的绿色信号旗高举头上左右摇动;

　　b. 夜间——手信号灯的绿色灯光高举头上左右摇动。

a)展开绿色信号旗高举头上左右摇动　　b)手信号灯的绿色灯光高举头上左右摇动

图1-33　空车引导信号示意图

有车线引导时,见图1-34。

a)展开绿色信号旗在身体下部左右摇动　　b)手信号灯的绿色灯光在身体下部左右摇动

图1-34　有车线引导信号示意图

　　a. 昼间——展开的绿色信号旗在身体下部左右摇动,当列车接近时,再缓缓下压数次;

　　b. 夜间——手信号灯的绿色灯光在身体下部左右摇动,当列车接近时,再缓缓下压数次。

⑥"好了"信号:某项作业完成后,向有关人员显示的信号。单臂向列车运行方向上弧圈做圆形转动,见图1-35。

(二)防护信号物品配备

1. 配备原则

各类施工和作业,应根据不同行车条件,而采用不同的防护信号用品。施工单位应配备以下可能会用到的防护信号用品。防护信号用品的配备,应本着"够用可用"的原则。"够用"指防护用品配备必须充足,能保证工务部门施工和作业对防护用品所要求的数量;"可用"指各类防护用品的状态必须保持良好,在施工和作业使用时不发生失效或辨认不清。

2. 配备数量

线桥车间、工区和巡道、巡守小组的防护信号备品数量,见表1-10。

(三)相关人员要求

(1)施工负责人。在进行线路、桥隧等设备施工时,应根据工作内容和影响行车安全的程度,按规定指定专人担任施工负责人。

图1-35 "好了"信号示意图

防护信号备品数量表　　　　　　　　　　　　表1-10

名称	单位	单线			双线		
		车间	工区	巡道巡守	车间	工区	巡道巡守
作业标	个		4			6	
停车信号	个		2			4	
减速信号	个		2			4	
减速地点标	个		2			4	
信号灯	盏	1	4	1/人	1	6	1/人
喇叭	个		6	2		6	1
响墩	个		9	1		12	12
红色信号旗	面	2	6	3	2	9	3
黄色信号旗	面	2	6	1	2	6	1
绿色信号旗	面	2	6	1	2	6	1
短路铜线	条		2	1		4	2
无线对讲机	台	2	4	2	2	4	2
有线电话机	台	2	4	2	2	4	2

注:巡守人员多人值班时,喇叭、信号灯、信号旗应按实际需要相应增加;大、中维修施工单位需要的信号用品数量,可根据实际情况确定。

(2)安全监护人员。设备管理部门应根据工程规模和专业性质,对安全监护员进行培训,并对合格人员发放合格证。设备主管部门和单位要做到"四个有",即有对安全监督检查人员的组织管理办法;有一支业务熟、能独立工作、责任心强的安全监控队伍;对安全监护员要有专门的安全知识和业务知识的培训;安全检查人员要有培训合格证书,持证上岗。

(3)施工人员。各类施工人员,同样应由经过培训并取得合格证的人员担任。

(四)施工检修管理

1. 施工作业计划(封锁)

城市轨道交通线路实行全封闭式,进入正式运营阶段,由于列车运行间隔只有几分钟,所以线路正线不得利用列车间隔进行养护维修作业,而必须在夜间停运后进行。所有专业的维修工作都必须以运营线为单元,编制施工作业计划(口语:"点"计划),某城市轨道交通运营公司施工作业计划表格式,见表1-11。

城市地铁线路施工作业申请表样表(由专业公司申请时使用)   表1-11

日期	施工时间	施工名称	施工区域	办理施工申请地点	办理施工注销地点	施工单位	施工人数	施工负责人	主要施工工具	其他说明及接触轨停、送电要求

计划申报人姓名:　　　　　　　　　　　　　　　　　　　批准人签字:

施工作业计划,就是各专业施工单位在运营线停运后所占用的地段和时段。

施工作业计划,每半月编制一次,总调度所每半月召开一次施工作业计划会,根据各运营线各专业的申报计划进行调整、发布,记录表见表1-12。

施工作业计划(由总调度所发布时使用)　　表1-12

日期	线别	施工单位	作业负责人	施工范围	起止时间	施工内容	牵引动力	触网停电范围	备注

各专业单位的维修施工,一律按总调度所的批文为准。

日常养护维修作业,各养路工区施工负责人,都必须持有经批准的书面计划办理作业前的登记手续和作业后的注销手续。

在夜间停营期间开行工程列车、轨道车或自动闭塞设备故障时,实施电话闭塞法行车。

工程列车占用区间的行车凭证为路票,列车发车凭证为行车人员显示的发车手信号。

工程列车发车间隔须达到"两站两区间空闲"的要求。

2. 施工停电

凡工作人员的正常活动范围与接触网带电设备的安全距离不足1m时,必须停电作业,申请表和记录表分别见表1-13和表1-14。

接触网/变电所周施工作业计划申请表　　　　　　　　　　　表1-13

施工单位：　　　　　施工负责人：　　　联系电话：　　　　年　月　日

序号	日期	起止时间	作业地点	施工项目	作业范围	停电范围	作业人数	备注

总调度(章)	接触网/变电所调度(章)	施工申请单位(章)
		申请人：
审批人：	审批人：	施工负责人：
日期：　年　月　日	日期：　年　月　日	日期：　年　月　日

（　）号线接触网停电申请单（申请与批准在同一表式上操作）　　表1-14

申请单位：　　　　　申报人：　　　　　联系电话：

施工单位填写	工作单位			负责人		联系电话	
	工作地点				登记车站	
	起止时间					
	作业内容					
	施工明细					
	配合要求					
	配合意见					
	接触网停电	是( )　否( )	牵引动力	轨道车( )电客( )无( )
	变电所停电	是( )　否( )	发车时间	运行时分	分钟
	停电范围				
	安全措施				
	强制解除闭锁关系	是		否	
		说明			
批复意见	总调度(章)			接触网/变电所调度(章)		
	审批人：			审批人：		
	日期：　年　月　日			日期：　年　月　日		

凡需接触网停电的作业,必须断开相应的断路器,拉开相应的隔离开关,并进行验电接地。隔离开关操作人员必须熟悉供电系统的隔离开关,分断绝缘器位置及线路有无接触网等设备情况。

3. 施工现场管理

在维修运作过程中,车间级层次(即按运营线为单元的管理层次)日常管理的业务性工作:

(1)编制月度生产计划;

(2)编制月度材料申购计划;

(3)每半月编制一次线路封锁计划;

(4)审核工区的作业计划;

(5)申请"工、电"施工配合事宜;

(6)质量不定期抽查和重点部位检查;

(7)当月综合维修项目验收;

(8)办理线路材料备品的发放手续;

(9)办理劳防用品的发放;

(10)审核工区的月度检查报表和月度生产报表;

(11)编制车间的月度生产报表;

(12)定期组织安全技术教育;

(13)组织安全检查;

(14)组织召开月度安全生产例会;

(15)组织季节性设备检查、节前检查和年度设备检查;

(16)有计划地组织各种抢险演练活动;

(17)组织病害的整治和突发故障的应急抢修;

(18)完成上级各主管业务部门交办的一切任务。

三、线路设备工务检查

轨道线路设备的工务检查,能够科学地维护管理轨道,同时也为轨道结构设计、病害原因分析及维护标准制定等提供试验依据。轨道线路工务检查,从内容上可分为轨道部件状态检测、轨道几何形位检测及行车平稳性检测。从检测方式上可分为静态检查和动态检查。除添乘列车检查线路质量和轨道检查车检查线路质量外,其他检查项目均为静态检查项目。

(一)线路静态检查

1. 线路检查周期

按线路检查的周期划分,线路静态检查分为日检、周检、月检和年检。

(1)日检。日检是指每天对所管辖范围内线路设备进行的检查,即通常意义上的巡道或巡检。在线路新线接管后的试运营期,由于建设遗留问题尚未完全解决,尚有部分施工人员于正线进行相关作业,线路还没有完全处于全封闭运营状态,为确保行车安全,必须建立日检制度。当试运营期结束,确认每日进行巡道(或巡检)再无必要时,可采取周检的方式取代日检,周检也可称为巡检。

(2)周检。原则上每周对所管辖线路设备检查两遍,主要检查内容如下:

①侵入限界的障碍物;

②线路轨面与方向的异常变化;

③紧固件松动及缺损;

④空吊板及道岔垫板断裂;

⑤道岔尖轨密贴情况;

⑥整体道床开裂情况;

⑦其他规定应在周检中检查的内容。

对于日检和周检,由设备所属班组负责实施并应做好检查和整改情况记录,以备班组及上级部门随时查阅。

(3)月检。月检每月进行一次,又称"三全检查"(即全员、全线、全面),月检的检查项目在周检的基础上增加以下项目:

①全面测量线路及道岔的几何尺寸;

②抽查紧固件扭矩;

③按季测量曲线的正矢;

④观察钢轨爬行情况;

⑤检查道床与排水设施;

⑥其他与线路相关的附属设施。

月检由设备所属班组负责实施,并应做好检查和整改情况记录。病害及整改情况,由上一级部门负责汇总并报线路主管部门备案。检查整改记录由班组留存备查。

(4)年检。为全面掌握线路状态,如实评定辖区内线路质量和养护维修工作质量,并为合理编制下一年度养护维修工作计划提供依据,每年的秋季可以组织一次年检,也可称之为秋季设备大检查。年检内容应包括所有项目。由于覆盖月检,所以年检实施当月的三全检查可以由年检替代。

年检由线路主管部门统一负责组织实施,按线路类别进行汇总并编制"轨道设备质量状态评定表"和"线路上部建筑质量状态评定表"等。线路部门根据年检情况编制下一年度的设备养护维修计划及费用计划。

年检一般不以班组为单位进行,而是组成专门的项目小组,通常为:轨距水平组、道岔组、轨面方向组、综合组等。

周期性的检查除了以上固定的周期外,还有常规的季节检查、节前检查、特殊情况下的专项检查等。

2.检查项目

按检查的对象划分,线路检查的项目分为:线路几何尺寸量测、道岔几何尺寸量测、部件检查、钢轨探伤等。

(1)线路几何尺寸量测。线路几何尺寸是指轨道的几何形状、相对位置和基本尺寸。线路几何尺寸正确与否,对行车安全、平稳及设备使用寿命有直接关系。同时,也直接影响养护维修的工作量。线路几何尺寸量测内容一般包括:轨距、水平、高低、方向及曲线正矢。

(2)道岔几何尺寸量测的内容包括:
①道岔直股与曲股各检测点的轨距、水平、轨面高低;
②直股与曲股的方向;
③尖轨的动程与密贴;
④道岔支距;
⑤辙叉的查照间隔、护背距离等;
⑥轮缘槽宽度。
(3)部件检查分为线路部件检查和道岔部件检查。
①线路部件检查:
a. 钢轨伤损与磨耗;
b. 扣件扭力矩;
c. 接头病害;
d. 线路爬行;
e. 钢轨急救器紧固件状态。
②道岔部件检查:
a. 道岔尖轨伤损与磨耗;
b. 辙叉伤损与磨耗;
c. 滑床板断裂;
d. 护轮轨状态;
e. 杆件状态;
f. 螺栓状态。
(4)钢轨探伤。应用超声波探伤仪对钢轨进行周期性探伤,是保证轨道线路质量的重要措施。钢轨探伤包括钢轨及无缝线路接头焊缝探伤。探伤的周期一般根据运量制定,线路正线的周期一般定为每月一次,站场线路一般3个月一次。探伤结果每月以书面报告的形式上报线路主管部门。

(二)线路动态检查

线路动态检查是在列车动荷载作用下,检查线路的轨距、水平、方向、高低等轨道几何尺寸,以反映动态情况下的线路状态,分析线路病害。线路主管部门,应定期使用专用动态检查仪器和轨道检查车,对线路状态进行动态检查。

1. 添乘检查
(1)添乘检查周期。
①轨道工务班长每周至少对所管辖设备添乘一次。
②轨道工程师每月至少对管辖设备添乘一次。
③车间主任或副主任每季度至少对管辖设备添乘一次。
(2)添乘检查项目,主要有行车晃动、轮轨接触和异常响声。
(3)添乘检查发现的行车异常晃动、轮轨接触不良和异常响声,均应通知工班进行实测复量予以确定。

2.轨道检查车检查

(1)轨道检查车的检查是轨道动态质量检查的主要手段。轨道检查车,如图1-36所示,能检测到水平、高低、三角坑、轨距、轨向、水平加速度、垂直加速度等数据。这些数据可用以指导轨道线路养护维修工作,同时也是考核轨道工班工作质量的基本指标。

(2)轨道检查车检查周期:

①轨道检查车检查周期,一般为正线整体道床每季对管辖设备进行一次动态检查;碎石道床为主的轨道线路每月检查一次。

②车间可根据上级要求和轨道线路设备具体情况对检查周期进行调整。

检查评定各级偏差管理值,见表1-15。

图1-36 轨道检查车

轨道动态几何尺寸容许偏差管理值　　　表1-15

项目 \ 速度(km/h)	$V \leqslant 100$			
	Ⅰ级	Ⅱ级	Ⅲ级	Ⅳ级
高低(mm)	12	16	22	26
轨向(mm)	10	14	20	23
轨距(mm)	+12 -6	+16 -8	+24 -10	+28 -12
水平(mm)	12	16	22	25
三角坑(基长2.4m)/(mm)	10	12	16	18
车体垂向加速度 g	0.10	0.15	0.20	0.25
车体横向加速度 g	0.06	0.10	0.15	0.20

注:①表中不平顺各种偏差限值为实际幅值的半峰值。

②高低、轨向不平顺按实际值评定。

③水平限值不含曲线上按规定设置的超高值及超高顺坡量。

④三角坑限值包含缓和曲线超高顺坡造成的扭曲量。

⑤固定型辙叉的有害空间部分不检查轨距、轨向,其他检查项目及检查标准与线路相同。

任务三　认识城市轨道交通线路养护机具

一、小型机具

小型机具,包括小型手工机具和小型机械两类。

(一)小型手工机具

线路检查和维护作业,主要的手工机具有:道镐、道砟叉、道砟耙、道钉锤、耙镐、撬棍和齿条起道机等。

1. 齿条起道机

齿条起道机主要用于起拨道。用齿条起道机进行调整轨面水平、高低的作业。齿条起道机借助于杠杆传动提升齿条,速度快,起道量大。齿条起道机应使用专用压棒操作,不得用镐耙或其他工具代替。齿条起道机必须有速降装置,以确保运营安全。

2. 道镐

道镐有两种类型,第一种为清筛镐,第二种为捣固镐。

清筛镐主要用于道床作业,清筛或扒砟。

捣固镐主要用于捣固。捣固即用道镐等工具进行捣实道砟的作业。根据起道量大小,确定打镐镐数。捣固时要求由钢轨中心向两侧,再由两侧向轨底顺序排铺。

3. 耙镐、道砟耙

道镐、道砟耙或耙镐可以配合进行扒开道砟的作业。用道镐或耙镐尖刨松道砟,以道砟耙或耙镐齿扒开道砟,并串出钢轨底部道砟。根据作业项目不同的需要,确定扒开道砟的范围和深度。

道砟耙主要用于回填道砟,用道砟耙或耙镐齿把散落在路肩及地面上的道砟回填到轨枕盒内。

4. 撬棍

撬棍分为有嘴撬棍和无嘴撬棍,有嘴撬棍用于钢轨作业,无嘴撬棍主要用于线路改、拨道。改道即调整轨距的作业。木枕地段用撬棍起出道钉,钉孔中按改道要求塞入钉孔木片,再以道钉锤重新打入道钉进行改道。

改道时应尽量利用起钉垫、直钉器等辅助工具,以确保作业质量和人身安全。

混凝土枕地段,用加三角垫片、翻转或更换扣板等方法进行改道。

拨道即用撬棍等进行拨正线路方向的作业。拨道时要求撬棍插稳,用力一致,严禁骑跨撬棍拨道。在轨道电路区段,严禁使用没有装绝缘套的撬棍。

5. 其他

除以上工具外,进行混凝土轨枕的扣件作业,有长短扳手、小摇臂扳手,进行木枕线路的作业有道钉锤,进行钢轨作业有抬轨钳等。各种工具应经常保持良好,镐把、道钉锤把均要安装牢固,无节疤、毛刺,使用前应进行检查,如有损坏,必须经修理后方能使用。

(二)小型机械

1. 液压式机械

(1)液压起道器(见图1-37)在进行起到作业时,将液压起道器置于轨下,使铰接顶轮深入轨底,并顶紧在轨底内侧,上下扳动操纵手柄,当工作缸活塞伸出时,顶轮连同钢轨产生垂直位移达到起道的目的。

在钢轨接头处起道时,液压起道器应放于轨缝下。直线地段起道,应将液压起道器放在钢轨内;曲线上股起道,应放在钢轨外侧。严禁将液压起道器放在绝缘接头和铝热焊接处进行起道。

起道前,应检查铰接顶轮与轨底是否正常,底盘是否放平,以防打滑或造成拨道。

开始起道时,可以快速扳动操纵手柄;负载正常后,操纵手柄扳动角度不宜太大,防止损坏油泵的泵芯、泵壳。

起道时,当手柄连杆上的限位块与起道臂板接触,则处于极限位置,应立即停止起道作业。

在起道作业中,如遇来车,必须旋松回油阀使之卸荷,确认油缸部分复位后,撤出起道器并置于限界之外。

补充或定期更换液压油时,必须过滤,以防止因液压油不洁而影响正常使用。使用过程中严禁乱摔乱扔;不用时,油缸活塞杆不应外露,应经常除去油污,保持清洁。铰接处的转动部分经常加油润滑。

(2)液压拨道器(见图1-38),作业时将液压拨道器置于轨下,使铰接顶轮卡在轨底侧面,往复扳动操纵手柄,当工作缸活塞伸出时,顶轮连同钢轨产生水平位移进行拨道。

图1-37 液压起道器

图1-38 液压拨道器

一般以2台液压拨道器为一组,在线路同一位置的两股钢轨各放置1台,拨道时要求动作尽量一致,同时进行作业。

(3)液压直轨器(弯轨器)是用以调直钢轨硬弯的机具(见图1-39)。液压直轨器主体放入钢轨后,转动偏心轮使其夹紧钢轨,旋紧回油阀,往复扳动操纵手柄,当活塞顶头伸出时,进行直轨作业。

作业完毕,必须首先旋松回油阀,待活塞自动复位后,再转动偏心轮使主体松脱,并及时从钢轨上抬下,置于限界之外。

(4)液压方枕器(见图1-40)用于轨枕间距的调整和方正作业。液压方枕器类型不同,其工作原理也不相同,其中YFZ—55型方枕器已逐步推广使用。

图1-39 液压直轨器

图1-40 液压方枕器

(5)液压捣固机(见图1-41)是以内燃发动机或电动机为动力,带动高速旋转振动轴上的偏心块产生振动,并利用液压传动使捣固杆升降和张合,通过镐板的振动和夹紧动作进行捣固作业。

使用时,应先检查、确认液压捣固机设备状态完好,方才允许上道试机,并要仔细观察运转情况是否正常。捣固时,要求对位准、下插稳、夹实快,即按照定位、下插、夹实和张开、提升、转移的程序作业,确保捣固质量。液压捣固机必须配备走行架快速解体下道装置,以确保行车和作业安全。

(6)轨缝调整器(见图1-42),由斜铁、夹轨钳、柱塞式油泵和工作油缸组成。夹轨钳使斜铁卡紧在轨缝两侧钢轨轨头侧面,以工作油缸的活塞位移带动夹轨钳,进行调整轨缝的作业。

图1-41 液压捣固机

图1-42 轨缝调整器

利用列车间隔,不拆开接头使用轨缝调整器调整轨缝时,应严格按规定与车站联系,并在现场使用停车手信号防护。

轨缝调整器斜铁卡紧轨头时,应满足复位拉簧能将夹轨钳拉回的要求,松开斜铁后,可迅速将轨缝调整器及时下道。在调整轨缝时,不得使用加长摇杆或2人超载扳动摇杆,避免损坏设备或出现故障。

为避免斜铁嵌入飞边,禁止在轨头有6mm及6mm以上飞边的地段使用轨缝调整器。

轨缝调整器,必须有快速解开夹轨钳的安全装置,以确保行车安全。

以上液压工具的使用保养注意事项如下:

①液压机具的油泵、油缸,应定期擦拭清洗,保持油路和各种密封件的密封性能良好。液压加载系统外露部分,应去除污垢保持清洁,并适当加油润滑;

②对于暂时不用和存放较长时间的液压机具,应将油缸活塞杆及各铰接转动部分涂抹黄油,以防止锈蚀损坏。

2. 电动式机械

电动式机械,主要有手提电镐、钢轨钻孔机、钢轨切割机、手提砂轮机和电动螺栓扳手等。

(1)手提电镐(电动捣固机),由操纵手柄、振动装置、振动电动机、镐板和镐头组成(见图1-43)。振动电动机带动偏心块产生振动,通过镐板和镐头的振动进行捣固作业。

(2)钢轨钻孔机(见图1-44)是根据其动力不同分为不同内燃驱动和电动两大类。

钻头型号有两种,分别适用于50kg/m与60kg/m两种不同的钢轨。

钻孔机有单钻头式和三钻头式,应配置50kg/m与60kg/m两种不同型号的配件,用于给眼孔定位。

(3)钢轨切割机(见图1-45)分为内燃驱动和电动两大类,由于其体积小、质量轻、操作灵活、上下道方便,根据现场锯轨的条件选用。

项目一　城市轨道交通线路养护与维修准备

图 1-43　电动捣固机

图 1-44　钢轨钻孔机

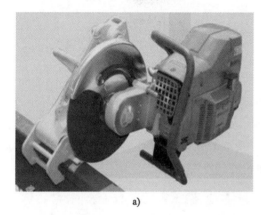

a)

b)

图 1-45　钢轨切割机

二、大型养护设备

1. WD—320 型动力稳定车（见图 1-46）

WD—320 型动力稳定车是线路修理、提速改造和新线建设作业机组中重要的配套设备。该车通过两个激振装置,强迫轨排及道床产生横向水平振动并向道床传递垂直静压力,使道砟流动重新排列,互相填充达到密实,实现轨道在振动状态下有控制地均匀下沉而不改变线路原有的几何形状和精度,以提高作业线路的横向阻力和道床的整体稳定性,可有效降低线路维修作业后列车限速运行的限定条件。

2. D09—32 型连续式捣固车（见图 1-47）

D09—32 型连续式捣固车是具有较高的作业精度和作业效率。该车采用主机与工作小车分离的新结构,主机连续匀速向前运行,工作小车以钢轨导向步进作业,大大降低了操作人员的工作强度,延长机器的使用寿命。该车能进行起道、拨道、抄平、钢轨两侧枕下道砟捣固和枕端道砟夯实作业。利用车上测量系统,可对作业前、后线路的轨道几何参数进行测量及记录,并通过控制系统,实现按设定的轨道几何参数进行作业。

3. D08—32 型自动整平捣固车（见图 1-48）

D08—32 型自动整平捣固车是一种铁路线路维修的主要大型养路机械设备,已在铁路线路修理、既有线路提速改造和新线建设中得到广泛应用。该车作业走行为步进式,能进行起道、拨道、抄平、钢轨两侧枕下道砟捣固和枕端道砟夯实作业。利用车上测量系统,可对作业前、后线路的轨道几何参数进行测量及记录,并通过控制系统,实现按设定的轨道几何参数进行作业。

图 1-46　动力稳定车　　　　　　　　图 1-47　连续式捣固车

4. SRM80 型全断面道砟清筛机(见图 1-49)

SRM80 型全断面道砟清筛机是线路大修施工的主要大型养路机械。该机可在不拆除轨排的情况下,通过挖掘链运动将轨排下的道砟挖出,振动筛对挖出的道砟进行筛分,污土由污土输送带抛到该机前方线路的两侧或物料运输车内,清洁道砟可直接回填到道心内,也可由回填输送带回填到挖掘链后方钢轨两侧的道床内。道砟在线路的整个断面内均匀回填,可减小捣固作业线路的作业量。在翻浆冒泥路段,该机可对道床石砟进行全抛作业。

图 1-48　自动整平捣固车　　　　　　图 1-49　全断面道砟清筛机

5. SPZ—200 型单向配砟整形车(见图 1-50)

SPZ—200 型单向配砟整形车是线路修理、提速改造和新线建设作业机组中重要的配套设备,能够进行道床配砟、边坡整形、清扫枕面、清扫轨侧、清扫扣件、收集枕面上的道砟至储砟斗、分配储砟斗内的道砟至道床。

图 1-50　配砟整形车

该车通过中犁、侧犁等工作装置完成道床的配砟整形作业,使道床布砟均匀,道床断面按技术要求成形;该机增加了局部集砟、补砟功能,可有效将作业时残留于轨枕和扣件上的道砟清扫并收集至砟斗并根据捣固作业需要进行回填,以达到石砟的合理利用及线路外观整齐美观的效果。该机采用先进的激光避障系统、道床断面激光扫描系统及IPC作业控制系统,可对侧犁、中犁作业效果进行有效测量并显示。

任务四　城市轨道交通线路状态检测

一、线路几何尺寸量测

1. 劳动组织

除施工防护外,线路几何尺寸检查共计需要3人,为1个小组。

2. 主要机具材料和备品

所需的主要机具、材料、备品(满足1个小组),如表1-16所示。

主　要　工　具　　　　　　　　　　　　　表1-16

序号	名　　称	数量	单位	规格	备注
1	轨距尺(道尺)	1	把		经校核
2	钢卷尺	1	把	2m	
3	八折尺	1	把		
4	弦线	1	副	40m	
5	石笔	2	只		
6	线路检查记录本	1	本		
7	曲线正矢记录本	1	本		

3. 轨距、水平检查

按照"先轨距、后水平"的顺序检查并记录,每根钢轨(长25m)8处。检查顺序为本人行进方向,同时检查零配件缺损、道床病害、枕木状态并记录。

4. 轨向检查(直线方向的检查弦线)

看道者站在20m以外看道,用"动作语言"指挥点撬人画撬;用弦线测量矢度并记录;圈画超限处所。

5. 高低检查(弦线、垫板)

看道、点撬,由1人看道,1人负责点撬,站在线路以外20m,用"动作语言"指挥点撬人;1人用弦线测量高低并记录;圈画超限处所。

6. 曲线正矢检查(可参见项目三中任务四的内容)

线路几何尺寸允许偏差值,如表1-17所示。

轨距容许偏差不含规定加宽值;试车线按正线办理。

二、轨枕状态检测

轨枕在使用中常发生裂纹、掉块及挡肩破损等病害,影响线路质量,严重时危及行车安全,因此,有必要加强对轨枕状态的检查。

线路几何尺寸静态检查超限分类表(单位:mm)　　　　表 1-17

类别		轨距	水平	高低	方向(直线)	三角坑(缓和曲线)	三角坑(直线和圆曲线)
接近超限	正线	+6　−2	4	4	4	4	4
	车厂线	+6　−2	5	5	5	5	5
Ⅰ级	正线	+7　−3	5~6	5~6	5~6	5	5~6
	车厂线	+8　−3	6~8	6~8	6~8	6	6~8
Ⅱ级	正线	+8　−4	7~9	7~9	7~9	6	7~8
	车厂线	+9　−4	9~10	9~10	9~10	7	9
Ⅲ级	正线	+9 及以上 −4 及以下	10 及以上	10 及以上	10 及以上	7 及以上	9 及以上
	车厂线	+10 及以上 −4 及以下	11 及以上	11 及以上	11 及以上	8 及以上	10 及以上

轨枕状态检查的内容有:轨枕顶面螺栓孔附近或两螺栓孔间的纵向裂纹、轨枕顶面螺栓孔附近横向裂纹、轨枕中部顶面横向和侧向垂直裂纹、轨枕挡肩处水平裂纹及挡肩损坏、空吊枕等。轨枕裂纹一旦形成环状,或残余裂纹达到一定宽度,将影响轨枕承载能力或加速预应力钢筋锈蚀,造成轨枕失效。

(一)轨枕失效及混凝土枕严重伤损标准

1.混凝土轨枕(含短轨枕)失效标准

(1)明显折断;

(2)横断面裂缝(或斜裂)接近环状裂纹(裂缝宽度超过 0.5mm 或长度超过 2/3 枕高);

(3)承轨台面压溃,挡肩严重破损(破损长度超过挡肩长度的 1/2);

(4)纵向水平裂缝基本贯通(缝宽大于 0.5mm);

(5)承轨台两钉孔间裂缝宽度超过 0.5mm,并延伸至轨枕端部或轨枕中部;

(6)纵向通裂,挡肩顶角处缝宽大于 1.5mm;

(7)严重掉块。

2.木枕(含木岔枕)失效标准

(1)腐朽失去承压能力,钉孔腐朽无处改孔,不能持钉;

(2)折断或拼接的接合部分分离,不能保持轨距;

(3)机械磨损,经过削平或除腐朽木质后,厚度不足 100mm;

(4)劈裂或其他伤损,不能承压、持钉。

3.混凝土轨枕严重伤损标准

(1)横裂裂缝长度为枕高的 1/2~2/3;

(2)两螺栓孔间纵裂,挡肩顶角处缝宽不大于 1.5mm;

(3)纵向水平裂缝基本贯通,缝宽不大于 0.5mm;

(4)挡肩破损长度为挡肩长度的 1/3~1/2;

(5)严重网状龟裂和掉块;
(6)承轨槽压溃,深度超过2mm;
(7)钢筋或钢丝外露,钢筋未锈蚀,长度超过100mm;
(8)斜裂长度为枕高的1/2~2/3。

(二)旧轨枕分类

1. 一类

一类为再用轨枕,可不经修理或稍加修理,即能使用的轨枕。

2. 二类

二类为待修轨枕,经过修理才能再用的轨枕。

3. 三类

三类为废轨枕,不能修理再用的轨枕。

从线路上更换下来的旧轨枕,应及时回收集中,分类堆码在车辆段空置地段。一、二类旧轨枕,应有计划地修理使用;三类旧轨枕由分公司物资部门鉴定处理。其中有的废木枕可做防爬支撑及其他零星用料,有的废混凝土枕可改作其他用途。

(三)轨枕修理

轨枕修理可采用以下方法:
(1)用削平、捆扎、腻缝或钉组钉板等方法修理木枕。
(2)用环氧树脂修补局部破损的混凝土枕。
(3)用锚固法修理松动或失效的螺旋道钉。

三、钢轨伤损与状态检测

(一)钢轨状态检查

钢轨状态可分为钢轨伤损、钢轨重伤和钢轨折断三种状态。

1. 钢轨伤损标准

钢轨损伤又分为轻伤、重伤和折断三种。

(1)钢轨轻伤标准

①钢轨头部的磨耗超过表1-18所示限度之一者;

钢轨头部磨耗轻伤标准表 表1-18

钢轨 (kg/m)	总磨耗(mm)		垂直磨耗(mm)		侧面磨耗(mm)	
	正线、试车线	车厂线	正线、试车线	车厂线	正线、试车线	车厂线
75以下~60	14	16	9	10	14	16
60以下~50	12	14	8	9	12	14
50以下~43	10	12	7	8	10	12

注:①总磨耗 = 垂直磨耗 + 1/2侧面磨耗。
②垂直磨耗在钢轨面宽1/3处(距标准工作边)测量。
③侧面磨耗在钢轨踏面(按标准断面)下16mm处测量。

②轨头下颚透锈长度不超过30mm；
③钢轨低头(包括轨端踏面压伤和磨耗在内)超过3mm(用1m直尺测量最低处矢度)；
④轨端或轨顶面剥落掉块,其长度超过15mm,深度超过4mm；
⑤钢轨顶面擦伤深度达到1～2mm,波浪形磨耗谷深超过0.5mm；
⑥钢轨探伤人员认为有伤损的钢轨。

（2）钢轨重伤标准
①钢轨头部磨耗超过表1-19所示限度之一者；

钢轨头部磨耗重伤标准表　　　　表1-19

钢轨(kg/m)	垂直磨耗(mm)	侧面磨耗(mm)
75以下～60	11	19
60以下～50	10	17
50以下～43	9	15

②钢轨在任何部位有裂纹；
③轨头下颚透锈长度超过30mm；
④轨端或轨顶面剥落掉块,其长度超过30mm,深度超过8mm；
⑤钢轨在任何部位变形(轨头扩大、轨腰扭曲或鼓包等),经判断确认内部有暗裂；
⑥钢轨锈蚀,除锈后轨底边缘处厚度不足5mm或轨腰厚度不足8mm；
⑦钢轨顶面擦伤深度超过2mm；
⑧钢轨探伤人员或线路工务班长认为有影响行车安全的其他缺陷(含黑核、白核)。

（3）钢轨折断标准
钢轨折断是指发生下列情况之一者：
①钢轨全截面至少断成两部分；
②裂纹已经贯通整个轨头截面；
③裂纹已经贯通整个轨底截面；
④钢轨顶面上有长大于50mm,深大于10mm的掉块。

普通线路(道岔)和无缝线路缓冲区重伤钢轨和折断钢轨应及时更换,换下后应画下明显的"×"标记,防止再铺用。无缝线路伸缩区、固定区钢轨重伤和折断,应按规定处理。隧道内的轻伤钢轨,应有计划地进行处理、更换。

(二)检查方法

检查钢轨必须按规定周期进行,着重检查钢轨有无伤损,已标记的伤损有无变化。

1.手工检查

手工检查钢轨较为落后,在探伤仪缺少的情况下,对次要站和轻型杂轨地段,可辅以手工检查。但是,手工检查不能代替探伤仪对正线的检查。

（1）人员分工及工具(见表1-20)
手工检查钢轨由6人组成(分股检查时由3人组成),钢轨检查人员应明确分工,负责对钢轨不同部位的检查。

①1、2 号检查人员分别负责检查左右股外口钢轨顶面、轨头侧面、轨腹、轨颚及外口夹板螺栓孔以上部分的伤损、裂纹情况;

②3、4 号检查人员分别检查左右股里口钢轨,与 1、2 号检查人员检查的部位相对应;

③5、6 号检查人员分别检查左右股钢轨接头和夹板,并复检接头前 5m 范围内有无损伤和裂纹。

为确保行车及人身安全,由领工区指定 1 名负责人,并由最前方和最后方各 1 名人员(即 1、6 号检查人员)负责瞭望列车,并在来车前指挥检查人员下道避车。在检查钢轨时,每人应携带必要的工具和防护用品。

手工检查钢轨工具及备品 表 1-20

人员	1号镜	2号镜	3号镜	弹簧锤	信号旗	响墩	探伤钩	其 他
1号	1	1			1套	3		全组应备有八字卡尺、折尺、活扣扳手、手笔、粉笔、铅油盒、记录本及试验用煤油等,由组长分工指定专人分别携带
2号	1	1						
3号	1	1						
4号	1	1						
5号		1	1	1			1	
6号		1	1	1		3		

注:① 1 号镜规格为 120mm×(250~300)mm,带反光镜,柄长不超过 500mm,镜框边镶 8 号铁线防磨。
② 2 号镜规格为 60mm×90mm。
③ 3 号镜规格为 15mm×150mm。弹簧锤质量为 300g,圆头。如检查 50kg/m 钢轨可适当加重。

(2)检查方法

①检查时左股在前,右股在后,两股钢轨检查人员相错不要超过 25m。左股检查人员按 1、3、5 顺序排列,距离间隔为 5~6.25m,最大不可超过 10m;右股比照左股排列(2 号在前,4 号居中,6 在后)。

②检查速度。保持每分钟走行 10m,每一个轨枕间隔走一步,每日检查 3~3.5km。

③1、2 号人员在检查每根钢轨外口各部位之前,要先骑跨钢轨(或半蹲在钢轨外口),背向阳光看前方 10~20m 钢轨顶面光线,检查钢轨顶面有无异状。注意观察轨面磨亮部分与未被车轮磨亮部分的交接处,看其是否平、直、齐,轨头是否压宽。然后从接头开始用 1 号镜照看夹板自螺栓孔向上部分及每股钢轨外口头部侧面、颚部、腹部有无伤损和裂纹。1 号镜放置在轨腹与轨底接触部位附近,与钢轨成 45°角。检查人员要弯腰,保持眼睛距轨面不超过 1m。持镜时要手轻脚稳,步幅均匀,保持镜光平稳,徐徐向前,注意观察。

④3、4 号检查人员检查左右股里口各部位(包括里口轨底),除不观察钢轨顶面外,其检查方法同 1、2 号检查人员。

⑤5、6 号检查人员首先蹲在钢轨外侧,而向接头用弹簧锤试敲接头钢轨顶面(在桥梁上可蹲在钢轨内侧),轨端敲击 3 次,各螺栓孔中间敲击两次,检查钢轨有无伤损。敲击时,手握锤柄要自然,大拇指伸直,抬锤高度距轨面 50~80mm,锤面要平落,落锤处应在距里口边缘 10mm 及轨面中心线处。敲击时,小锤连续跳动 4~5 次,第一次跳动高度在 20~25mm,声音清脆,手感振动有力,一般为无伤。若只跳动 1~2 次,跳动低,声音不清脆,一般为有伤(夹板不密贴、螺栓松动、吊板等情况也有类似情况)。

⑥5、6号检查人员敲击接头后,移动双脚,蹲在轨枕头外侧道床上,检查外口夹板及接头前后各5m范围内各钢轨状态,然后,再检查里口对应部位。在转移途中,检查里口钢轨底部。

对钢轨、道岔磨耗情况,每年结合秋检全面检查1次。对因磨耗而接近轻伤和重伤程度的钢轨,由养路领工区每季组织检查1次。

(3)伤损与裂纹分析

①看。看是检查钢轨最主要的方法,用肉眼观察钢轨的表面状态,来判断有无暗伤或明伤。

a.看轨面"白光"有无扩大。钢轨如有内伤,轨面"白光"会向外扩大,"白光"扩大的长度,与内部裂纹长度大致相同。

b.看"白光"中有无"暗光"或黑线。轨头内部有垂直纵向裂纹时,会在扩大的"白光"中出现一道"暗光"。这是因为内部发生裂纹后轨面受车轮压力不均,原来亮光消失的缘故。暗光的形状一般是中间宽窄一致,两端尖小。内部裂纹越宽时,越靠轨面,暗光越粗越明显。裂纹发展到接近表面时,"暗光"变成黑线。

曲线上的钢轨,由于受车轮偏压磨损后,经整修或改铺在直线上时,会出现假暗光或假黑线。相互式接头曲线的大腰处,轨面白光处有时向外扩大,但无暗光或黑线。假暗光或假暗线一般粗细不一,可以擦掉。辨别时,还要看轨头有无轧宽,鄂下或轨腹有无锈线,如有上述现象出现,则为伤损钢轨。

在长大坡道经常撒砂制动地段,不易看清白光时,可从轨面砂粒压成粉末的情况加以判断。如轨面砂粒粉末较厚较粗处,应与白光中出现暗光、黑线的现象同等对待。

c.看轨头是否"肥大"。轨头内部如发生裂纹,则该处轨头必然肥大。

d.看轨头是否下垂。轨头纵向裂纹、下颚纵向水平裂纹等伤损发展到严重程度时,都会出现鄂部下垂。

e.看头部侧面有无锈线。如发现轨面有白光扩大,白光中又有暗光和黑线,这时应详细检查该处两侧面,如有锈线,就是伤轨。白光向外侧扩大,锈线出现在内侧,白光向内侧扩大,锈线出现在外侧。

f.看腹部有无鼓包和变形。轨腹出现鼓包时,腹部有竖裂内伤。哪一面鼓出,内伤靠近哪一面,可用手摸或锤击方法判断。要把重皮排除在外。

②照。照是用镜子对钢轨进行检查。具体检查方法是:将小镜(可装入口袋)放在钢轨底下,从轨缝内向上反光;也可将小镜放在胸前,迎着阳光,弯腰站在距接头1m左右处借反射的光观察轨端竖面有无裂纹。

③特殊检查。特殊检查一般用来检查钢轨黑核。钢轨黑核发生的部位一般是小腰多,大腰少;里口多,外口少;冬季多,夏季少;夜间多,白天少;轨枕边缘发生多,两轨枕中间发现少。一般从前次发现到下一次发现在10~15天。检查钢轨时应着重看钢轨侧面下颚有无红色锈痕,再看其中是否有垂直裂纹,接下来再看其颜色是否为浅黑色,轨面是否有白线。

④趁霜、雪、雨、雾等特殊天气检查钢轨裂纹。霜、雪、雨、雾天气检查钢轨裂纹,主要观察裂纹处有无流水、淌锈水等异状。下霜下雪时,裂纹处不沾霜雪;下雨降雾时,裂纹处不易干,晒干后留有红锈或器锈痕。雨后有裂纹的部位不易干,敲击时向上冒锈水。

夏天裂纹刚出现时,裂纹两侧掉铁皮,当裂开以后,经水侵蚀,出现黄色锈线,全部裂通后,锈线由酱红色逐渐变为粉色。一般在锈痕中央有裂纹。冬天一般无锈痕,只是两侧掉铁皮,霜退后有霜痕。

发现可疑裂纹锈痕时,可用放大镜细看或用少许粗砂、玻璃碎片、铜纽扣等放在钢轨面上,用小锤敲击轨头侧面,或用中指抚在轨头侧面,通过小锤敲击感觉,综合判断有无暗伤。发现轨面擦伤及轨底、顶面有可疑处所而难以判断时,可使用煤油试验。

2. 钢轨探伤仪检查

当前较多使用的是"JGT—5"和"JGT—7"型超声波钢轨探伤仪。主要有三种探头。垂直探头主要用来检查从轨面到轨底及轨腰投影范围内的水平裂纹、纵向裂纹和钢轨螺孔裂纹。30°要用于检查钢轨螺孔裂纹,附带检查轨头至轨底的斜裂纹。50°主要检查轨头核伤、横向裂纹和焊缝裂纹等。

在仪器检查钢轨的同时,要全面检查接头夹板的伤损情况。用钢轨探伤仪检查钢轨。

(1)钢轨探伤周期应视线路繁忙程度和钢轨技术状态而定。隧道内钢轨、焊缝接头每月检查一遍另外可酌情增加探伤遍数,为防止漏检,严禁以手工代替仪器检查。车辆段线路和道岔每半年检查一遍。

(2)连续两个探伤周期内都发现疲劳伤损(如核伤、鱼鳞伤、螺孔裂纹、水平裂纹、垂直裂纹、表面缺陷)的不良钢轨地段,应增加仪器探伤的检查遍数,缩短探伤周期。

(3)在线路上焊接的接头,应焊接后马上抓紧全断面(包括热影响区)的探伤检查,上道前焊接的钢轨接头,严格执行"先探伤、后上道"的规定,认真把好质量关。线路上和线路外进行的焊接接头必须探伤。不符合焊接质量的接头必须重焊。现场新焊接接头,在办理验交时,应有完整的焊接探伤记录。

(4)无缝线路和道岔钢轨的焊缝除按规定周期探伤外,应用专用仪器对焊缝全断面探伤,每半年不少于1次。

(5)遇特殊情况的处理:

①伤轨数量出现异常,应缩短探伤周期;

②现场接触焊缝和铝热焊缝除按规定周期探伤外,要用专用仪器进行焊缝全断面探伤:现场接触焊每年不少于一次;铝热焊每半年不少于一次;

③大修换轨初期和现存的超大修周期地段的钢轨探伤周期,根据实际情况增加探伤次数。

3. 伤损钢轨监视与处理

凡发现钢轨伤损,探伤人员除在伤损处做好伤损程度标记外(如图1-51),必须通知所属班组并向相关调度汇报,隔日填报钢轨伤损报告单。伤轨应根据伤损的轻重程度分别采取不同的处置方案,对于重伤钢轨应及时处理,不得延误。钢轨伤损标识,见表1-21。

钢轨伤损标记　　　　　表1-21

伤损种类	伤损范围及标记		说　明
	连续伤损	一点伤损	
轻伤	|←△→|	↑△	用白油漆标记
轻伤有发展	|←△△→|	↑△△	同上
重伤	|←△△△→|	↑△△△	同上

若断缝拉开大于50mm时,不得放行列车。临时处理的办法是:锯掉断缝前后各一段钢

轨,锯口距断缝不得小于1m,插入4.5m的带孔短轨,并按当时轨温预留轨缝,上好夹板,拧紧螺栓后恢复正常速度。临时插入短轨或用鼓包夹板和急救器加固的轨条,不宜在线路上长时间保留,应尽早采用焊接短轨的方法进行永久性处理。

对轻伤钢轨和辙叉,要在各次定期钢轨检查、工长线路检查和巡道员巡查时,检查其是否有发展和变化,并按规定做好钢轨标记。

a) 一点伤损　　　　　　　　　　　　　b) 连续伤损

图1-51　轨枕伤损标记图

四、道床状态检测

道床状态包括道床尺寸、道床脏污和板结程度等,道床常见病害如图1-52所示。道床尺寸的检查方法较为简单,而道床的脏污程度和板结程度则需要用仪器进行测试。

道床脏污程度用道床内脏污物(粒径小于20mm)或道床孔隙率衡量。道床脏污物测量一般采用筛分法进行,即在线路上随机抽取一定数量的枕跨,进行道床破底开挖。将挖出的道砟及脏物一起过筛后,称量粒径小于20mm的脏物质量。较为先进的测试方法是进行道床孔隙率或密度测量。测量孔隙率的常用仪器是同位素道床密实度测量仪。清洁碎石道床稳定后的孔隙率一般为31%~37%,当孔隙率显著降低时,就容易发生板结、翻浆冒泥等致使道床失去弹性的病害,应当及时进行清筛。

翻浆冒泥是线路上的常见病害,而且是翻浆和冒泥两类病害的总称。翻浆可分为道床翻浆与基床翻浆两类,翻浆较严重时,道床和基床翻浆一起出现。道床翻浆的根源在于道床不洁与排水不良,其发生地段与下部路基无关,通常不侵入路基。道床中翻出的泥浆比路基土的颜色要深,雨季时道床翻浆较严重,雨季过后不再发生或明显轻微。道床因石砟被泥浆固结成干硬整块,逐渐板结并失去弹性。碎石道床厚度应符合表1-22的规定。

碎石道床厚度表　　　表1-22

路基类型	道床厚度(mm)		
	正线、试车线		车厂线
非渗水土路基	双层	道砟250	单层250
		底砟200	
岩石、渗水土路基	单层道砟300		

a）长满杂草

b）砟石缺失

c）轨枕担空

d）垃圾过多

图 1-52　道床常见病害

五、接头夹板、扣件检测

1. 接头夹板伤损的标准

接头夹板伤损达到下列标准时，应及时更换。
(1) 折断；
(2) 中央裂纹（中间两螺栓孔范围内）；
(3) 正线有裂纹，其他线平直及异型夹板超过 5mm，双头鱼尾夹板超过 15mm；
(4) 其他部位裂纹发展到螺栓孔。

2. 接头螺栓及垫圈伤损的标准

接头螺栓及垫圈伤损达到下列标准时，应及时更换。
(1) 螺栓折断，严重锈蚀，丝扣损坏或杆径磨耗超过 3mm 不能保持规定的扭矩；
(2) 弹簧垫圈折断或失去弹性。

3. 扣件伤损的标准

扣件伤损达到下列标准时，应有计划地修理或更换。
(1) 道钉折断、浮起，螺栓或螺杆丝扣损坏，严重锈蚀；
(2) 垫圈损坏或作用不良；

(3)弹条、扣板(弹片)损坏或不能保持应有的扣压力;

(4)扣板、轨距挡板严重磨损,与轨底边离缝超过2mm;

(5)挡板座、铁座损坏或作用不良;

(6)橡胶垫板压溃或变形(两侧压宽合计:厚度为7mm的胶垫超过15mm,厚度为10mm的胶垫超过20mm)丧失作用,胶垫片损坏。

4.轨道加强设备伤损标准

轨道加强设备伤损达到下列标准时,应有计划地修理和更换。

(1)轨距杆折断或丝扣损坏,螺母、垫圈、铁卡损坏或作用不良;

(2)轨撑损坏或作用不良;

(3)防爬器折损,穿销不紧或作用不良;

(4)防爬支撑断面小于110cm^2,损坏、腐朽或作用不良。

六、辙叉伤损检测

1.高锰钢整铸辙叉轻伤的标准

(1)在辙叉心宽40mm的断面处,辙叉心垂直磨耗(不含辙叉翼堆高部分)60kg/m钢轨在正线上超过6mm,在其他站场线车厂线上超过10mm。50kg/m钢轨在正线上超过4mm,在其他站场线车厂线上超过8mm;

(2)辙叉顶面和侧面在任何部位有裂纹;

(3)辙叉心、辙叉翼轨面剥落掉块,长度超过15mm,深度超过3mm;

(4)钢轨探伤人员或轨道工班长认为有伤损的辙叉。

2.高锰钢整铸辙叉重伤的标准

(1)在辙叉心宽40mm的断面处,辙叉心垂直磨耗(不含辙叉翼堆高部分)60kg/m钢轨在正线超过8mm,在车厂线上超过11mm,50kg/m钢轨在正线超过6mm,在车厂线上超过10mm;

(2)垂直裂纹长度(含轨面部分裂纹长度)超过表1-23所示限度者。

垂直裂纹　　　　　　　　　　　　　　　表1-23

项　目	辙叉心(mm)		辙叉翼 (mm)
	宽0~50	宽50以上	
一条裂纹长度	50	50	40
两条裂纹长度之和	60	80	60

(3)纵向水平裂纹长度超过表1-24所示限度者。

纵向水平裂纹　　　　　　　　　　　　　表1-24

项　目	辙叉心(mm)	辙叉翼(mm)	轮缘槽(mm)
一侧裂纹长度	100	80	200
一侧裂纹发展至轨面(含轨面部分裂纹长度)	60	60	—
两侧裂纹贯通(指贯通长度)	50	—	—
两侧裂纹相对部分长度	—	—	100

(4)叉趾、叉跟的轨头及下颚部位裂纹超过30mm;

(5)叉趾、叉跟浇注断面变化部位斜向或水平裂纹,长度超高 120mm 或虽未超过 120mm,但裂纹垂直高度超过 40mm;

(6)轨底裂纹向内裂至轨腰,并超过轨腰与圆弧的连接点;

(7)螺栓孔裂纹延伸至轨端、轨头下颚或轨底,两相邻螺栓孔裂通;

(8)辙叉心、辙叉翼轨面剥落掉块,长度超过 30mm,深度超过 6mm;

(9)钢轨探伤人员或轨道工班工班长认为有影响行车安全的其他缺陷;

(10)辙叉有轻伤时,应注意检查观测,达到重伤标准时,应及时更换。

复习思考题

1. 城市轨道交通线路的种类有哪些?各自有什么特点?
2. 城市轨道交通线路维护中防护信号有哪些?
3. 城市轨道交通线路应检查哪些项目?
4. 工务检查中发现钢轨有伤损时,应如何进行处理?
5. 轨道检查车的检测项目有哪些?
6. 线路检查时,有哪些安全注意事项?
7. 重伤钢轨标准包括哪些内容?
8. 伤损夹板必须更换的标准包括哪些内容?
9. 高锰钢整铸辙叉重伤标准包括哪些内容?
10. 轨道线路养护机具有哪些?

项目二 线路病害防治

工程案例

北京地铁 5 号线已于 2002 年 12 月动工,2008 年投入运营。该地铁 5 号线全长 27.6km,设车站 22 座,其中地下线 16.9km,占全线长度的 61%,地下车站 16 座,地面及高架线 10.7km,占全线长度的 39%,高架车站 5 座,地面车站 1 座。全线设车辆段一座,停车场一座。该线路正线采用双线,工程建设的特点如下:

(1)线路长,线路形式多:全长 27.6km,有地下、地面和高架线。
(2)车站形式及 TRANBBS 施工方法多:
①车站形式有岛式、侧式、分离式;
②单层、双层;
③地下站、高架站和地面站;
④全线地下工程采用明挖、盖挖、暗挖等多种方法施工。
(3)交叉换乘多:本线与规划线网中 10 条线路有交叉换乘关系。
(4)过河多:本线路通过 5 条河流。
(5)沿线及四周文物保护单位多:共 13 处。

任务描述

1. 2011 年 3 月~4 月,在线路巡检和维修保养过程中,发现南邵 - 沙河高教园区间碎石道床地段,轨缝不均匀,线路有爬行迹象。该段线路为地面线、碎石道床线路。轨道采用 60kg/m 钢轨,铺设 25m 标准短轨、普通接头、DTVI—3 型无螺栓弹调扣件、预应力钢筋混凝土长枕,连续约 810m 防脱护轨。病害预判:线路范围内几何尺寸良好、方向高低正常,但轨缝不均匀,其中最大轨缝达 21mm,个别轨缝已出现瞎缝现象。此时正是三、四月份,轨温只有 10℃ 左右,如果不采取措施进行整治,夏季高轨温必将带来严重的线路病害,危及运营安全。

2. 2011 年 6 月,该线路某车辆段出入段线整体道床和碎石道床交接处,坡度为 5‰ 的下坡道 K1+613~K1+628 位置处,发生道床路基沉降,路肩坍塌,线路变形,线路出现长 15m 范围,深 15mm 的水平坑,影响车辆运行安全。

3. 2011 年 10 月,养护维修单位添乘机车时,发现上行曲线 K10+678~K10+718 夹直线晃车严重,影响乘客舒适度。线路方向不良病害预判根据:线路轨距、水平超限;水平存在三角坑;线路方向不良、高低超限。

4. 2012 年 6 月 23 日,该地铁某无缝线路 K18+260 上行线路出现胀轨现象。地铁列车司机向行车调度室报,某线上行 K18+260 处,发生胀轨跑道。线路设备短时不能按照规定速度运行。该地段为地面线无缝线路,采用弹性不分开式 DTVI—3 型无螺栓弹条扣件、DTI 型预应力混凝土枕;道岔采用 60kg/m 钢轨 9 号单开道岔。胀轨长度为 1.5m,矢度 19mm。胀轨处轨温为 48℃,相邻长轨条锁定轨温为 28℃。初步诊断:维修作业人员违章及维修养护作业不当线路局部应力集中造成。

胀轨后胀轨段 1500m 范围内,运营电客车通过限速 5km/h,当晚停电后进行回填及补充石砟,锯开钢轨,按轨温对轨缝进行调整。

5.2011 年某月初,该线路高架桥路段无缝线路 60kg/m 钢轨,扣件为 WJ—2 型分开式小阻力扣件。检查人员报告无缝线路上发生钢轨扣件伤损和脱落现象,长度范围达 30m。无缝线路出现扣件损伤和脱落,会降低扣件对钢轨的阻力,影响无缝线路稳定。如发生连续失效折断,将影响行车安全。

假如你是该地铁线路分公司的技术组长,请带领你的技术员解决下列问题:

(1)为确保线路运行顺畅高效,你在组织人员进行工务维修时,试分析出线路病害形成的原因。

(2)针对以上出现的线路病害进行预防以及确定出现之后的治理措施。

任务一　线路爬行防治

当发现轨道线路的病害后,必须及时整治,在日常的维护工作中更应当注意线路病害的预防。线路病害影响列车的正常运行,甚至危及列车运行安全。因此,线路养护的基本任务就是通过对线路的系统检查,及时发现线路上一切不符合技术标准的现象和病害,并查清其原因,以便合理地计划和组织线路养护作业,消除病害或缩小病害影响,使线路经常处于完好状态,保证列车按照规定的速度,平稳、安全和不间断地运行。

一、轨道爬行的规律和危害

由于列车的运动及其他因素使得钢轨或钢轨与轨枕同时产生纵向移动的现象,称为轨道爬行。

1.轨道爬行的一般规律分析

(1)在双线地段轨道爬行方向与列车运行方向基本相同,列车运行方向在下坡道时爬行量较大。

(2)两个方向运量大致相等的单线地段,其两个方向都发生爬行,且易向下坡道方向爬行。

(3)两个方向的运量显著不同的单线地段,其运量大的方向爬行量也大,在运量大的下坡道方向爬行量更大。

(4)双线或单线的制动地段均易向制动方向爬行。

2.线路爬行的危害

(1)线路爬行对轨道的危害大,钢轨爬行后使接头挤成连续瞎缝,促使胀轨跑道情况发生;而另一端则拉大轨缝,造成钢轨、鱼尾板、螺栓伤损或拉弯、拉断螺栓,拉弯中间扣件,拉裂或拉斜轨枕,造成轨道不平顺,增加养护维修工作量。

(2)在道岔上的钢轨产生爬行时,将影响尖轨的正确位置,或转辙器扳动的灵活性。

(3)轨道爬行往往使轨枕离开捣固坚实的道床,造成线路局部沉降或升高,轨枕空吊板增多,产生和加大轨面坑洼。

由此可见,爬行不仅影响线路质量,降低轨道各组成部件的使用寿命,而且严重危及行车安全。

二、线路爬行的原因

线路爬行的原因主要有:钢轨在动荷载作用下的挠曲,列车运行产生的纵向力,钢轨温度的变化,车轮在接头处撞击钢轨,列车制动产生的摩擦,钢轨线路防爬设备不足,扣件的扣压力不够,道床纵向阻力不够等。见图 2-1。

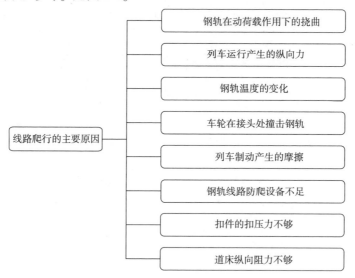

图 2-1 线路爬行的主要原因

一般认为线路上钢轨挠曲是形成线路爬行的主要原因,其他因素是加剧或促成线路爬行发生的原因。

三、线路爬行治理

防止线路爬行的主要措施是增加线路的纵向阻力。

(1)加强轨枕与道床间的防爬阻力。其方法是保持道床的标准断面,做到轨枕底下道砟厚度够,轨枕盒内道砟满,轨枕两端道砟够宽,加强捣固,整好长平,保持线路平顺,夯实道床。

根据测定:未经夯实的碎石道床,每根木枕顺着线路方向的阻力约为 500kg,而经夯实的道床沿着线路方向阻力达到 800~1000kg,另外,脏污严重的道床容易降低道床阻力从而发生翻浆冒泥或线路爬行。对于脏污严重的道床需要进行清筛。

(2)加强防爬设备。按规定安装防爬器和防爬支撑,必要时应增加防爬设备(见图 2-2),防爬器装于轨底紧靠轨枕一侧,装于轨底或距轨底边缘 300~350mm 的道心内。对失效的防爬设备应及时更换和整修。

（3）保持扣件应有的扣压力。及时拧紧螺栓，打紧浮起道钉，对失效的螺栓和扣扳及时更换和整修，能够保持钢轨与扣板之间，钢轨与垫板之间以及垫板与轨枕之间的阻力较大。

（4）及时整治接头病害。马鞍形磨耗的接头、低接头以及破损的钢轨接头会加剧列车对钢轨的冲击力，造成或加大钢轨的爬行，因此对于病害接头都需要及时进行整修。对于连续大轨缝和成段轨缝不均的地段应进行调整。

具体整治措施如图 2-3 所示。

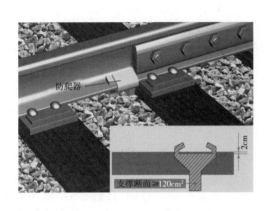

图 2-2 防爬设备

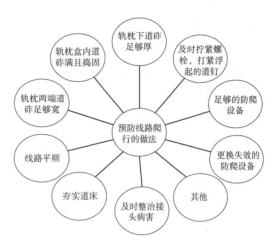

图 2-3 预防线路爬行的方法

四、线路爬行轨缝不均匀病害整治

1. 病害治理方案

准备材料和机具，对接头采取加强措施；在合适的季节和轨温时，安排轨缝调整作业，综合治理该处病害。

2. 原因分析

（1）分析现场线路条件 K13+340~K14+162 段，铺设了 822m 碎石道床线路。该区段在地质结构上为"地震断裂带"，所以设计采用碎石道床、普通线路、增加双股防脱护轨的保障措施。上下行各铺设了 33 对 25m 钢轨，各有 34 对钢轨接头。上下行四股钢轨内侧铺设了四条防脱护轨。每条防脱护轨总长约为 810m，只在两端设有弯头。防脱护轨每根长 7.8~8.2m，弯头长度约为 5m；护轨托架安装在钢轨底部，每隔两根轨枕空安装一处。轨枕布置为 1760 根/km。K13+340~K13+450 段，为一条跨整体道床和碎石道床的曲线：曲线总长 217m，曲线半径 1000m；其他地段均为直线段。从南邵往高教园方向，线路纵断面分别为：9.7‰上坡、190m（坡段总长 200m），4‰下坡，520m，20.4‰上坡、112m（坡段总长 300m）。

（2）存在问题：个别地段钢轨已存在瞎缝，一处连续两个瞎缝、一处大轨缝。护轨存在大量瞎缝。在 822m 范围内道床石砟普遍不足。

（3）线路爬行、产生不均匀轨缝，主要有以下几方面原因：

①钢轨在动荷载作用下发生挠曲；

②列车运行产生的纵向力；
③钢轨温度的变化；
④车轮在接头处撞击钢轨；
⑤列车制动摩擦钢轨等。

当线路上防爬设备不足，扣件的扣压力及道床纵向阻力不够时，就会加剧线路的爬行。一般情况下，线路上因列车运行产生的钢轨挠曲是线路爬行的主要原因，其他因素则促成和加剧了线路的爬行，从而使普通线路区段轨缝发生不均匀变化。

3. 治理措施分析

(1) 加强轨枕与道床间的防爬阻力。主要方法是：
①保持道床的标准断面，做到轨枕下道砟总厚度不少于450mm，轨枕盒内道砟饱满，砟肩宽度不小于设计标准，加强捣固；
②整好大平，保持线路平顺；
③夯实道床。从2011年4月~2011年6月上旬，对该地段线路采取了补砟、起道、拨道、捣固、夯实道床的整治措施，提高了轨道整体框架的强度并增加了道床阻力。

(2) 保持扣件应有的扣压力，增加接头阻力。为增加钢轨与扣件之间、钢轨与垫板之间、垫板与轨枕之间的阻力，应及时拧紧螺栓、上紧弹条扣件，对失效的螺栓和弹条要及时更换和整修。2011年6月上旬，对该区域的扣件进行了检查和复紧工作。对钢轨接头螺栓使用的平垫圈进行更换，使用梅花垫圈，增加高强螺栓的扭力矩，提高接头阻力，控制轨缝的变化幅度。

(3) 及时整治接头病害。有病害的接头会加剧列车对钢轨的冲击力，加大钢轨爬行。因此，对于马鞍形磨耗接头、低接头、破损的钢轨头部都要立即进行整修。对于连续大轨缝、瞎缝或成段轨缝不均匀地段要进行调整。该地段822m碎石道床线路属于轨缝不均匀的情况。安排综合维修车捣固作业，拆除上、下行四股各810m的防脱护轨，进行轨缝调整，彻底治理此处的接头病害。

任务二　线路坑洼防治

一、线路坑洼的原因

列车运行时车轮对钢轨的冲击会造成线路坑洼。轨缝过大、钢轨拱腰、低接头、轨面擦伤等都会增大列车车轮对钢轨的冲击，造成对线路平顺性的破坏，从而造成线路坑洼。

道砟捣固不良，软硬不均，接头处捣固的过硬或者过软，空吊板多，长平不好都有可能造成线路坑洼。道床养护也很重要，道砟不洁，排水不良，可能会使得路基面软化，也可能发生道床沉陷，极易形成线路坑洼。坑洼一旦产生了，又会增大列车对钢轨的冲击产生新的坑洼。路基的沉陷、翻浆或者冻害都可能降低道床的稳定性，影响线路的平顺进而造成线路坑洼。造成线路坑洼的原因，见图2-4。

二、预防线路坑洼的方法

(1) 加强捣固，消灭空吊板，整好线路长平。实践证明线路上微小的不平顺也会加剧车辆对钢轨的振动,增大线路坑洼。因此,要随时保持线路长平,一旦出现坑洼、空吊板要及时捣固。

(2)经常保持道床弹性。在作维修计划时,不要长期地、年复一年地只对线路进行重起重捣,应有计划地进行全起全捣。对不洁的道床要及时清筛,保持道床弹性,使线路平顺性好。

(3)对于木枕,应及时消灭连续两个以上的腐朽枕木群,使每根枕木受力均匀,沉陷均匀。

(4)做好路基排水预防路基病害。

路基是轨道的基础,如果路基受水侵蚀发生变形,就会使得轨距水平变化,降低承载能力。因此,必须经常清理排水设备,铲除路肩杂草,铲平路肩凸起部分,不能把路基垫高,阻碍道床排水。

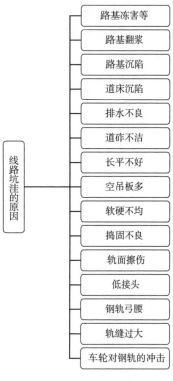

图2-4 线路坑洼的原因分析

三、线路坑洼路基沉降案例处置

1. 病害情况处置程序

项目部检查人员报告,车场出入段线整碎交接处碎石道床路基发生沉降和路肩塌陷。整碎结合线路段是车场与正线连接的咽喉,此段路基沉降、线路变形对车辆运行的安全构成威胁,并严重影响车辆调度,应立即启动紧急预案,调用雨天备勤人员30人,携带铁锹、捣固机等必备工具进行抢修,请求上级部门调用轨道车,向现场运送石砟,采用起道填砟的方法,夯实路基,整治道床变形,调整好线路钢轨框架的几何状态,满足车辆平稳安全过渡的条件。

2. 故障排除程序

(1)将上述情况及时上报公司调度室,立即启动紧急抢险预案,并协调有关部门组织抢险人员携带抢险工具立即赶往现场。

(2)请求总调下令,经多方协调,将准备好的防汛应急石砟回填到出入段线整碎交界处,现场卸石砟约20m³,起道填砟,捣实道床,堆砟丰满道肩。

(3)调整线路的几何状态,起道顺好线路的水平,调整线路的方向,检查轨距,紧固扣件螺栓,经测量线路几何尺寸符合规范要求后,可满足车辆运营要求。

(4)抢修施工结束后,经轨道车的两次往返轧道后,复检线路质量合格。

(5)协调建管公司,对整碎交界处碎石道床一侧的护坡进行垒砌,整治整体道床桥端的排水通道。

(6)继续执行专人雨前、中、后的三检制,并指派专人对此地段重点监护,定期检查线路的几何状况,做好书面记录。

3. 原因分析

导致此次路基沉降病害的主要原因是:出入段线整碎交界处是在5‰的下坡道上,由于整体道床桥端的排水口排水不畅,加上雨量较大,雨水直接从高架桥上冲到碎石道床上,石砟的排、渗水功能很好,但道床下的路基土质差,碾夯不实,道床两侧未做护坡,导致在雨水的冲刷下水土流失,造成路基沉降。

4. 预防整治分析

(1)保持整碎交界处具有良好的排水功能,是保障线路轨下基础稳定的基本因素。

(2)整碎交界处是线路的薄弱地段,由于轨下基础道床结构和材质的不同,在列车行驶时的动力作用下,道床的刚度明显不同,相比碎石道床更加薄弱一些,受到列车运行时所造成的破坏力更大,容易造成道床下沉、变形。

(3)线路坑洼、路基沉降经常发生在高架桥下坡道途中的整碎交界线路段,在今后的维修工作中,应注重加强和保持良好的排水功能是非常重要的,防止雨水从高架桥面上直接流灌到碎石道床上,冲刷道床路基,致使路基沉降,因此,雨季时应加强监测。

(4)整碎交界处碎石线路段可采取宽型轨枕,逐级调整轨枕间距来实现轨下基础的刚性过渡,捣实道床,以提高碎石线路段的轨下基础的刚度,使整碎交界处的轨下基础的刚度更接近一些,减少碎石道床因受列车运行破坏力作用下的变形。

(5)整碎交界处碎石线路段是病害频发的地段,在列车动荷载的作用下和雨季来临时,容易造成碎石线路的路基沉降,造成线路几何状态的变化,有下坡道的地方还会引起线路钢轨爬行、胀轨跑道等病害,对车辆运行的平稳和安全影响很大。因此,应列入重点检查地段,加强对碎石线路段的起、拨、改作业,及时消除因病害的积累而造成的永久变形,保持轨道线路稳固、道床丰满。

(6)现场病害判断及诊断的依据有以下几个方面:

①整碎交界线路段地处5‰的下坡道,连日降雨,雨量较大,桥端两个排水口设计不合理,排水不畅,致使雨水冲刷碎石道床和路基。

②此线路为新线,施工方在整碎交界处碎石道床未做护坡,道床下路基土体裸露。

③出入段线上行右侧砟肩连续出现4个长400mm、宽150mm的陷坑,最深处达到300mm。道床上普遍有15~200mm的漫坑。

④整碎交界处碎石道床上行,线路大平出现长15m、深15mm的水平坑,下行出现长13m、深12mm的水平坑。

任务三　线路方向不良防治

一、线路方向不良的原因

线路在长时期的列车动力作用下会产生不顺直的情况,线路方向不良会加剧车辆左右摇摆,增加横向水平推力,因而产生车轮、钢轨和连接零件的不正常磨耗,破坏轨距,加速轨枕机械磨损。列车运行时,左右摇摆所产生的横向水平推力,是破坏线路方向的因素。其主要原因有轨距不良、曲线不圆顺、线路坑洼、道床不满不坚实等。

1. 列车左右摇摆造成线路方向不良

当线路发生坑洼,尤其是三角坑和轨距不良时,都会增大列车左右摇摆,破坏线路方向。

因车轮踏面带有1/20的坡度。在良好线路上运行时,两侧车轮与钢轨接触处的车轮半径相等,轮对均匀向前滚动,不会发生左右摇摆。当轨距发生变化时,车轮与踏面的接触点不在当中,不是向内就是向外移动,其两侧车轮与轨面接触处的车轮半径,变为一大一小,这时轮对向小的方向滚动,引起车辆左右摇摆,轮对与钢轨之间产生了较大的横向水平推力,容易造成线路方向不良。

2. 列车曲线运行

列车在曲线运行时,因车体受离心力作用,使线路受到很大的横向水平推力,容易破坏曲线的方向。

如果曲线圆顺,车轮均匀地沿着钢轨前进,这时的横向水平推力可以由车轮与钢轨接触点前后一定长度的钢轨共同来抵抗,这能减轻对线路方向的破坏程度;如果曲线不圆顺,存在接头支嘴,钢轨有硬弯、轨距不良,则车轮的横向水平推力主要集中在不圆顺之处,这将必然加剧线路方向的破坏作用。

3. 减弱道床对轨枕的横向阻力而造成线路方向不良

线路方向稳定,是以道床对轨枕的横向阻力来保持的,如果轨枕盒内和轨枕两端的道床尺寸不够,或不及时回填、整理和夯实道床,就会减弱对轨枕的阻力,整体道床轨枕块松动,在局部也会减弱对轨枕块的阻力,在这种情况下,当轨道受车轮横向水平推力时,就容易使线路方向发生变化。

二、预防线路方向不良

1. 改正不良轨距

轨距不良是造成线路方向不良的主要原因。日常应注意检查轨距,对不良处应及时改正,防止超限。对于损坏的螺栓和使用不当的轨距块,应及时更换使钢轨与轨距块、挡肩之间密贴。

2. 及时更换失效轨枕

对于连续松动3块的轨枕块,应及时修补,保持牢固;对连续3个以上失效的枕木群,应及时更换。

3. 加强曲线养护,预防方向不良

曲线方向不良对行车威胁很大,严重时容易造成行车事故。因此,拨正和养护好曲线就成为维修工作中的一个重要项目。加强曲线养护,除及时拨正曲线方向外,还应做好经常检查,建立曲线登记簿和拨道记录制度,以保持曲线状态经常良好。

4. 保证道床横向阻力

填满填实道床,加强边坡夯拍为提高道床阻力,保持轨道稳固,道床顶面应有足够的肩宽,并夯实拍平,以保证有足够的道床横向阻力。

三、线路方向不良案例处置

1. 病害情况

(1) 上行线路 K10+678~K10+718 之间:有两条反向曲线,半径均为2000m(见图2-5),

超高20mm,地面线碎石道床混凝土枕线路,DTVI2型扣件,坡度为0,U71Mn钢轨。

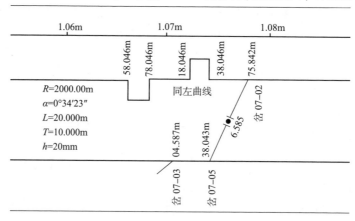

图 2-5　夹直线线路条件

经现场检查,该地段线路轨距、水平、方向、高低及三角坑等几何尺寸均符合标准,未发现超限处所。经进一步仔细查看现场发现,以上两条反向曲线之间的超高顺坡终点交汇于同一点,实际夹直线长度为零(见图 2-6)。

(2)病害产生的原因:超高顺坡设置不当,导致实际夹直线长度设置不符合规范。应重新设置两条反向曲线的超高顺坡,使实际夹直线长度符合规范。

(3)实际处理过程:分别将超高顺坡范围内的曲线上股钢轨落道,使两反向曲线之间的超高顺坡长度缩短一半,使实际夹直线变为20m,从而符合规范要求。

(4)理论依据:将两反向曲线超高顺坡率改为2‰,两曲线超高顺坡长度均变为10m,在夹直线上,两顺坡终点之间的距离变为20m(见图 2-7)。调整后彻底解决了此处因超高顺坡设置不当引起的晃车现象。

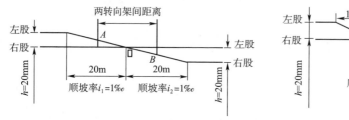

图 2-6　调整前夹直线超高顺坡

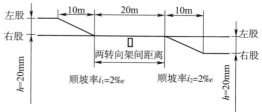

图 2-7　调整后夹直线超高顺坡

本案例中,城市地铁《工务维修规则》中有关曲线顺坡终点间的距离规定如下:

①曲线超高应在整个缓和曲线内完成,顺坡坡度一般不大于1‰;如缓和曲线长度不足,顺坡可延伸至直线上;如无缓和曲线,在直线上顺坡坡度一般不大于2‰。在困难条件下,可适当加大顺坡坡度,但顺坡坡度不得大于3‰。

②两曲线顺坡终点间的夹直线长度应不小于20m。

2. 原因分析

以上两条曲线为反向曲线,半径均为2000m,超高均为20mm,无缓和曲线。两条曲线间的夹直线为40m。两条曲线超高顺坡均在曲线以外直线上,均按照1‰的顺坡率设置,顺坡长度均为 20m。两条曲线间的夹直线中点成为两超高顺坡终点,其水平为 0;列车经过夹直线时,两转向架将会同时处于两个超高顺坡地段,再加上两条曲线是反向曲线,列车经过此夹直线时就会产生比较严重的晃车。

病害直接原因产生因素如下:
(1)由于超高顺坡率设置过小,导致两反向曲线之间没有夹直线。
(2)对维修规范掌握不够透彻。

3. 整治措施分析

(1)此病害的具体处理方法为曲线上股落道,如采取曲线下股起道,同样可达到目的。两者的不同点在于前者可以保证线路纵坡保持不变,而后者会引起线路纵坡的改变。

(2)另一方面,线路落道的实施比线路起道实施的难度大,但如施工时间充足,还应保持原线路纵坡,采取上股落道予以解决。

(3)要能够及时发现此类病害,此案例病害比较隐蔽,不太容易被发现,因为线路几何尺寸完全符合规范。这就要求现场维修人员要有宏观意识,不要只拘泥于线路的几何尺寸的整治,要结合现场实际情况,从病害产生的原因以及相关规定入手去考虑问题,这样才能够及时发现此类病害的根源。根据病害原因,确定相应的治理方案,并进行整改。

(4)在进行一项维修工作的同时,一定要综合考虑问题,要考虑到进行此项维修工作会不会带来其他参数或设备的相应变化,要综合辩证地进行线路维修工作,不能顾此失彼。

(5)进行线路维修作业时,要综合考虑对其他项目或指标的影响,熟练掌握技术规定。

任务四 胀轨跑道防治

通常,胀轨跑道更多发生在无缝线路中。无缝线路锁定后,如果轨温不高、温度压力很小时,轨道将保持原来的状态。随着温度压力的继续增大,轨道就会在一些薄弱地段(钢轨原始弯曲或道床横向阻力被削弱)出现较大的弯曲变形。变形矢度随温度压力的增大而不断增加。这一现象称为无缝线路的胀轨。在胀轨阶段,如轨温不继续升高,并无外力干扰,轨道曲线变形一般不会增加,且有可能随温度压力的下降而逐渐减少,直至恢复到无缝线路原始状态。此时,轨道处于稳定平衡状态。但当温度压力达到某一临界力时,轨温稍有升高或稍受外力干扰时,轨道弯曲变形就会突然显著增大,导致轨道完全被破坏,这一现象称为无缝线路跑道。因此,胀轨是无缝线路丧失稳定的过程,而跑道则是丧失稳定的结果。跑道能使积蓄于轨道中的能量突然释放而引起大量位移,并能使钢轨形成塑性弯曲,使轨枕劈裂,石砟抛散,甚至颠覆列车,造成严重后果。

一、胀轨跑道原因

线路爬行,轨缝挤瞎,是发生胀轨跑道的基本原因;线路上有硬弯轨,方向不良,是助长发生胀轨跑道的重要原因;在瞎缝地段,进行减弱或破坏线路稳定的养护工作,如扒开道床、起道、拆开接头或改道时,都容易直接造成胀轨跑道。现将各种原因归纳如下:

(1)轨道温度压力增大;
(2)道床横向阻力和轨道框架刚度降低;

(3)铺轨施工时锁定轨温偏低;
(4)低温焊复断缝;
(5)施工作业造成锁定轨温不明;
(6)违章作业;
(7)线路爬行;
(8)线路不平顺;
(9)各种附加力的影响。

二、胀轨跑道的预防

为防止高温时发生胀轨跑道,在线路维修中应做到以下几点:

(1)矫直硬弯轨,拨好方向。因温度升高使钢轨伸长,当伸长受到阻碍时,钢轨的伸胀力量将集中在硬弯钢轨和轨向不良的地方。严重时,可使钢轨胀出去。为了防止胀轨跑道,平时应将硬弯轨矫直,把线路方向拨好、改好,以消灭隐患,预防胀轨跑道。

(2)在运营维修中应加强现场作业的质量控制。在制订养护维修计划时,应以无缝线路锁定轨温为依据,根据季节特点和线路实际情况合理安排;在线路养护维修作业中,应严格执行作业轨温条件的规定,并注意经常保持道床的纵横向阻力。

(3)精确掌握无缝线路的锁定轨温。线路养护公司应对所有无缝线路自接收之日起,建立位移观测和测温制度,并定期检查、分析桥梁两端、道口、曲线、制动地段、坡度变化点处钢轨位移情况,如出现应力峰值应及时处理。

(4)严禁道床作业和连接零件作业同时进行。冬季进行轨道的水平作业时应以垫为主,严禁在低温下超长、超量起道,以免引起长轨条的局部收缩,降低锁定轨温。

(5)若发现长轨条两观测桩的相对位移量超过10mm或在夏季线路碎弯较多、冬季轨缝较大时,应有计划地进行应力放散,采用低温下滚筒与钢轨拉伸器配合使用的方法对长轨条予以重新锁定。

(6)道床清筛作业时,应按先放散应力后清筛,清筛前预卸石砟的原则进行。重新锁定前,应加强道床捣固,若条件允许时,应测试道床的密实度。锁定后,应加强扣件的复紧工作,避免长轨条局部伸缩。

(7)长轨条折断后,应遵守作业轨温条件,禁止在低温下直接进行处理,并经常保持胶结绝缘接头两侧各100m范围内弹条扣件的扭矩达到要求。

三、胀轨跑道的处理

(1)当发现线路连续出现3~5mm碎弯时,必须加强巡查或派人监视,观测轨温和线路方向的变化。若碎弯继续膨胀扩大时,应进行应急处理,待线路稳定后再恢复正常运行速度。

(2)养护维修作业中,发现轨向、高低不良、起道、拨改道省力、枕端道砟离缝时必须停止作业,并及时采取防止胀轨跑道的措施。

(3)发生胀轨跑道后,应及时设置停车信号防护,严禁冒险放行列车。要迅速采取降温、拨顺线路切割钢轨等措施,并加强故障地点两端线路的防爬锁定。

根据具体情况和条件,选择下列处理方法:

①应立即切开胀轨处的钢轨,按测量计算的数据切掉部分钢轨,松开扣件,放散应力,使线路恢复原来位置,在切缝处用夹板和急救器加固。采取限速开通并派人监视的措施,在24h内锯轨,钻孔上夹板或重新焊复。

②浇水降温法和喷洒液态二氧化碳降温法。

③钢轨快速降温法。

四、胀轨跑道案例处置

1. 原因分析

本故障产生的直接原因:维修人员违章养护作业不当、线路局部应力集中造成事故的发生。

(1)维修人员维修养护作业时违章,作业不当。

①作业前、中、后未测量轨温,在未掌握无缝线路实际轨温的情况下作业。

②超温作业,起道量过高。夏季夜间维修部曾进行大起道作业,一次抬高30～40mm,这严重影响了轨道的稳定性。

③作业不彻底。作业结束后道砟回填不够,方法不当,造成木枕端部外露,导致道床横向阻力明显降低。胀轨跑道后发现连续12根枕木头无砟或缺砟。

(2)线路局部应力集中造成。

①胀轨跑道前几日有过降雨,由于气温变化较大,轨温升降变化较快,伸缩区及缓冲区形成局部温度应力峰。

②该地段处于木枕与混凝土枕交界地段,混凝土枕线路阻力与框架刚度均大于木枕,造成应力在木枕地段集中释放。

③线路原始不平顺。该段线路轨道大平不好,由于混凝土枕与木枕线路下沉量不同,交界处出现坑洼而影响轨道的稳定。

④缓冲区存在连续两个瞎缝,使线路压缩变形产生附加力。

⑤另外,该地段离曲线头、坡度变化点、道岔区、车站等都较近,受车辆启动制动等外力影响,加速使轨道丧失了稳定性。

2. 整治措施分析

(1)胀轨跑道通常采取的处理措施如下:

①降温措施主要是浇水的办法,浇水时要从胀轨地段两端50～100m外,由外向内浇淋钢轨,并应轻浇慢淋,有条件时可用草袋浸水临时覆盖;

②拨道是浇水降温后还不能恢复线路时采取的措施。在地形许可条件下,从跑道故障处两端向中间拨成半径不小于200m的反向曲线,两曲线间夹直线应尽可能不小于10m;

③复线地段要注意两线间限界。必要时两线可同时拨道。拨好曲线后应立即回填夯实道砟,必要时,可加大道床断面,并派人看守,以5km/h速度放行列车;

④轨温下降后,要抓紧时机把臌出部分拨向原位,恢复线路状态,并对胀轨两端线路加强防爬锁定,夯实道床,加宽和堆高砟肩;

⑤曲线地段拨道只能上挑,不宜下压。如降温效果不佳,应必须封锁线路进行锯轨处理,

待处理完毕后再恢复线路和正常运营。

(2)故障处理时已接近下午16:00无缝线路轨温逐步下降,胀轨量进一步缩小,设备逐渐趋于稳定状态。根据现场情况采取胀轨段1500m范围内,运营电客车通过限速5km/h,当晚停电后进行回填及补充石砟,锯开钢轨,按轨温对轨缝进行调整的处理措施。

(3)先期病害预判的根据有以下几点:

①作业前、中、后未测量轨温;

②起道量过高;

③作业不彻底;

④气候原因使轨温变化较大;

⑤该地段为木枕与混凝土枕交界地段;

⑥线路原始不平顺;

⑦存在连续两个瞎缝。

(4)此类病害正确处理的方式是:发现胀轨跑道危及行车安全时,应立即向相关部门汇报,请求派人进行紧急处理。

(5)胀轨跑道的一般规律。胀轨跑道发生的部位,一般多发生在固定区,因为固定区承受的温度力最大,而防爬设备安装少,同时,在不熟悉和掌握无缝线路特点时,往往以为固定区最稳定可靠,放松了对固定区的养护维修。此外,在行车方向道口的前方和曲线头尾、木枕和混凝土枕交界处、制动地段以及缺砟地段都易发生胀轨跑道。

(6)胀轨跑道发生的时间。胀轨跑道主要发生在4~8月,其中进入高温前的5月份发生的概率最高,主要是这时的温差变化大,线路作业又较多,如果重视不够,加上违章作业,极易造成胀轨跑道。

(7)胀轨跑道的预兆:

①作业中的预兆:拨道时,逆向拨动或拨好后马上复原,拨好一处另一处又臌出;顺向拨道省力,轨道移动距离大、范围长。起道时特别省力,且抬起的轨枕根数多。捣固轻松,不易捣实。

②方向的预兆:碎弯多,特别是"S"弯增多变大;钢轨原有硬弯处,弯曲范围加长,矢度增大;或出现新的小弯,轨距扩大,道钉扣件失效增多等。

③高低、水平的预兆:高低、水平不好、空吊板连续增多、木枕地段道钉浮离增多、轨枕地段扣件爬行增多等。

(8)预防措施:

①严格遵守无缝线路维修作业轨温条件,严格执行无缝线路检查制度、观测制度、测温制度、故障报告分析制度,并及时建立无缝线路技术档案。

②无缝线路作业要坚持一准、二清、三测、四不超、五不走。

一准:要准确掌握实际锁定轨温。二清:综合维修、成段保养作业半日一清,零星保养、临时补修一撬一清。三测:作业前、作业中、作业后测量轨温。四不超:作业不超温,扒砟不超长,起道不超高,拨道不超量。五不走:扒道床未填不走,作业后道床未夯拍不走,未组织回检不走,线路质量未达到作业标准不走,发生异常情况未处理不走的原则。

③工务维修人员应严格按照城市地铁《工务维修规则》的要求对无缝线路位移量进行观测,观测桩及标尺应牢固、明显、准确。

④固定区钢轨位移量超过 10mm 时,应由项目部进行分析并及时整治,特别要注意检查前一日作业过的地段。夏季重点检查钢轨接头有无瞎缝,冬季重点检查钢轨接头大轨缝。局部位移量超过 10mm 均为应力不均匀,应重新调整;固定区钢轨位移量超过 20mm 由项目部进行分析,同时上报轨距、方向、高低检查记录。项目部配合公司安全质量管理部现场核实并分析原因。

⑤对管内正线每月至少用添乘仪检查一次;6月、7月、8月每日下午 14:00 前后用添乘仪对线路进行添乘检查,重点部位应进行重点检查。

⑥加强巡检,在高温时间内必要时应加强巡检。重点检查钢轨是否有碎弯,发现胀轨预兆要及时采取措施进行处理,并及时报告。

⑦加强防脱护轨接头的检查及下部扣件的检查。护轨接头横向错牙顺行车方向不得大于 2mm;逆行车方向不得大于 1mm。

⑧加强胶接绝缘接头的养护。若钢轨出现飞边应及时打磨处理,并经常保持高强胶接绝缘接头两侧各 100m 范围内扣件的扭力矩达到要求。

⑨做好单向、双向伸缩调节器观测记录,1个月1次;

⑩加强曲线、整碎交界、伸缩区、缓冲区、道岔前后的养护和检查,加强上述部位道床阻力,严格控制基础作业,注意方向、高低变化。可以做些有利于巩固无缝线路稳定性的工作,如均匀补充道砟,夯实道床,拧紧扣件及鱼尾板螺栓。

⑪预防胀轨跑道的关键是正确掌握钢轨的锁定轨温,提高道床的横向阻力,拧紧扣件,加强防爬锁定,提高轨道框架刚度,整治线路不良方向,提高线路设备质量,加强管理,正确养护。

任务五 钢轨及接头连接零件病害防治

一、钢轨及接头连接零件的主要病害

1. 钢轨伤损

(1)钢轨核伤,包括白核和黑核。

(2)钢轨破损,主要是轨顶面剥落、掉块和螺栓孔裂纹,拉沟等病害。

2. 钢轨磨耗

淬火钢轨端部马鞍形磨耗。磨耗深度一般在 2.5~6mm,长度在 200~300mm,混凝土轨枕地段比较明显,发展较快。

3. 低接头

低接头病害一般发生在捣固不良地段,尤其是曲线下股比较多。

4. 夹板弯曲或断裂

夹板弯曲或断裂主要是顶部中央出现细小裂纹,以后逐渐扩大。

5. 钢轨挠曲

钢轨挠曲是指钢轨和夹板发生的永久挠曲,容易造成硬弯。

6.扣件松动或失效

扣件松动或失效,容易造成弹性垫层变形。

二、钢轨及连接零件病害的原因

(1)由于轧钢质量不好,出厂时钢轨内就存在核伤(白核)。

(2)接头养护不良,加重车轮冲击。车轮行经钢轨接头处,因接头形成了折角,车轮从一根钢轨走上另一根钢轨时,有悬空跳过去的现象,发生了冲击,这个冲击力的一部分使钢轨顶面及夹板和连接零件发生磨耗。如有低接头,接头松动或轨缝过大,过车时接头处发生的折角会增大,车轮对接头的冲击也越严重,结果会造成钢轨、夹板和连接零件的严重磨损或折断。

(3)在车轮冲击力作用下钢轨端部顶面每平方厘米的面积上受到 10~15t 的压力,产生塑性变形。由于淬火与未淬火部分硬度不同,形成了马鞍形磨耗。

(4)曲线超高不正确,造成钢轨磨耗。曲线地段,为了能使列车平稳地转换方向,应在外股钢轨设置适当的超高。如果超高过大,车体倾斜过多,会增加里股钢轨的荷载,使车轮向里股钢轨方向移动,因而增加在轨面上的滑动摩擦,使里股钢轨顶面发生严重磨损;如果超高过小时,车体对外股钢轨的压力加大,使车轮的轮缘压外股钢轨,从而导致外股钢轨严重磨耗。同样,即使在直线段,如水平不良或捣固不均衡时,也会使钢轨发生磨耗。

(5)轨底坡不合适。铺设钢轨时,为适应车轮踏面的坡度,应设有 1/40 的轨底坡,轨底坡过大或过小时,车轮与轨顶的接触点就不会落在轨顶面的中心,而偏压在轨顶面的内侧或外侧,这样轨顶一侧承受压力,必然产生使钢轨转动的力量,但钢轨被扣件牢固地固定在轨枕上,保持它不转动,因此造成钢轨顶部与腹部弯曲,甚至破损。另一方面轨底坡不合适时,轮对两侧车轮与钢轨接触处的车轮半径不一致,造成轮对的左右横动,车轮在轨面上发生滑动,因此钢轨顶面容易发生磨损。

(6)垫板和扣件养护不良,垫板位置歪斜,常造成轨底压在垫板边缘上,轨底局部负担重压,造成破裂或折断。如道钉浮起或扣件松动,则容易造成轨底、垫板、夹板底边之间严重磨损。

(7)列车通过捣固不良的线路时,钢轨上下反复挠曲,使钢轨内部组织连续发生拉张和压缩的反复应力,容易受到破坏。如遇到钢轨颗粒间带有微小空隙(白核)时,会使空隙迅速扩大,形成内部斑痕,以致折断。线路爬行,造成低接头、拉大轨缝或在接头附近发生小坑、三角坑时,一方面增大车轮对钢轨的冲击,另一方面又增大接头处的上下曲折,这样,就更容易造成钢轨、夹板及连接零件的磨损或折断。

三、预防钢轨及接头连接零件病害的方法

1.加强钢轨和夹板的养护工作

(1)加强钢轨的检查,发现重伤钢轨和夹板,应及时更换。

(2)及时矫直硬弯钢轨。

(3)及时焊补轨面擦伤。

(4)经常注意拧紧扣件,整修防爬设备,锁定钢轨,防止爬行,不使轨缝拉大。

2. 加强接头养护

（1）加强接头捣固，保持道床丰满，并加以夯实。接头轨枕材质应尽可能一致，并使间距符合规定，在接头处更换木枕时，应将接头处相邻的两根枕木同时更换，以保持支承条件一致。

（2）经常上紧夹板螺栓，保持接头紧固。由于列车的不断撞击，会引起螺栓松弛，接头松动。其结果使接头不能作为一个整体来抵抗外力，个别零件可能因负担过重而损坏。同时还会增加夹板和轨端的磨耗，加剧接头的不平顺。如果接缝处夹板因磨耗而与钢轨下颚之间存在 1mm 以上空隙时，应及时垫上符合规定的三角铁片。

（3）及时清筛接头范围内的不洁道砟，以免结成硬壳，失去弹性，或引起翻浆冒泥，造成明显的不平顺。

（4）及时消灭轨面高低错牙，接头轨面及轨距线内侧错牙不得超过 1mm。

（5）用上弯夹板整治低接头。上弯夹板是将夹板用弯轨器上弯，上弯量一般以 1~1.5mm 为宜。当换了上弯夹板后，钢轨接头处 3~4 根的轨枕轨面抬高，容易出现空吊板及螺栓松动，因此，必须加强捣固，拧紧螺栓。

（6）及时调整轨缝。大轨缝是造成接头病害的重要原因。因此，轨缝必须均匀，并符合规定的要求，发现大轨缝应及时整正。

3. 及时整修轨底坡

及时整修轨底坡，使钢轨符合规定的标准。

四、连接零件病害整治案例

1. 病害情况

（1）发生病害的线路为新投入运行的高架桥无缝线路，施工方在水泥浇注整体道床时，结构顶面做高了，为降低此段线路水平面，未使用原设计的轨下橡胶垫板。在降低轨下垫层时，使用无弹性的工程塑料片，造成无法降低和阻隔钢轨振动力。

（2）病害线路段钢轨中间连接零件为 WJ—2 型小阻力扣件（见图 2-8），铁垫板中部两侧设有高 6mm、厚 8mm、长 20mm 的垫层挡肩，轨底直接接触铁垫板垫层挡肩，车辆运行时轮轨的高频振动力直接作用在铁垫板上。

通过现场检查分析，及时组织制定了整治计划，采取调整钢轨下橡胶垫层与调整铁垫板下的调高垫层相结合的方法，消除病害。

图 2-8　WJ—2 型小阻力扣件

调整此地段钢轨下垫层和两边各 10m 范围内的轨下铁垫板垫层，顺好线路大平。一方面，恢复使用原轨下设计的钢轨轨下橡胶垫层，保持钢轨前后轨下垫层弹性一致性，避免钢轨振动直接作用在铁垫板上；另一方面，WJ—2 型小阻力扣件铁垫板允许有 15~30mm 的调高量，因此，调整铁垫板下的垫层具有合理性。

2. 原因分析

轨下橡胶垫层是中间连接重要构成部件，垫层的弹性功能可以有效降低、阻隔、吸收钢轨部分的振动频率。缺少或降低弹性的垫层,在动荷载高频振荡力的作用下,容易使连接部件受力过度,造成金属组织疲劳,以至部件损坏。

轨下橡胶垫板是小阻力扣件设计的关键,在高架桥无缝线路上起着重要作用。橡胶垫板除提供弹性外,应该保持线路钢轨前后弹性的一致性,它可以缓释梁轨之间的相互作用力,线路连续缺少轨下橡胶垫板的情况下,会导致钢轨的中间连接零件破坏加快,梁轨之间的相互作用力也会使此段线路振荡加剧。

3. 治理措施分析

(1) 先期病害预判断的根据有以下几点:

①钢轨框架的几何尺寸发生变化,出现多处超限,或线路存在假轨距,使钢轨处于不稳定状态,轮轨冲击作用力加大,造成扣件频繁折断。

②无缝线路有爬行或非正常伸缩。引起无缝线路的锁定轨温变化,造成应力不均及应力集中,使无缝线路的钢轨温度应力在此薄弱地段集中释放,造成扣件失效,影响行车安全。

③扣件安装不标准,未按设计要求安装弹性垫层或扭矩过大,使高架桥无缝线路梁轨作用力不能有效释放,造成扣件成段失效。

(2) 中间连接零件(扣件)是钢轨与轨枕之间的重要连接。随着运行速度的提高,行车密度的加大,对轨道平顺性、稳定性有着极高的要求,因此,对钢轨的扣件技术要求和保养质量要求更高。扣件维修保养中,应当注意加强中间连接零件的整体性功能和每一单元组件的作用。要注意扣件丧失功能不能出现连续化,这一点在城市地铁的《工务维修规则》中有明确规定。应保持扣件具有持久的、足够的扭矩,顶严、压紧、密贴和保持正确的位置。对于失效脱落的扣件,要及时更换和补充,避免形成恶性循环,导致连续甚至成段失效。

(3) 目前城市轨道的发展速度很快,各种新型的轨道构件不断地投入使用,钢轨中间连接种类很多,充分了解中间连接零件的设计功能和使用功能是很重要的,掌握中间连接零件与轨下基础的作用关系,针对性地做好检查和保养。保持钢轨中间连接零件完善且状态良好,是保证良好线路框架几何状态和线路稳定的基础。

(4) 预防措施有:中间连接零件是轨道线路上数量最多的构件,它为保证车辆安全运行提供良好的线路几何框架。长期、反复的车辆运行是破坏线路设备的基本因素,中间连接零件是最先和最容易受到破坏的轨道构件。因此,注重日常检查和经常保养是非常重要的:要随时随地进行小修小补,及时消除病害,防止病害的发展;对于重点区段应注意安排重点检查;检查及保养中除检查扣件状态外,还应注意检查轨下垫层及铁垫板下垫层状态,对易位或失效的垫层应及时复位或更换;应特别注意保持高架桥扣件扭矩符合设计标准,既不可过小,也不宜过大。

复习思考题

1. 试列举引起轨道线路爬行的原因有哪些?
2. 试分析防治轨道线路坑洼的主要方法。
3. 预防轨道线路方向不良的措施有哪些?
4. 试解释轨道线路胀轨跑道现象。
5. 钢轨及接头连接零件的主要病害有哪些?

项目三　城市轨道交通线路维护作业

工程案例

北京地铁10号线一期工程,是一条先东西走向,后南北走向的半环线。线路全长24.684km,全部为地下线,共设22座车站,平均站间距1116m。线路北段主要沿巴沟路、海淀南路、知春路、北土城西路、北土城东路、太阳宫大街由西向东,在东段沿机场路、东三环路由北向南。线路在西北端的万柳地区沿万泉河路南北向设车辆段一处,在万柳站设两条出入线连接车辆段。

本工程范围内为左线K15+300~K24+650.442、右线K15+300~K24+650里程,其中正线线路的最小曲线半径为350m,最大线路纵坡28‰,最小线间距3.6m。正线轨道采用60kg/m钢轨,正线一次铺设无缝线路,采用移动式接触焊进行钢轨焊接,全线道岔采用60kg/m钢轨9号单开道岔、5m间距交叉渡线。正线道床为短轨枕整体道床,特殊减振地段为钢弹簧浮置板道床。

任务描述

该工程于2007年11月完工,经过调试、试运行及试运行阶段之后正式运营通车。线路运营一段时间后,作为地铁公司维修保养中心的技术负责人,当你接到线路左线K16+322.576~K18+340.456(此处正是最小曲线半径350m的位置)范围内的正矢量可能超限而影响车辆安全通行,请你带领施工人员去现场解决问题的通知时:

1. 为确保此范围内车辆运行顺畅高效,需要进行起道捣固,请你安排人员进入现场进行作业。

2. 如果你的技术人员到现场实测正矢,判断曲线具体位置,你该如何操作?应该注意哪些问题?

任务一　轨道线路单项作业

轨道线路日常养护维修作业中有一些常规基本作业及一些小修补作业项目,是线路工应该掌握的基本技能,也是确保线路设备正常、安全使用的基本手段。

一、更换钢轨作业

线路发生断轨或重伤钢轨时,应及时更换,以确保行车安全;对于轻伤钢轨也应有计划地更换,以防折断,发生事故。

1. 作业方法及步骤

(1)作业准备。准备工具,校对量具,到达作业地点后首先测量轨温,掌握换轨当时的轨温与丈量新轨时的轨温差,确认新轨因轨温变化伸缩后的长度差异,设好防护后方可作业。作业中遵守邻线来车避车规定。

(2)检查。检查准备换入的钢轨有无伤损,长度是否与计划相符,实际断面是否符合要求。检查换轨前后不少于5节钢轨,如轨缝不正常,应事先调整。

(3)运放钢轨。将准备换入的钢轨运送至换轨处轨枕头外的道床上,钢轨应放置稳固。

(4)松卸配件,卸开接头,全面松卸扣件。清除轨枕扣件上的杂物,逐个拧动扣件,卸下接头螺栓和夹板,同时检查夹板。

(5)拨出旧轨,拨入新轨。将更换出的旧钢轨拨至轨道外侧,拨入新轨,调匀两端轨缝。

(6)安装夹板、扣件。安装夹板,使夹板与钢轨接触良好,穿入和拧紧接头螺栓,再量好轨距,装好扣件。

(7)回检找细整理。检查轨向、轨距、高低、水平、接头错牙和螺栓扭矩等,对不符合作业验收标准的处所进行整修。从线路上换下来的旧钢轨,应及时回收集中,按《线道旧轨使用和整修技术条件》(TB/T 3119—2005)的规定鉴定分类、划分等级与整修,并应分类堆码,建立账卡,妥善保管。

(8)撤除防护。确认线路达到放行列车条件,待人员、机具撤出限界以外后撤除防护。

2. 技术要求

(1)换入的钢轨必须确认无重伤。

(2)更换后的钢轨应与线路上原有钢轨的高度和内侧磨耗程度基本一致。如有误差,上下和左右错牙均不得超过1mm。

(3)轨距、轨向、高低、水平容许偏差应符合规定,钢轨接头轨逢不大于18mm,绝缘接头轨缝不小于6mm。

(4)换入的钢轨如需锯断和钻孔,必须全断面垂直锯断,用钻孔机按标准钻孔并倒棱。

3. 安全注意事项

(1)换轨作业由车间干部监控,必须通知电务人员配合施工。

(2)运放钢轨不得侵入建筑限界。

(3)在混凝土地段拨出旧轨、拨入新轨时,应将钢轨抬高后再拨出钢轨,以免碰伤螺栓。

二、更换轨枕作业

为保证线路结构完好,提高钢筋混凝土枕状态的标准化率,保持线路质量均衡良好,需要更换已失效的混凝土枕。

1. 作业方法及步骤

(1)作业准备:准备工具,校对量具,到达作业地点后首先测量轨温,确认是否符合作业轨温条件,设好防护后方可作业。作业中遵守邻线来车避车规定。

(2)散布轨枕。将轨枕散布到更换位置附近,直线地段散布在作业方便的一侧,曲线地段散布在下股一侧。

(3)扒道床。扒开一端轨枕头和一侧轨枕盒内道床,深度以能够横移、抽出和穿入轨枕和不碰伤螺栓为度。扒开道床时,将清渣、混渣分开,混渣扔在路肩上,对含土量较多的道砟,要进行清筛。

(4)卸下扣件。卸下螺母、平垫圈、弹条、轨距挡板、尼龙座、大胶垫等,并集中存放在适当地点。

(5)抽出旧枕。以4人一组进行,将旧轨枕横向拨入扒开的轨枕盒内并放倒,用户夹轨钳或绳索顺着道床槽将旧枕抽出,顺放在路肩上。

(6)整平枕底道床。整平原枕底道床,新枕位置的道床略深、略宽于旧枕,将枕底的不洁道砟挖出并放路肩上,使轨枕中部疏松。

(7)穿入新枕。以4人一组进行,将新枕放倒呈侧面向上,用抬杠抬起,对准扒开清理好的轨枕盒,用绳索套拉穿入,立放并横移至轨枕位置上。

(8)安装扣件。摆正轨枕位置,放好大胶垫,量好轨距,轨枕螺栓杆涂油,再按零配件的安装顺序装上,上紧扣件。

(9)捣固。适量回渣后,将轨枕底串满,再进行八面捣固。

(10)回检找细、全面检查,整修不良处所,复紧扣件,回填石渣,整理好道床。

(11)撤除防护。确认线路达到放行列车条件,待人员、机具撤出限界以外后,撤除防护。

2.技术要求

(1)新枕位置要正确,必须与轨道中心线垂直,间距误差及偏斜不超过20mm。

(2)轨道几何尺寸应符合线路静态管理偏差作业验收标准。

(3)扣件扭矩符合规定或弹条扣件中部前端下颚离缝不大于1mm。

(4)道床断面恢复到与原断面尺寸相一致。

3.安全注意事项

(1)严格遵守线路作业轨温条件,严格执行作业前、中、后测量轨温制度,做到超温不作业。

(2)与电务有关时,必须通知电务人员配合。

(3)装卸、搬运、存放、更换轨枕时,不得侵入限界,防止碰坏线路标志和信号标志及损伤轨枕及螺栓。作业时必须统一指挥,动作协调一致。认真检查抬杠、绳索、夹杆钳的承压和人员配合情况,抬行时应注意踩稳踏牢,确保人身安全。

三、调整轨缝作业(液压轨缝器)

1.操作要求

(1)检查轨缝调整器;

(2)根据钢轨窜动方向,打松或卸下防爬器;

(3)松开轨距杆螺栓;

(4)冒起道钉或拧松扣件螺栓,同时拧松或卸下接头螺栓,松动夹板;

(5)安装调整器,窜动钢轨;

(6)压打道钉、拧紧螺栓,同时拧紧夹板螺栓;

(7)安装和打紧防爬器,上紧轨距杆。

2. 质量要求

(1)轨缝符合规范要求。

(2)钢轨接头相错量符合要求。

(3)接头错牙≯2mm;

(4)螺栓扭力矩达到标准。

3. 安全注意事项

(1)办理登记手续,设置防护;

(2)不得多根钢轨同时窜动;

(3)在有轨电路地段作业时,不破坏绝缘和接续线;

(4)无不安全因素。

4. 其他要求

(1)工具设备的使用及维护;

(2)作业效率;

(3)做好收工前线路回检及工具备品回收。

四、起打道钉作业

1. 操作方法及步骤

(1)起钉:使用撬棍用二起二垫或三起三垫垂直起出。先起铁垫板与木枕连接道钉,后起钢轨里外口道钉。起出的道钉应放在木枕面上。

(2)插入注油道钉孔木片。

(3)直钉器整直弯曲道钉:直钉器顺着木枕盒放在平整的道床,弯钉凸面向上,钉帽对着直钉器,用打闷锤的方法将道钉整直。

(4)修理钉孔:对歪斜钉孔要进行整修。钉孔前俯时,刀刃直面要靠钉孔内侧,钉孔后仰时,要靠钉孔外侧。钉凿子孔深度约100mm。

(5)栽钉:钉尖要栽在离开轨底边缘8mm处,并保持垂直。栽钉时两脚跨在钢轨两侧。栽钢轨左侧为正手持钉,左手拇指、中指及无名指紧握道钉两侧面,食指顶住道钉后面。栽钢轨右侧道钉为反手持钉,左手拇指、食指夹住道钉两侧面,后面以手掌撑住。

(6)打钉:

①举锤时,两脚骑轨站立,两手握住锤把,相距500mm,上身挺直,落锤时上身向前稍弯,两腿随锤下蹲,用力下打。当锤与道钉接触时,锤把呈水平状态,并与轨道平行;

②打钉时,第一锤要轻打、稳打、准打,中间几锤要重而准,最后一锤要闷打。发现道钉不良时,必须起下重打。各项打钉应符合要求;

③严禁打花锤、轮锤、归钉、搂钉。

(7)检查道钉是否符合标准。

2. 质量要求

(1)每钉锤花两个以下;
(2)钉帽无划痕;
(3)钉应整直;
(4)不应出现俯、仰、歪、斜、浮、离、磨、弯八害道钉;
(5)不打在钢轨、铁垫板、木枕上。

3. 安全注意事项

(1)使用起钉垫,起钉数量符合规定;
(2)无打飞钉现象;
(3)不伤手脚;
(4)轨道电路区段,撬棍带绝缘套。

五、扒道床作业

1. 操作方法及步骤

(1)刨松枕木头:用捣镐刨松枕木头道砟。
(2)扒道床:用尺耙扒出枕木头盒内及钢轨内侧的石砟,然后用捣镐串出钢轨底部石砟。串砟时必须将石砟串到钢轨底以外,以利排水。
(3)扒砟一般先扒左股外口,再扒右股内口,转身扒右股外口,最后扒左股内口,两次往复回到原轨枕处。但扒砟时,要扒开大石砟(大于70mm),留下小石砟。混凝土轨枕和无缝线路地段,如两侧石砟较多,可两人用拉耙扒砟,遇有需方正枕木情况,应同时将方正枕木位置处的石砟扒清。

2. 质量要求

必须做到"三够一清":

(1)扒砟长度够,自钢轨中心向两侧各扒400~450mm;
(2)扒砟深度够,不起道时,扒至枕底下10~20mm;起道10mm时,扒至枕底平;起道超过20mm时,留砟量为起道高的2倍;
(3)扒砟宽度够,扒至距离两侧轨枕100~150mm;
(4)轨底要清,轨底石砟要扒清时留砟量为起道高的2倍。

3. 安全注意事项

(1)不伤手、伤脚;
(2)不发生事故苗头;
(3)石砟高度不超过轨面。

六、方正轨枕作业

方枕工作就是把线路上超过规定的轨枕间距误差或偏斜误差恢复到标准状态,使每根轨枕在列车作用下受力均匀,提高轨枕状态的标准化率。

1. 作业方法及步骤

(1) 作业准备：准备工具，校对量具，到达作业地点后首先测量轨温，确认是否符合作业轨温条件，设好防护后方可作业。作业中遵守邻线来车避车规定。

(2) 调查划撬。对照每公里轨枕配置数量检查轨枕间距，将间距不符合要求、歪斜或间距有特殊要求的轨枕，在轨枕上划出方动标记。

(3) 扒开道床。扒开轨枕方动方向一侧的道砟至轨底，用镐尖刨松枕底边缘。

(4) 松动扣件。为减小方枕时的阻力，先要拧松扣件螺母或起松道钉，高度要适量，以不影响轨枕移动为准，有轨道加强设备阻碍作业时应将其拆下。

(5) 方正轨枕。使用方枕器时，将方枕器安置在轨枕移动方向相反一侧的轨枕外侧枕盒内，摇动方枕器拨杆，将轨枕方正到正确位置。一次不能方正到位可采取方枕器后加垫板办法再次进行方正。起道机方枕时，起道机安置在紧贴轨枕移动方向相反一侧的两边轨枕底部，摇动起道机拨杆抬起钢轨，用撬棍撬动轨枕，将轨枕方正到正确位置。一次不能方正到位可采取落下起道机，重新安置起道机进行再次方正。难以方正时应再次清理方动方向一侧的枕底道砟，不得用道锤打击轨枕。若轨枕方正量超过50mm时，应适量串实枕底道砟。

(6) 拧紧扣件。为防止轨枕产生新的位移，方枕到位检查轨距后应马上拧紧扣件，恢复拆除的轨道加强设备。

(7) 回填道床。作业完毕后，将扒动的道砟回填到轨枕盒内整平夯实。

(8) 撤除防护。确认线路达到放行列车条件，待人员、机具撤出限界以外后，撤除防护。

2. 技术要求

(1) 轨枕间距应符合《线路修理规则》每公里轨枕配置根数的间距标准。

(2) 轨枕间距误差或偏斜不超过50mm，铝热焊缝距轨枕边不小于40mm。

(3) 方正轨枕作业后高低、水平、三角坑应符合线路静态管理偏差作业验收标准。

3. 安全注意事项

(1) 严格遵守线路方枕轨枕作业轨温条件，严格执行作业前、中、后测量轨温制度，做到超温不作业。

(2) 来车时，要及时下道，同时将方枕器撤离线路。

(3) 作业时，工具、材料和石砟不得侵入限界。

(4) 在绝缘接头处方枕，要注意连接零件是否符合标准，防止跳信号。

七、清筛道床作业

1. 操作要求

(1) 筛枕头：其长度在800mm左右；

(2) 清筛第一个轨枕盒；

(3) 清筛第二个轨枕盒，回填第一个轨枕盒；

(4) 以此类推，循序倒筛；

(5) 整理道床，夯实拍平；

(6) 清扫；

(7)回检找细。

2. 质量要求

(1)清筛深度:线路中心筛至枕底下 200～250mm,轨枕头部外侧筛至路基面;两线间轨枕头筛至枕底下 50mm;
(2)清筛宽度够;
(3)道床清洁符合要求;
(4)道床密实。

3. 安全注意事项

(1)办理登记手续,设置防护;
(2)堆放的道砟不超过轨面;
(3)注意邻线来车,料具不得侵入限界;
(4)不伤手脚。

4. 其他要求

(1)工具设备的使用及维护;
(2)作业效率;
(3)做好收工前线路回检及工具备品回收。

八、路基排水作业

1. 整平路肩

整平路肩是指铲除路肩土垅、清除杂草,保持路肩平整,以利于排水。

(1)综合维修时,要整平路肩,使其有向外的流水缓坡,其坡度一般不超过 1/20。
(2)如路肩不平时,要用与路基顶面相同的土壤填补,并进行夯实。同时禁止在黏性土壤的路肩上,同砂或旧砟填补坑洼。
(3)清除路肩上杂草,防止水停滞在路基面上。铲下的草不要堆于坡顶,妨碍排水。
(4)路肩上如有裂缝,应先从上面用铁铲在可能达到的深度内进行清理,然后再用与其相同的土壤或不易透水的土壤填塞,并要仔细夯实。不宜使用砂子或者使用任何其他易于透水的材料来填塞裂缝。
(5)不论是从路肩铲下的土,还是道床中清筛出的脏土,在路堤地段,应弃于边坡下面;在路堑地段,应运出路堑范围以外。

整平后的路肩,应达到平整、坚实、无积水现象,无裂缝和杂草。

2. 清理排水设备

排水设备是指侧沟、截水沟、排水沟和渗水暗沟等,其主要作用是排出路堤、路堑边坡和路基面上的水,以及排出路基底下的水,使路基经常处于完好状态。

(1)清理前,应测量排水设备的纵向坡度。
(2)根据纵向坡度和断面尺寸进行清理。在清理时不得把淤泥、污物抛弃在路堑边坡上,沟中杂草应铲除干净。

(3)水沟的出口处如为易冲刷的土壤,应加强保养。发现冲刷时,应及时予以加固整治,以免冲刷扩大。

(4)禁止在路堤坡脚处取土,发现路堤坡脚及堑顶有坑洼时,应及时填补,以防积水。

(5)在设有横盲沟的路堑中清理侧沟时,要保持盲沟出口在侧沟底面上 0.15~0.3m。经过清理的水沟,底面应平整无积水,边坡完整无缺。出口处坡度平缓,过陡时应适当加固。

九、轨枕扣件作业

1. 作业范围

轨枕扣件伤损达到下列标准时,应有计划地进行修理或更换:

(1)螺旋道钉折断、螺母或螺杆丝扣损坏,严重锈蚀。

(2)平垫圈、弹簧垫圈损坏或变形,作用不良。

(3)弹条、扣板损坏或变形,不能保持规定的扭矩。

(4)扣板或轨距挡板严重磨耗,与轨底边离缝超过 2mm。

(5)挡板座、铁座损坏或变形,作用不良。

(6)大胶垫磨穿、断裂、压溃或变形(两侧压宽合计:厚度为 7mm 的胶垫超过 15mm;厚度为 10mm 的胶垫,超过 20mm),小胶垫损坏。

2. 技术标准

(1)扣件应经常保持齐全、位置正确,作用良好。

(2)扣板或轨距挡板应贴靠轨底边,爬离不超过 8%;弹条式扣件前端一般应密贴,容许间隙不超过 2mm。

(3)扣板式或弹片式扣件,扭矩应保持在 80~140N·m,弹条式扣件应保持在 160N·m 左右。

(4)正线半径在 600m 及 600m 以下和站线半径在 400m 及 400m 以下的曲线,扣板式扣件应使用加宽铁座。

3. 作业方法

(1)施工领导人应根据作业范围认真做好工作量调查,需要调整的扣件及轨距应划好符号,并安排好计划进行综合整治。

(2)爬离扣板或轨距挡板,应采用翻转扣板号码或更换的办法进行整治,不得已时可加三角垫片予以调整。

(3)在整正扣件时,根据轨距需要整正对面股扣件;当轨距小时,采用加大内侧扣板号码和相应减小外侧号码;轨距大时,则采用减小内侧扣板号码和相应加大外侧扣板号码。

(4)在整修扣板、弹片、弹条扣件作业中,如遇轨下胶垫缺损、歪斜或小胶垫挤坏串出,应同时进行更换或整正。

(5)完工前,对作业地段的扣件须认真检查并复紧一遍。

4. 注意事项

(1)在整正扣件作业中,直线选择方向较好的一股为标准股,曲线以上股为标准股。

(2)利用列车间隔进行作业时,连续卸下或松开扣件螺栓不得超过 5 个,来车前必须做到隔一紧一。

十、防爬设备作业

线路爬行是线路设备的主要病害,会给线路带来一系列严重后果。因此,锁定线路、制止爬行对巩固和提高线路质量具有重要的意义。木枕线路应根据轨道结构条件和列车运行情况,安装足以锁定线路、道岔的防爬设备,并设置爬行观测桩进行观测。对制动地段,主要道岔、绝缘接头、桥梁前后各75m地段,可根据需要适当增加防爬设备,以保持线路稳定。防爬设备的安装数量和方式与线路爬行情况不相适应时,应及时进行调整。

(1)铺设木枕的碎石道床线路,使用穿销式防爬器时,一般安装数量和方式见表3-1。

穿销式防爬器安装数量　　　　　　　表3-1

线路特征	安装方向	非制动地段(对)		制动地段(对)	
		25m 钢轨	12.5m 钢轨	25m 钢轨	12.5m 钢轨
双线区间单方向运行线路	顺向/逆向	6/2	3/1	8/2	4/1
单线两方向运量大致相等		4/4	2/2	6/4	4/2
单线两方向运量显著不同地段	运量大/运量小	6/2	3/1	8/2	4/1
	运量小/运量大			4/6	2/3

注:在制动地段,分子表示制动方向安装数量,分母表示另一方向安装数量。

(2)正线道岔和车场线穿销式防爬器安装数量和方式见表3-2。

正线道岔和车场线穿销式防爬器安装数量　　　　　　　表3-2

安装位置	9号道岔(对)	12号道岔(对)
尖轨跟后(正方向,反方向)	4/4	6/6
中间部分(正方向/反方向)		
辙叉心前(正方向/反方向)	4/4	4/4

注:7号道岔比照9号道岔安装。

(3)混凝土枕(含混凝土岔枕)地段,使用弹条扣件,可不安装防爬设备。使用其他扣件,线路坡度不大于6‰的地段,一般可不安装防爬设备;线路坡度大于6‰的地段,制动地段,主要道岔、绝缘接头、桥梁前后各75m地段,可根据需要安装防爬设备,安装数量可比照木枕地段适当减少。

任务二　起道捣固作业

矫正线路纵断面高程的工作称为起道,其主要作业包括扒砟、起道、方正轨枕、回填石砟及捣固等。捣固作业是人工或利用捣固机械将道床石砟振捣密实的过程。采用大型养路机械进行线路综合维修作业时,应拆除所有调高垫板,全面起道,全面捣固。采用小型养路机械时,可根据线路状态重点起道,全面捣固。

一、起道作业

1. 作业方法及步骤

（1）作业准备：准备工具，校对量具，到达作业地点后首先测量轨温，确认是否符合作业轨温条件，设好防护后方可作业。作业中遵守邻线来车避车规定。

（2）调查划撬。在标准股划出轻重捣、低接头、拱腰、空吊板等处所，用约定的符号表示，并根据线路的车流量及现场情况确定起道量。

（3）看道。起道负责人俯身在标准股上应在距起道机不少于 20m 处，看钢轨头部下颚水平延长线的凸凹情况，指挥起道机放置位置和起道高度。

（4）起道。起道机操作人要密切注视起道负责人的指挥，正确地放置起道机，起平标准股和对面股。全面起道时，起道机在 25m 线路一般按接头（焊缝）、二大腰（距接头 9 根轨枕）、大腰（距二大腰 7 根轨枕）、中间（距大腰 7 根轨枕）、大腰（距中间 7 根轨枕）、二大腰（距大腰 7 根轨枕）的顺序向前放置。重起全捣或重起重捣时，陡坑在坑底处放置一次，漫坑则要放置 2～3 次。起道机必须放平放稳，直线放在钢轨里口，曲线上股放在外口，曲线下股放在里口；轨道电路地段不要放在绝缘接头上，并不得在绝缘头轨面下滑行。

（5）打撬塞。当轨道起到要求的高度后，打塞者在钢轨外侧轨底处，将道砟串实，禁止打顶门塞，确保撤出起道机后轨道回落在预计范围内，并方正打塞处轨枕。

（6）复查。起道负责人在标准股打完撬塞起道机回落后，应复查起道高度是否符合要求，对面股打完撬塞起道机回落后，应复查水平，不符合要求应进行反撬。

2. 质量技术要求

（1）高低、水平偏差、三角坑偏差应符合线路静态管理偏差作业验收标准。

（2）垫砟起道时，一次垫入的厚度不得超过 20mm，抬起高度不得超过 50mm，两台起道机应同起同落。垫砟作业每撬长度不得超过 6 根轨枕，并随垫随填，夯实道床。

（3）除经测量调整纵断面外，应保持既有坡度，变坡点位置和竖曲线半径不得改变。

3. 安全注意事项

（1）严格遵守线路起道作业轨温条件，严格执行作业前、中、后测量轨温制度，做到超温不作业。

（2）使用起道机应由两人配合，机手应由操作熟练者担任，并不得兼作其他工作，来车时不得抢撬。机手必须熟悉起道机性能和操作方法，并严格执行有关安全规定。起道机走行小车必须随起道机同时下道。

（3）与电务有关时，必须通知电务人员配合。

二、捣固作业

配合线路起道作业项目，线路起道作业完毕后，应进行捣固作业。

1. 作业方法及步骤

（1）准备作业工具。作业中遵守邻线来车避车规定。

（2）扒开道床。依照事先划好撬印的始终点扒开道床。扒开道床的道砟不得侵入机车车辆限界。

（3）捣固。打右手镐时，右脚站在轨枕面上，距钢轨中心约400mm，脚尖不得伸出轨枕边，与钢轨成15°角。左脚站在轨枕盒中，距轨底50～100mm，两脚跟相距约250mm，并成70°角。捣轨底时，镐头向轨底倾斜与钢轨成30°角。捣其他部位时，镐头与轨枕侧面成90°角。

举镐时，左手紧握镐把末端，右手握在镐把中部偏下约3/5处，镐稍向外向后倾斜，与人的中心线成15°角，左举在胸前第二个纽扣处，右手举到与人耳成垂直，此时身体直立，挺胸抬头，目视前方，身体重心在后脚上。落镐时，用力速打，身体重心由后脚移向前脚，腰部随镐下弯，目视落镐点，当镐头打到石砟时，右手同时向左手移动至100mm处，双手用力握住镐把，防止镐头摆动，使镐把与地面成40°～50°角，并用力向后带镐，将道砟闷住。

起道量在5mm以内或不起时打18镐，起道量为6～14mm时18镐，起道量为15～20mm时20镐，起道量超过20mm时打22镐，具体见表3-3；坑头坑尾，缓冲区短轨的小腰处适当减搞，坑头接头处适当加镐（打镐数量见图3-1）。

镐 数 表　　　　　　　　　　　　　　　　　　表3-3

起道量 轨枕类别	不超过5mm	6～14mm	15～20mm	超过20mm
木枕	16	18	20	22
混凝土枕	18	21	24	28

注：接头、空吊板新换轨枕时，应适当加镐。

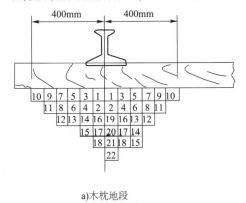

图3-1 打镐数量示意图

a)木枕地段　　　b)混凝土枕地段

（4）回检找细。捣固作业中，对水平、高低和空吊板情况要进行一次中间检查，进行必要的找细整修。捣固结束后，要全面检查水平、高低和空吊板情况，全面进行找细整修。

（5）回填整理道床。先道心，后枕头，填满枕盒内道砟，全面整理道床，夯拍坚实。

（6）撤除防护。确认线路达到放行列车条件，待人员、机具撤出限界以外，方可撤除防护。

2. 质量技术要求

（1）手工捣固扒道床需做到"三够一清"，每个轨枕应捣四面镐。

（2）轨枕间捣固强度要均衡，钢轨与铁垫板应密贴，缝隙不得超过2mm，正线、车场线空吊板不得超过8%，其他站线不得超过12%。

（3）对轨枕间距和偏差超过50mm、铝热焊缝距轨枕边少于40mm时，应方正轨枕。

(4)道床同填平整,做到均匀平整、坚实、整齐、边坡一致,无缝线路砟肩堆高150mm。

3. 安全注意事项

(1)多人分组捣固时,其前后距离应不少于3根轨枕,以免工具伤人。

(2)捣固时注意石砟飞起伤人。

(3)遵守线路捣固作业轨温条件。

三、混凝土枕垫板作业

垫板作业主要适用于混凝土枕和混凝土宽枕线路,前者一般仅适用用于经常保养和临时补修,其目的在于调平线路小高低、水平、三角坑、空吊板和低接头,保证线路平顺,减少线路晃车。

调高垫板的规格尺寸:长度为185mm,宽度比轨底窄2mm,厚度分为2mm、3mm、4mm、7mm、10mm、15mm等。

1. 作业方法及步骤

(1)作业准备:准备工具,校对量具,到达作业地点后首先测量轨温,确认是否符合作业轨温条件,设好防护后方可作业。作业中遵守邻线来车避车规定。

(2)调查划撬。在基准股划出撬头、撬尾标记、垫高量,采用目视估测和弦测每根轨枕的钢轨低洼值,确定垫板的厚度及数量,用约定的符号在轨枕上标示。

(3)分发垫板。根据垫板处的长度、厚度分发垫板,厚度不足时可用不同厚度垫板进行组合。

(4)松扣件,抬轨,垫板。松开轨枕螺栓,用起道机抬起钢轨,起道机要放平,位置合适,不得放在铝热焊缝和绝缘接头处;曲线垫板时,应先垫上股后垫下股,以防出现反超高。

(5)松起道机,落下钢轨,拧紧扣件或轨枕螺栓。为了不影响轨距顺坡,最好由中间轨枕开始向两侧拧紧扣件螺栓。

(6)整理道床。将因作业破坏的道床整平、夯实。

(7)自检。根据作业标准进行自检,发现不符合作业标准处进行纠正。

(8)撤除防护。确认线路达到放行列车条件,待人员、机具撤出限界以外后,撤除防护。

2. 质量技术要求

(1)高低、水平偏差、三角坑偏差应符合线路静态管理偏差作业验收标准。

(2)调高垫板应垫在轨底与橡胶垫板间,每处调高垫板不得超过2块,总厚度不得超过10mm。使用调高扣件的混凝土枕、混凝土宽枕和整体道床,每处调高垫板不得超过3块,总厚度不得超过25mm(大调高量扣件除外)。

(3)垫板位置正确,不偏斜、无串动,扣件应安装密贴。

(4)每公里轨枕下垫入的垫板不宜超过轨枕全数的1/4,否则应抽板捣固。

(5)水平、高低超过8mm地段、下沉地段、长漫洼地段不能垫。

(6)可动心轨辙叉道岔的垫板作业,可采用调换不同厚度轨下垫板的方法进行。垫板数量不应超过1块,厚度不应超过6mm。

3. 安全注意事项

(1)严格遵守线路垫板作业轨温条件,严格执行作业前、作业中、作业后测量轨温制度,做到超温不作业。

(2)抽垫板时,不得将手伸入轨底,以免挤伤手指。

四、混凝土宽枕垫砟作业

混凝土宽枕线路起道作业,应采用枕下垫砟和枕上垫板相结合的方法。作业工具有枕端液压起道机、垫砟铲、量筒及其他扒砟用工具和起道用量具等。

1. 作业方法及步骤

(1)工作量调查。垫砟起道作业前应先测量线路坑洼,一般以目视确定。俯身于确定的基准股,目视钢轨外侧轨头下颚,在一段适当长度的线路上找出坑洼处及坑洼量,并综合考虑明吊暗坑,确定垫砟量,在板头做出标记。

(2)抽下混凝土宽枕板缝处的嵌条。

(3)扒开板头道砟,扒起道机窝。

(4)起道。因宽枕重量大,而且又连续铺设,所以起道时一般用双机配合双铲一股一股起,垫完一股撬后立即垫对面股的撬。

(5)垫砟。根据确定的垫砟量,用量筒量好,然后均匀地散布在垫砟铲上。起道机抬起轨枕后,将垫砟铲送入轨枕底下。两手握住铲把,后手稍压铲把使铲头微向上翘,然后将铲平稳送入轨枕底下,送到位后用后手将铲朝前一抖,随即向后抽铲,使石砟均匀地铺撒在轨枕下捣固范围内。宽枕每端应垫两次,两次撒下的石砟不宜重叠,也不宜分离。

(6)回填道砟。垫砟结束,经列车碾压轨面回落,经质量检验确认轨面无超限后,方可回填道砟。

2. 质量技术要求

(1)垫砟作业应具备的条件:

①混凝土枕、混凝土宽枕线路或混凝土岔枕道岔;

②路基稳定,无翻浆;

③谙床较稳定,局部下沉量较小;

④轨下调高垫板厚度达到10mm,或连续3根及3根以上轨枕调高垫板厚度达到8~10mm,使用调高扣件时调高垫板厚度达到25mm;

⑤垫砟起道用石砟采用火成岩材料,粒径为8~20mm。

(2)垫砟起道时,一次垫入的厚度不得超过20mm,抬起高度不得超过50mm,两台起道机要同起同落。垫砟作业每撬长度不得超过6根枕木,并随垫随填,夯实道床。

(3)遵守无缝线路地段作业轨温条件。

3. 安全注意事项

作业中来车前撬垫不完时,应迅速用垫板顺坡,顺坡长度不小于起道高度的200倍,收工时不小于400倍。

任务三 改道作业

改正轨距的作业称为改道。改道时,混凝土枕地段应调整不同号码扣板、轨距挡板、挡板座,并可用厚度不超过 2mm 的垫片调整尺寸,同时应修理和更换不良扣件。

一、木枕改道

1. 作业准备

(1)工具材料:撬棍、丁字套筒、道尺、支距尺、木片、挡座、扣板、道钉锤、改眼器、改道器、木楔、扳手、钻孔机、起钉垫、起钉器、直钉器、防护备品及劳动保护用品等。

(2)按规定设置施工防护。

(3)看道检查轨距:直线以方向好的一股为基准股,改正对面股;曲线以上股为基准股,改正下股。若基准股方向不良应先拨或改正,基准股确定后应进行调查,将需改动处所划撬。

(4)清扫削平:轨底或铁垫板切入木枕 5mm 以上或不足 5mm 但有毛刺影响改道时,应清除木枕面及裂纹内的沙石泥土,进行削平并清除木屑。

2. 作业程序

(1)起拔道钉:先起连接钉,后起里外口道钉,三垫三起一拔垂直拔起道钉。

(2)整修钉孔:

①钉孔歪斜用改眼器进行整修。

②钉孔持钉力不足或改道量超过 5mm 时,应使用经过防腐处理的木片(每边比道钉孔大 1~2mm)打入旧孔内,重新钻孔。

(3)直钉:起下的弯曲道钉,必须使用直钉器进行整治。

(4)钻孔:

①新木枕打钉前及旧木枕改眼时,须先钻孔。

②钻孔时应使用直径 12.5mm 的钻头。

③钻孔位置离木枕边缘不少于 50mm,间距不少于 80mm,钻尖放在距轨底边缘为 8mm 处。有铁垫板地段应根据垫板位置钻孔,无铁垫板地段钉孔布置应面向线路终点方向成八字形。

④钻孔深度有铁垫板时为 110mm,无铁垫板时为 130mm。

⑤钻孔时应先清除木枕面上砂土,把稳钻杆,垂直钻入。

(5)插钉孔木片。

(6)打道钉:改道要移动钢轨时,应由一人用撬棍拨正钢轨,另一人垂直打入道钉。禁止用撬棍扣在道钉上拨动钢轨或用撬棍掰扭道钉。

(7)开通线路:施工负责人对轨道几何尺寸及零配件进行全面检查,达到放行列车条件后,施工负责人通知现场防护员撤除防护,通知驻站联络员销记,开通线路。

(8)作业后施工负责人对作业地段进行全面检查,并做好回检记录。

(9)全部达到作业质量标准后,施工负责人通知驻站联络员、现场防护员结束作业,撤除防护。

(10)回收料具。

3. 安全要求

(1)由工、班长或指定的经培训考试合格的人员但任施工负责人。

(2)改道工具应事先检查,使之牢固,轨道电路上作业,撬棍及改道器应有绝缘装置。

(3)起道钉必须使用起钉垫,两手紧握撬棍。打钉时要稳、准,严禁锤击钢轨,不准用道镐打钉,注意防止飞钉伤人;分组同时打道钉时,其距离应间隔不少于6根枕木,严禁打甩锤。

(4)在无人行道的桥面上作业,起外口道钉时,应站在道心内,使用专用起钉器或弯头撬棍等特制工具。起钉时不得用石砟代替起钉垫,插入撬棍时应注意身后人员,以防伤人。

(5)改道时,严禁作业人员骑压、肩扛撬棍。

(6)邻线来车时应停止作业,按有关规定下道避车,人员、材料、工具不得侵入限界。

(7)木枕使用钻孔机钻孔时,要认真检查电线及插座连接是否良好,防止联电和漏电伤人。

二、混凝土枕改道

1.扣板扣件的混凝土枕改道

(1)调整与划撬:直线以方向好的一股为标准股,曲线以外股为标准股,若轨枕中心位置不对(表现为钢轨一侧扣板上坑,另一侧扣板离缝),应先松开扣板串动轨枕。凡需要调整的扣板应划撬标记。

(2)调换标准股扣板:对方向良好处所,采用加调整片,翻转与更换扣板方法消灭"三不密"(扣板与轨底、铁座、铁座与小胶垫离缝,称"三不密")扣板,并注意防止挤动钢轨,引起方向不良,若遇胶垫破损,歪斜与串出应先调换整正。若方向不良时,应同时放正方向。

(3)改正对面股轨距:根据计划改道量,采用加垫片、翻转与更换扣板方法,先外口后里口顺序将轨距改好,同时,要整正不良胶垫和"三不密"扣板。

(4)拧紧螺母:可先用公斤扳手试拧,保证扭力在 80~140N·m。

(5)回检与复拧:收工前须回检轨距与扣板状态,返修失格扣板,并复拧一遍,保证扭力在 80~140N·m,在半径小于650m 及650m 以下的曲线地段,还应将螺母再拧紧1/4 圈或保持在 120~150N·m。

2.注意事项

(1)不得盲目提高扭矩。

(2)禁止以道钉锤敲打扣件,不得以螺栓为支点撬动钢轨,不得以挡板为支点挤动螺栓。

(3)扣板(轨距挡板)的几何尺寸要与图纸规定的尺寸抽检对照,防止使用不合格的扣板(轨距挡板),扣板号码尺寸见表3-4。

扣板号码尺寸表　　　　　表3-4

扣板号码(号)	螺纹道钉孔中心至轨底边距离(mm)	扣板号码(号)	螺纹道钉孔中心至轨底边距离(mm)
0	33	12	45
2	35	14	47
4	37	16	49
6	39	18	51
8	41	20	53
10	43	22	55

(4)使用加垫片调整轨距尺寸时,厚度不超过2mm。

扣板号码 = 扣板螺纹道钉孔中心至轨底边距离 - 33。

例如:10号扣板号码 = 43 - 33;8号扣板号码 = 41 - 33。

一个扣板有两个号码,以2mm为一级:即0-2号、4-6号、8-10号、12-4号、18号、20-22号,共六种。每个号码上下号码不同,故可翻转使用。扣板号码配置,见表3-5。

扣板号码配置表 表3-5

钢轨类型	50kg				43kg			
钢轨位置	左股		右股		左股		右股	
扣板位置 扣板号 轨距号(mm)	外	内	内	外	外	内	内	外
1435	10	6	6	10	20	14	14	20
1437	10	6	8	8	18	16	14	20
1439	8	8	8	8	18	16	16	18
1441	8	8	10	6	18	18	18	16
1443	6	10	10	6	16	18	18	16
1445	6	10	12	4	16	18	20	14
1447	4	12	12	4	14	20	20	14
1449	4	12	14	2	12	22	20	14
1450	2	14	14	2	12	22	22	12

3. 弹条Ⅰ型扣件混凝土枕改道

(1)调整与划撬:同扣板扣件作业方法。

(2)调换标准股扣件:对方向良好处所,采用加垫片、调边或更换挡板座的方法(60kg/m、75kg/m轨不适合用更换挡板座的方法),消灭轨距挡板前后离缝现象,注意防止挤动钢轨,引起方向不良,若遇胶垫破损,歪斜与串出应先调换整正。若方向不良时,应同时改正方向。

(3)改正对面股轨距:根据计划改道量,采用加垫片、调边、更换(其中更换只适合于50kg/m钢轨)挡板座。内外侧调换轨距挡板的方法,按先外口后里口顺序将轨距改好,同时要整正不良胶垫。挡板座和轨距挡板的轨距调整数量,见表3-6。

挡板座和轨距挡板的轨距调整数量表 表3-6

部件名称	50kg/m 钢轨		60kg/m 钢轨	
	调整方式	调整(mm)	调整方式	调整(mm)
板座	掉边、更换	0~6	掉边	2
轨距挡板	内外侧调换	6	内外侧调换	4
挡板座轨距挡板	两者配合	-8~+16	两者配合	-4~+8

(4)拧紧螺母:弹条中部前端下颚应靠贴轨距挡板,或保持在80~140N·m,在半径650m及650m以下的曲线地段,还应将螺母再拧紧1/4圈或保持在120~150N·m。

(5)回检与复拧:收工前须回检轨距与弹条状态,返修失格扣件,并复拧一遍。保证扭力

项目三 城市轨道交通线路维护作业

达到上述第 4 条的标准。挡板座和轨距挡板号码配置,见表 3-7。

挡板座和轨距挡板号码配置表　　　　表 3-7

钢轨类型 kg/m	轨距 mm	左股钢轨				右股钢轨			
		外侧		内侧		内侧		外侧	
		挡板座号码	轨距挡板号码	挡板座号码	轨距挡板号码	挡板座号码	轨距挡板号码	挡板座号码	轨距挡板号码
50	1427	6	20	14	0	0	14	20	6
	1429	4	20	14	2	0	14	20	6
	1431	4	20	14	2	2	14	20	4
	1433	2	20	14	4	2	14	20	4
	1435	2	20	14	4	4	14	20	2
	1437	4	14	20	2	2	14	20	2
	1439	4	14	20	2	4	14	20	2
	1441	2	14	20	4	2	14	20	2
	1443	4	14	20	2	2	20	14	4
	1445	2	14	20	4	2	20	14	2
	1447	2	14	20	4	4	20	14	2
	1449	0	14	20	6	4	20	14	2
	1451	0	14	20	6	6	20	14	0
60 或 75	1431	4	10	6	2	2	6	10	4
	1433	2	10	6	4	2	6	10	4
	1435	2	10	6	4	2	6	10	2
	1437	4	6	10	2	4	6	10	2
	1439	4	6	10	2	2	10	6	4
	1441	2	6	10	4	2	10	6	4
	1443	2	6	10	4	4	10	6	2

任务四　拨道作业

矫正线路平面位置的工作称为拨道。线路直线地段轨向不良,可用目测方法拨正。曲线地段轨向不良,可用绳正法测量、计算与拨正。如需改变曲线头尾位置、缓和曲线长度与圆曲线半径,应用仪器测量改动。

一、作业方法及步骤

(1)作业准备:准备工具,校对量具,到达作业地点后首先测量轨温,确认是否符合作业轨温条件,设好防护后方可作业。作业中遵守邻线来车避车规定。

(2)直线地段拨道时,先由领撬人点指标准股钢轨顶面,由拨道负责人目视线路状况,确认拨动方向、拨道量和拨道点,然后扒松道床,进行粗、细拨道,最后整平夯实,并进行作业后回检,达标后,确认线路达到放行列车条件,人员、机具撤出限界以外后,撤除防护。

(3)曲线地段拨道时,应进行以下几方面工作:

①调查准备。若曲线两端直线方向不直、曲线头尾有反弯或"鹅头"时,应先进行拨正。目视曲线方向明显不良时,应进行粗拨道,由曲线头尾往圆曲线调压,达到目视基本平顺。

②明确正矢测点位置,量取现场正矢,计算拨道量。

③拨道,然后整平夯实,并进行作业后回检,达标后,确认线路达到放行列车条件,待人员、机具撤出限界以外后,撤除防护。

二、技术要求及安全事项

1. 技术要求

(1)轨向、高低、水平偏差应符合线路静态管理偏差作业验收标准。

(2)为防止拨后来车钢轨回复,要适当预留回弹量。

(3)曲线拨道,拨道量及一侧年累计拨道量不得超过规定要求,并不得侵入建筑限界,双线应注意线间距。

(4)桥梁中心偏差不能超限。

(5)用绳正法拨正曲线的基本要求:

①曲线两端直线轨向不良,应事先拨正;两曲线间直线段较短时,可与两曲线同时拨正。

②在外股钢轨上用钢尺丈量,每10m设置1个测点(曲线头尾是否在测点上不限)。

③在风力较小条件下,拉绳测量每个测点的正矢,测量3次,取其平均值。

④按绳正法计算拨道量,计算时不宜为减少拨道量而大量调整计划正矢。

⑤设置拨道桩,按桩拨道。

2. 安全注意事项

(1)严格遵守线路拨道作业轨温条件,严格执行作业前、中、后测量轨温制度,做到超温不作业。

(2)电气化区段拨道量超出线路中心位移规定值时,必须先通知接触网工区配合。

三、直线拨道

1. 作业工具(见表3-8)

作业工具   表3-8

序号	名称	数量	序号	名称	数量
1	拨道机	3台	4	耙镐	4把
2	轨温计	1只	5	捣镐	3把
3	撬棍	根据需要	6	道砟叉	根据需要

2. 安全注意事项

(1)拨道量在40mm以下时,用作业标防护,来车做好顺撬。一次拨道量超过40mm时,应办理封锁施工手续。

(2) 在有轨道电路的线路上拨道时,拨道器不准插在绝缘接头缝下,严禁将金属工具放在引入线上,以防联电。

(3) 随时注意瞭望列车,按规定下道避车。下道避车的同时,必须将作业工具、材料移出线路,放置堆码牢固,不得侵入限界,两线间不得停留人员和放置机具、材料。

(4) 天气炎热时,道床严重不足或连续瞎缝,不得拨道。

(5) 无缝线路地段,按有关规定执行。

(6) 拨道时,禁止骑、仰、扛、撬棍拨道。

(7) 前后移动时,拨道人员要在身体同一侧两手握持撬棍,做到动作一致。严禁肩扛撬棍以防伤人。

(8) 拨道器要由考试合格的巡路工操作。

(9) 电气化区段应按有关规定执行。

(10) 拨道时,应注意各种建筑物和信号的接近限界,在复线区段拨正轨向时,直线地段线间距不得少于4m。

3. 准备工作

(1) 直线拨道时,应先确定基准股,一般选用两股中方向较好的一股作为基准股;如果两股方向相差不大时,应以左股为基准股。

(2) 根据拨道量大小及线路上行车速度,确定出拨道方法及防护办法。

(3) 在拨道前必须检查拨道地段内的轨缝状态,如有连续瞎缝,应事先进行调整轨缝以防拨动线路时,发生胀轨跑道。

(4) 全面打紧打靠浮离道钉或拧紧轨枕螺栓。

(5) 拨道前应将轨枕头道砟用镐刨松,当拨道量大或道床特别坚实时,将轨枕头端部的道砟,按拨道量所需的间隙扒出。如遇防爬支撑影响拨道,应及时拆除防爬支撑。

(6) 遇有道口影响拨道时,应根据拨量及方向暂时拆除道口铺面,并刨松石砟。

4. 基本作业步骤

(1) 撬棍拨道。

① 将拨道人员分成两组,分别在两股钢轨上进行拨道,在人员分配上将力气大的工人配备在看道人一股中间,动作熟练的配备在两头。

② 插撬棍的位置,应根据钢轨弯曲程度而定。拨小弯时,撬棍要集中,插正,防止插偏或撬位过长,拨大甩弯时,要一撬接一撬向前倒,每撬相隔3~4个轨枕空。但遇钢轨接头时必须插撬,每一撬距离要插均。

③ 前后移动时与拨道指挥者同股的最前和最后的拨道人员分别负责点撬。

④ 拨道人员中指定一人负责喊号,其余拨道者需接号,实行呼唤应答制度,做到动作协调,用力一致。

⑤ 握撬棍准备插入道床时上手握在撬棍嘴端,下手握在邻近重心处,双脚站在道床上,按拨道方向前脚距轨底约250mm,两脚相距300~400mm,大约成60°角。

⑥ 插入撬棍时上身稍向前倾,斜插到钢轨底下道床内。如往外拨,外股的撬棍稍斜一点,

与道床面成40°～45°角,将钢轨稍稍抬起。里股的撬棍与道床成60°角,使里股钢轨往外方向送,这样拨道省力、效率高,也不影响线路的水平,插入撬棍的深度不少于20cm。撬棍插好后,要轻试一下,是否插牢。

⑦拨道时,上手握住撬棍的一端,另一手相距300～400mm,握住撬棍,前腿弓,后腿直,上身前倾,眼看指挥者,耳听口号,按照指示方向用力拨动。

⑧拨道指挥手势:拨道指挥者距离拨道人员在拨直线甩弯时约100～300m,小拨时在50～75m,双脚跨在基准股上进行指挥。远处大方向看钢轨面光带,近处小方向看钢轨里口,向不动点目测穿直。拨道指挥者的手势要及时迅速、准确、明显。拨道的指挥动作如下:

a. 拨接头时两手握拳高举头顶相碰,如图3-2所示。

b. 交叉拨时两手伸直在胸前交叉,如图3-3所示。

图3-2　拨接头指挥姿势　　　　　图3-3　交叉拨道指挥姿势

c. 向左或向右拨动时,指挥向哪一边拨动就把哪一边胳膊向外挥动,如图3-4所示。

d. 暂停,两臂左、右平伸,如图3-5所示。

图3-4　向一边拨道指挥姿势　　　　图3-5　暂停拨道时的指挥姿势

e. 拨大腰时,两手高举头上,食指与拇指张开,比成小圆形状,如图3-6所示。

f. 拨小腰时,两手放在胸前,食指与拇指张开,比成小圆形状,如图3-7所示。

g. 向前去(向指挥人相反方向移动),两手或左(右)手张开举起与头齐,齐心向外作推送动作,如图3-8所示。

h. 往回来(向指挥人方向移动),两手或左(右)手张开举起与头齐,手心向内作招回动作,如图3-9所示。

图 3-6　拨大腰时的指挥姿势

图 3-7　拨小腰时的指挥姿势

图 3-8　向前去拨的指挥姿势

图 3-9　往回来拨的指挥姿势

i. 用力拨,两臂下垂,在体前快速用力摆动,如图 3-10 所示。

j. 全部拨完左(右)臂在头部前方自上而下圈,如图 3-11 所示。

图 3-10　用力拨的指挥姿势

图 3-11　拨道完成后的指挥姿势
（用手在头顶画圆圈）

⑨拨正后轨向应达到作业验收标准。

(2)液压拨道器拨道:

①使用液压起拨道器拨道,必须前二后一呈三角形,后一台对准撬位,前两台放在撬位两侧,相隔 3～4 根轨枕。安拨道器前须刨窝,深度距离轨底 120～150mm,并放平,关闭油门,按照指挥,同时拨动。

②指挥者要根据拨道量大小,上挑下压,考虑轨枕种类、道床情况等因素,预留一定回弹量。

③拨道的指挥手势与拨道标准,同撬棍拨道。

④回检验收标准同撬棍拨道。

5. 整理作业

(1) 由于拨道引起的轨缝、水平、高低等变化时,必须按标准及时整修。

(2) 特别要加强捣固。

(3) 拨道后,将扒出的道砟整平,将拨后离缝的一侧轨枕头道砟埋好夯实,安装好防爬设备,以保持拨后质量。

(4) 收工。

四、曲线拨道(绳正法)

轨道线路在列车的动力作用下,使变形不断积累。曲线轨道的受力情况比直线轨道复杂,变形也较快。一种常见的表现方式为曲线轨道方向错乱。为确保行车的平稳和安全,有必要定期检查曲线轨道的方向,及时把它整正到原来的位置,并恢复其原来的曲率。

整正曲线的方法很多,在线路维修工作中,最常用的是绳正法(也称正矢法)。它利用曲线上的正矢与曲率之间的关系,改正正矢,使之恢复原有的设计曲率,并通过相应的拨量,把它拨正到原来的设计位置,使曲线方向圆顺。

绳正法检查曲线方向,是将 20m 长的弦线两端置于曲线测点上,在曲线上每 10m 设测点(用弦代替弧)两端拉紧并贴靠在外轨内侧轨顶面下 16mm 处,在弦线中点准确量出弦线至外轨头部内侧的距离(见图 3-12),称此距离为"现场实测正矢"或"实测正矢"。应使现场正矢与计划正矢之差不超过表 3-9 的限度,否则即视为方向不良,应及时进行整正。

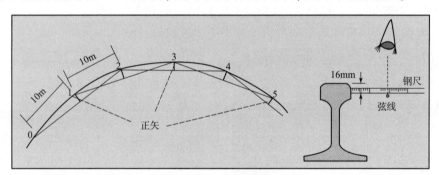

图 3-12 绳正法测量示意图

曲线正矢容许偏差   表 3-9

曲线半径 (m)	缓和曲线正矢与计算正矢差(mm)		圆曲线正矢连续差(mm)		圆曲线正矢最大最小差(mm)	
	正线	其他线	正线	其他线	正线	其他线
250 及以下	7	8	14	16	21	24
251~350	6	7	12	14	18	21
351~450	5	6	10	12	15	18
451~650	4	5	8	40	12	15
650 以上	3	4	6	8	9	12

用绳正法拨正曲线的基本要求如下:

(1) 如果直线方向不直,就会影响整个曲线,应首先将直线拨正后再量正矢;如果曲线头尾有反弯(鹅头),应先进行整正;如果曲线方向很差,应先粗拨一次,但拨动部分应经列车碾压且稳定以后,再量取现场正矢,以免现场正矢发生变化而影响拨道量计算的准确性。两曲线间直线段较短时,可与两曲线同时拨正。

(2)在外股钢轨上用钢尺丈量,每 10m 设置 1 个测点(曲线头尾是否在测点上不限)。

(3)在无风或风力较小条件下,拉绳测量每个测点的正矢,测量 3 次,取其平均值。

(4)在测量现场正矢的同时,应注意线路两旁建筑物的界限要求,桥梁、隧道、道口、信号机等建筑物的位置,作为计算拨量时的参考。

(5)按绳正法计算拨道量,计算时不宜为减少拨道量而大量调整计划正矢。

(6)设置拨道桩,按桩拨道。曲线整正完以后,其检查正矢偏差要求满足表 3-10 的要求。

曲线正矢作业验收容许偏差　　　　　表 3-10

曲线半径 (R/m)	缓和曲线正矢 与计算正矢之差(mm)	圆曲线正矢连续差 (mm)	圆曲线正矢 最大值与最小值之差(mm)
$R \leqslant 250$	6	12	18
$250 < R \leqslant 350$	5	10	15
$350 < R \leqslant 450$	4	8	12
$450 < R \leqslant 800$	3	6	9

(一)计算曲线计划正矢

1. 计算圆曲线计划正矢

在曲线圆顺的状态下,各测点应有的正矢称为计划正矢,它是根据正矢与曲线半径的关系通过计算确定的,因此也称为计算正矢。计划正矢也就是曲线方向整正后各测点应达到的正矢。

圆曲线上任一点的正矢 f_y,可用下式求出:

$$f_y = \frac{L^2}{8R} \tag{3-1}$$

式中:L——测量正矢所用弦长,一般为 20m。

若将 L 值代入式(3-1),则将 L 的单位取为 mm。则

$$f_y = \frac{20^2}{8R} \times 1000 = \frac{50000}{R} (\text{mm}) \tag{3-2}$$

如图 3-13 所示,当圆曲线与直线直接相连时,由于测量弦线的一端伸入到直线内,故圆曲线两侧始、终点(ZY,YZ)两侧测点的正矢与圆曲线内的各测点的正矢不同。

设:0、1 测点的正矢分别为 f_0、f_1。因测点 1 处的转角很小,可以认为 f_1 在 y_1 的延长线上,由几何关系可知:

$$y_1 = \frac{(b\lambda)^2}{2R} \qquad y_2 = \frac{(2\lambda - a\lambda)^2}{2R}$$

$$f_0 = \frac{1}{2}y_1 = \frac{1}{2} \times \frac{(b\lambda)^2}{2R} = \frac{b^2}{2} \times \frac{\lambda^2}{2R} = \frac{b^2}{2}f_y = a_z f_y$$

$$f_1 = \frac{1}{2}y_2 - y_1 = \frac{1}{2} \times \frac{(2\lambda - a\lambda)^2}{2R} - \frac{(b\lambda)^2}{2R} = \left[1 - \frac{a^2}{2}\right]f_y = ay$$

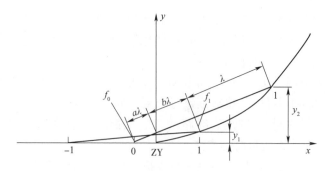

图 3-13 ZY 点相邻测点计划正矢示意图

式中：λ——半弦长，近似为测点距，一般为 10m；

a_z——直线一侧测点的正矢系数，$a_z = \dfrac{b^2}{2}$；

a_y——圆曲线一侧测点的正矢系数，$a_y = 1 - \dfrac{a^2}{2}$。

当 $a = 0, b = 1$ 时，0 测点为圆曲线始点。此时，$a_z = 1/2$，$a_y = 1$，则 $f_0 = \dfrac{1}{2}f_y$，$f_1 = f_y$，即圆曲线始点位于测点时，其正矢为圆曲线正矢的 1/2。

2. 计算缓和曲线计划正矢

（1）缓和曲线中间各测点的计划正矢。

所谓缓和曲线中间各测点是这样一些点：当测正矢的弦线两端所在的测点均为缓和曲线上的点时，弦线中央所对的测点即为缓和曲线中间测点。设缓和曲线的曲率半径为 ρ，根据正矢与半径的关系可得：

$$f = \dfrac{\lambda^2}{2\rho_i}$$

因缓和曲线满足方程：

$$\rho l = C = R l_0$$

有

$$\rho = \dfrac{C}{l} = \dfrac{R l_0}{l}$$

则

$$f_i = \dfrac{\lambda^2}{2\rho} = \dfrac{\lambda^2}{2 \times \dfrac{R l_0}{l}} = \dfrac{l}{l_0} \times \dfrac{\lambda^2}{2R} = \dfrac{l}{\lambda} \times \dfrac{f_y}{\dfrac{l_0}{\lambda}}$$

令

$$N_i = \dfrac{1}{\lambda},\ m_0 = \dfrac{l_0}{\lambda} \tag{3-3}$$

式中：ρ——曲率半径；

C——缓和曲线半径变更率；

N_i——测点距缓和曲线始点的段数；

m_0——缓和曲线全长的段数；

f_d——缓和曲线正矢递变率，$f_d = \dfrac{f_y}{m_0}$。

(2)缓和曲线始点 ZH(或 HZ)相邻点的正矢。

如图 3-14 所示,设 0、1 测点分别在 ZH 点两侧,与 ZH 点相距为 $a\lambda$、$b\lambda$。

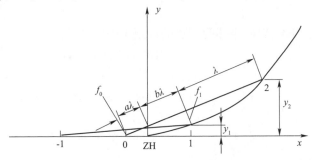

图 3-14 曲线计划正矢示意图

根据缓和曲线方程可知:

$$y_1 = \frac{(b\lambda)^3}{6Rl_0}$$

$$y_1 = \frac{(2\lambda - a\lambda)^3}{6Rl_0}$$

有几何关系可得:

$$f_0 = \frac{1}{2}y_1 = \frac{1}{2} \times \frac{(b\lambda)^3}{6Rl_0} = \frac{b^3}{6} \times \frac{\lambda^3}{2Rl_0}$$

其中:

$$\frac{\lambda^3}{2Rl_0} = \frac{\lambda^2}{\frac{l_0}{\lambda} \times 2R} = \frac{1}{m_0}f_y = f_d$$

所以:

$$f_0 = \frac{b^3}{6} \times \frac{\lambda^3}{2Rl_0} = a_z \times f_d$$

式中:a_z——直线一侧测点的正矢系数,$a_z = \frac{b^3}{6}$。

由于缓和曲线始点处的曲率极小,可以认为 f_1 在 y_1 的延长线上。则

$$f_1 = \frac{1}{2}y_2 - y_1 = \frac{1}{2} \cdot \frac{(2\lambda - a\lambda)^3}{6Rl_0} - \frac{(b\lambda)^3}{6Rl_0} = \frac{1}{6}(6 - 6a + a^3)\frac{\lambda^3}{2Rl_0}$$

其中:

$$6 - 6a + a^3 = 6(1-a) + a^3 = 6b + a^3 ; \frac{\lambda^3}{2Rl_0} = f_d$$

所以:

$$f_1 = \frac{1}{6}(6b + a^3)\frac{\lambda^3}{2Rl_0} = \left[b + \frac{a^3}{6}\right]f_d = a_{H-1}f_d$$

式中:a_{H-1}——缓和曲线一侧测点的正矢系数,$a_{H-1} = b + \frac{a^3}{6} = 1$。

则

$$f_0 = a_z f_d = \frac{1}{6}f_d$$

$$f_1 = a_{H-1}f_d = f_d$$

(3-4)

即当缓和曲线始点位于测点时,其正矢为缓和曲线正矢递变率的1/6。

当缓和曲线始点不在测点时,其两侧测点的正矢可通过计算正矢系数a_z和a_{H-1}来计算f_0和f_1的值。

(3)缓和曲线终点(HY、YH)相邻两测点的计划正矢的计算。

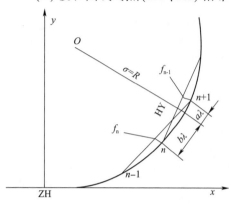

图3-15 HY、YH点相邻点计划正矢示意图

如图3-15所示,缓和曲线终点(HY)不在测点上,位于圆曲线上的$n+1$点和位于缓和曲线上的n点为相邻两个测点,距缓圆点分别为$a\lambda$和$b\lambda$。相应的正矢分别分f_{n+1}和f_n。

根据同样的推理,可得

$$f_n = f_y - \left[b + \frac{a^3}{6}\right]f_d = f_y - a_{H-2}f_d \quad (3-5)$$

式中:a_{H-2}——与HY(或YH)相邻的缓和曲线一侧测点的正矢系数,$a_{H-2} = b + \frac{a^3}{6}$。

$$f_{n+1} = f_y - \left[b + \frac{a^3}{6}\right]f_d = f_y - a_{H-2}f_d \quad (3-6)$$

式中:a_y——与HY(或YH)相邻的缓和曲线一侧测点的正矢系数,$a_y = \frac{b^3}{6}$。

当缓和曲线终点位于n点时,$a=1,b=0$,则

$$a_{H-2} = b + \frac{a^3}{6} = \frac{1}{6} \qquad a_y = \frac{b^3}{6} = 0$$

故

$$f_n = f_y - \frac{1}{6}f_d \qquad f_{n+1} = f_y \quad (3-7)$$

即当缓和曲线终点位于测点时,其正矢为圆曲线计划正矢减去缓和曲线正矢递变率的1/6。

当缓和曲线始点不在测点时,其两侧测点的正矢可通过计算正矢系数a_y和a_{H-2}来计算f_n和f_{n+1}的值。

(4)特殊点附近的点的计划正矢公式规律总结。

当特殊点(ZH、HY、YH、HZ)不是测点时,其附近点的计划正矢有以下规律:

①靠缓和曲线那一侧长度系数是b,另一侧(圆曲线或直线那一侧)系数是a,且$a+b=1$;

②落在圆曲线或直线上那一侧测点的计算系数a_z、a_y是相同的公式,即$a_z = a_y = \frac{b^3}{6}$,落在缓和曲线那一侧的系数是$a_h = \left[b + \frac{a^3}{6}\right]$;

③在ZH点或HZ点附近的特殊点的计划正矢为计算系数和正矢递变率的乘积,即αf_d,在HY点或YH点附近的特殊点的计划正矢为圆曲线的计划正矢减去计算系数和正矢递变率的乘积,即$f_y - \alpha f_d$。

(5)当ZH、HZ点为测点时,其计划正矢为$f_{zh} = f_{hz} = \frac{1}{6}f_d$;当HY、YH点为测点时,其计划正矢为$f_{hy} = f_{yh} = f_y - \frac{1}{6}f_d$。

(6) 各测点的计划正矢公式。

为便于编程,现把各测点的计划正矢公式总结如下:

① $x < x_{zh} - 1$ $f = 0$

② $x_{zh} - 1 \leq x < x_{zh}$ $f = \dfrac{[1-(x_{zh}-x)]^3}{6} \times f_d$

③ $x_{zh} \leq x < x_{zh} + 1$ $f = \left\{(x-x_{zh}) + \dfrac{[1-(x_{zh}-x)]^3}{6}\right\} \times f_d$

④ $x_{zh} + 1 \leq x < x_{hy} - 1$ $f = (x - x_{zh}) \times f_d$

⑤ $x_{hy} - 1 \leq x < x_{hy}$ $f = f_y - \left\{[x_{hy} - x] + \dfrac{[1-(x_{hy}-x)]^3}{6}\right\} \times f_d$

⑥ $x_{hy} \leq x < x_{hy} + 1$ $f = f_y - \dfrac{[1-(x_{hy}-x)]^3}{6} \times f_d$

⑦ $x_{hy} + 1 \leq x < x_{yh} - 1$ $f = f_y$

⑧ $x_{yh} - 1 \leq x < x_{yh}$ $f = f_y - \dfrac{[1-(x_{yh}-x)]^3}{6} \times f_d$

⑨ $x_{yh} \leq x < x_{yh} + 1$ $f = f_y - \left\{(x - x_{yh}) + \dfrac{[1-(x_{yh}-x)]^3}{6}\right\} \times f_d$

⑩ $x_{yh} + 1 \leq x < x_{hz} - 1$ $f = (x_{hz} - x) \times f_d$

⑪ $x_{hz} - 1 \leq x < x_{hz}$ $f = \left\{(x_{hz} - x) + \dfrac{[1-(x_{hz}-x)]^3}{6}\right\} \times f_d$

⑫ $x_{hz} \leq x < x_{hz} + 1$ $f = \dfrac{[1-(x-x_{hz})]^3}{6} \times f_d$

⑬ $x_{hz} + 1 \leq x$ $f = f_0$

式中: f_d——缓和曲线正矢递变率;

         f_y——圆曲线计划正矢;

         x——计算点的测点号;

x_{zh}、x_{hy}、x_{yh}、x_{hz}——代表 ZH、HY、YH、HZ 各桩点的测点号数。

(二) 拨量计算

1. 渐伸线原理

如图 3-16 所示,曲线 AB 表示轨道中线,设有一柔软且无伸缩性的细线紧贴在曲线 AB 上,A 端固定,另一端 B 沿轨道中线的切线方向拉离原位,拉开的直线始终与曲线 AB 相切,则 B 点的移动轨迹 B_1、B_2、…、B' 就是 B 点相对于曲线 AB 的渐伸线。BB' 弧长就是 B 点相对于切 AB' 的渐伸线长。

(1) 渐伸线的两个特性:

①渐伸线的法线 B_1N_1、B_2N_2、…是对应点上原曲线的切线;

②渐伸线上任意两点曲率半径之差等于对应点上原曲线弧长的增量。如渐伸线上 B_1 与 B_2 两点的曲率半径 N_1B_1

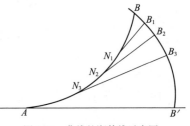

图 3-16 曲线的渐伸线示意图

与 N_2B_2 之差等于原曲线的弧长 N_1、N_2。

（2）根据渐伸线的定义和特性，曲线拨动时作以下两点假定：

①曲线上任一点拨动时都是沿渐伸线移动的；

②曲线拨动前后其长度不变。

2. 拨量计算

为恢复曲线良好的圆顺度，就必须对已错乱的曲线进行全面拨正，如图 3-17 所示，实线表示曲线拨动前的错乱位置，虚线表示拨动后的正确位置。这就要求每个测点有不同的拨量，有的向曲线外侧拨动，有的向曲线内侧拨动，图中 n 点需拨动 e_n 才能达到正确的位置 n 点。由此得到 n 点的拨量为

$$e_n = E_n - E'_n \tag{3-8}$$

当 e_n 为正时，曲线向外拨动，亦称上挑；当 e_n 为负时，曲线向里拨动，亦称下压。从上式可知，

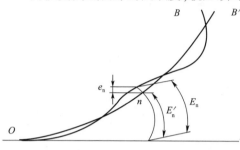

图 3-17 拨距示意图

要计算某测点的拨量 e_n 必须先计算渐开线长 E_n 和 E'_n。

在图 3-18 中，设 E_1、E_2、$\cdots$、E_n 为曲线上各测点的渐开线长度。则

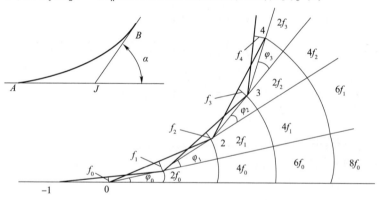

图 3-18 渐伸线长度计算图

$$E_1 = 2f_0$$

$$E_2 = 4f_0 + 2f_1 = 2(2f_0 + f_1)$$

$$E_3 = 6f_0 + 4f_1 + 2f_2 = 2(3f_0 + 2f_1 + f_2)$$

$$\vdots$$

$$E_n = 2[nf_0 + (n-1)f_1 + (n-2)f_2 + \cdots + f_{n-1}]$$

$$= 2\left[\sum_{i=0}^{0} f_i + \sum_{i=0}^{1} f_i + \sum_{i=0}^{2} f_i + \cdots \sum_{i=0}^{n-1} f_i\right] = 2\sum_{i=0}^{n-1}\sum_{i=0}^{n-1} f_i$$

同理

$$E'_n = 2\sum_{i=0}^{n-1}\sum_{i=0}^{n-1} f'_i$$

所以，曲线上 n 点的拨量：

$$e_n = E_n - E'_n = 2\sum_{i=0}^{n-1}\sum_{i=0}^{n-1} f_i - 2\sum_{i=0}^{n-1}\sum_{i=0}^{n-1} f'_i = 2\sum_{i=0}^{n-1}\sum_{i=0}^{n-1}(f_i - f'_i) \tag{3-9}$$

式中：f_i——现场正矢；

　　　f'_i——计划正矢；

　　　df_i——各测点实测正矢与计划正矢之差，简称正矢差。

由式(3-9)可得出结论：曲线上第 n 点的拨量，等于由始点到 $(n-1)$ 点为止的全部正矢差累计合计的 2 倍。

3．各点拨量对邻点正矢的影响

曲线上各测点拨动后，不仅改变了本点的正矢，也改变了左右相邻点的正矢。如图 3-19 所示，实线为拨动前的平面位置，虚线为任一点 n 向外的拨量为 e_n 的拨后的平面位置。显然，当 n 点向外拨动 e_n 时，其前后两测点的正矢 f_{n+1} 及 f_{n-1} 将各减少 $e_n/2$。当 n 点向内拨动 e_n 时，其前后两测点的正矢将各增加 $e_n/2$。因此，若 $n-1$ 点的拨量为 e_{n+1}，n 点的拨量为 e_n，$n+1$ 点的拨量为 e_{n+1}，则 n 点的拨后正矢为

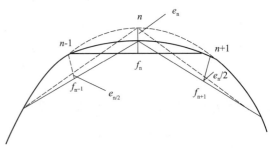

图 3-19　拨道示意图

$$f'_n = f_n + e_n - \left[\frac{e_{n-1} + e_{n+1}}{2}\right] \tag{3-10}$$

式中：f'_n——n 点处拨后正矢；

　　　f_n——n 点处现场正矢；

　　　e_n——n 点处拨动量；

　　　e_{n-1}——$n-1$ 点前点拨动量；

　　　e_{n+1}——$n+1$ 点后点拨动量。

由此可得出以下结论：

(1)曲线上某一测点向外或向内有一拨量，则其相邻两测点的正矢将相应减小或增大此拨量的一半。

(2)某点的拨后正矢为该点的现场正矢加上该点的拨量减去相邻两点拨量和的一半。

4．计算拨量的限制条件

(1)曲线整正前后，应保持曲线两端直线方向不变

如图 3-18 所示，设 -1、0、1、2、$\cdots n$ 为曲线外轨上的正矢测点编号。λ 为测点间距（$\lambda = 10$m）。f_0、f_1、f_2、$\cdots f_n$ 为曲线上各测点的正矢，φ_0、φ_1、φ_2、$\cdots \varphi_n$ 为曲线上各测点的转角，即本点与前点连线同本点与后点连线的延长线的交角。

AJ 为曲线始点的切线，BJ 为曲线终点的切线。α 为曲线上两切线的交角，即曲线的转向角。由几何学和三角学可得出以下关系式：

$$\alpha = \varphi_0、\varphi_1、\varphi_2、\cdots \varphi_n = \sum_{i=0}^{n} \varphi_i$$

$$\sin\varphi_0 = \frac{2f_0}{\lambda}; \quad \sin\varphi_1 = \frac{2f_1}{\lambda}; \quad \sin\varphi_2 = \frac{2f_2}{\lambda}; \quad \cdots \quad \sin\varphi_n = \frac{2f_n}{\lambda}$$

因 φ 角极小，可假定 $\varphi_i \approx \sin\varphi_i (i=0、1、2、\cdots n)$，所以

$$\alpha = \frac{2f_0}{\lambda} + \frac{2f_1}{\lambda} + \frac{2f_2}{\lambda} + \cdots + \frac{2f_n}{\lambda}$$

$$= \frac{2}{\lambda}(f_0 + f_1 + f_2 + \cdots + f_n) \tag{3-11}$$

$$= \frac{2}{\lambda}\sum_{i=0}^{n} f_i = \frac{2}{10000}\sum_{i=0}^{n} f_i$$

由上式可知,若保持曲线两端直线的方向不变,就必须使曲线的转角不变,曲线的转角不变,就必须使曲线上各测点的现场正矢总和等于计划正矢总和。即

$$\sum_{i=0}^{n} f_i = \sum_{i=1}^{n} f'_i \tag{3-12}$$

式中:$\sum_{i=1}^{n} f_i$ ——曲线上各测点的现场正矢总和;

$\sum_{i=1}^{n} f'_i$ ——曲线上各测点的计划正矢总和。

从上式可推出:

$$\sum_{i=1}^{n} f'_i - \sum_{i=1}^{n} f'_i = 0; \quad \sum_{i=1}^{n}(f'_i - f'_i) = 0 \tag{3-13}$$

$$\sum_{i=1}^{n} df_i = 0$$

由式(3-13)可得出结论:要使曲线整正前后两端的直线方向不变,必须使计划正矢总和等于现场正矢总和,即使曲线上各测点的正矢差总和等于零。

(2)曲线整正前后,应保持曲线两端直线的位置不变

要保证曲线整正前后其两端直线位置不变,就应使曲线始、终点的拨量为零。从式(3-13)可知,要使曲线始、终点拨量均为零,就应在整正计算中满足以下两式:

$$e_0 = 0 \tag{3-14}$$

$$e_n = 2\sum_{i=0}^{n-1}\sum_{i=0}^{n-1} df_i = 0 \tag{3-15}$$

(3)应满足各控制点对拨量的限制

在曲线整正计算中,对诸如桥梁(无砟桥)、道口、信号机等处所,因其不许拨动或拨量受到一定条件的限制,此时,在整正计算中应满足这些控制点对拨量的要求。

根据式(3-13)可知,在曲线整正计算中,只要由始点至控制点前一点为止的正矢差累计的合计控制在允许拨量的一半或使之为零即可。

(三)确定曲线主要桩点的位置(中央点法)

曲线轨道经过一段时间的运营,其平面形状已经产生较大变化,为减少曲线整正中的拨道量,并尽量照顾曲线的现状,可对曲线主要桩点的位置进行重新确定。利用此方法计算拨正曲线时,因现场曲线转角值与设备图表给定值相差太大,或曲线头尾位置错动量太大(终切线平行侧移值太大)而不能保证拨后正矢精度,或因拨量过大而造成路肩、砟肩宽度不足时,可以使用中央点法计算拨正。中央点法计算拨正曲线可合理确定圆曲线半径和缓和曲线长度(既要满足拨量小的要求,又要满足平面和纵断面对圆曲线半径、缓和曲线长度及其位置的要求),计算出曲线头尾位置,然后再进行拨正计算,特别是对一些三无曲线,用此方法来解决拨距计算问题,效果较好。

中央点法计算拨正曲线,虽然拨量较小,但是,因受现场曲线状态的影响,曲线头尾位置一般都会发生变化,这势必出现拨正一次曲线改变一次头尾位置的情况。当头尾位置变化较大时,还会因超高顺坡起终点变化,造成在拨道以后须在缓和曲线全长范围内修正超高值的局面,这是不合理的。所以,不能不分情况地使用中央点法进行曲线拨正计算。

1. 计算曲线中央点的位置

如图 3-20 所示,横轴 0、1、2、… 为曲线上的各个测点,纵轴 f_1、f_2、f_3、… 为各测点现场正矢。设 A 为现场正矢连线所包围的图形面积,X_{QZ} 为图形的形心至 f 轴的距离,λ 为各测点间的距离。有

$$A = \lambda f_1 + \lambda f_2 + \cdots + \lambda f_n = \lambda \sum_{i=1}^{n} f_i$$

由

$$A \cdot X_{QZ} = \lambda \cdot \lambda f_1 + \lambda \cdot \lambda f_2 + \lambda \cdot \lambda f_3 + \cdots + n\lambda \cdot \lambda f_n$$

得

$$X_{QZ} = \frac{\lambda^2 (f_1 + 2f_2 + 3f_3 + \cdots + nf_n)}{A}$$

令

$$\sum_{i=n}^{1} \sum_{i=n}^{1} f_i = f_1 + 2f_2 + 3f_3 + \cdots + nf_n$$

则

$$X_{QZ} = \frac{\lambda^2 \cdot \sum_{i=n}^{1} \sum_{i=n}^{1} f_i}{\lambda \cdot \sum_{i=1}^{n} f_i} = \frac{\sum_{i=n}^{1} \sum_{i=n}^{1} f_i}{\sum_{i=1}^{n} f_i} \cdot \lambda$$

如测点间距以段为单位(两相邻测点的间距为 1 段),则 $\lambda = 1$ 段。

$$X_{QZ} = \frac{\sum_{i=n}^{1} \sum_{i=n}^{1} f_i}{\sum_{i=1}^{n} f_i} (段) \tag{3-16}$$

式中:$\sum_{i=1}^{n} f_i$ ——现场正矢合计;

$\sum_{i=n}^{1} \sum_{i=n}^{1} f_i$ ——现场正矢倒累计的合计。

2. 确定设置缓和曲线前圆曲线长度

由图 3-21 可知,设置缓和曲线前的圆曲线长度为:

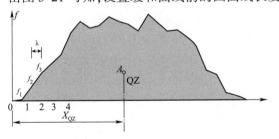

图 3-20 确定曲线中点计算示意图

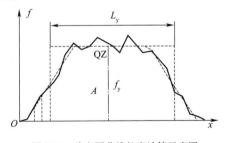

图 3-21 确定圆曲线长度计算示意图

$$L_y = \frac{A}{f_y} = \frac{\sum_{i=1}^{n} f_i \cdot \lambda}{f_y} = \frac{\sum_{i=1}^{n} f_i}{f_y} (段) \tag{3-17}$$

式中:f_y ——圆曲线正矢,可用曲线中部测点的现场正矢平均值或用公式 $f_y = \frac{50000}{R}$ 求之。

3. 确定缓和曲线长度

按不同条件,缓和曲线的长度可由以下几种方法确定:

(1) 求出曲线两端现场正矢递变率的平均值,由公式 $m_0 = f_y/f_d$ 可知,用圆曲线平均正矢除以正矢递变率,即得缓和曲线长度(以段为单位)。

(2) 根据正矢变化规律来估定缓和曲线长度。当曲线方向不是太差时,缓和曲线始点正矢只有几毫米,终点正矢接近圆曲线正矢,中间各点近似于均匀递变。掌握这个规律,缓和曲线的长度很容易确定。

(3) 查阅技术档案或在现场调查曲线标来确定缓和曲线长度。另外,还可以根据现场超高顺坡长度来估定。

4. 确定曲线主要桩点的位置

圆曲线在加设缓和曲线时,是将缓和曲线的半个长度设在直线上,另外半个长度设在圆曲线上,如图 3-22 所示。在加设缓和曲线前,圆曲线的直圆点(ZY)和圆直点(YZ)是缓和曲线的中点。因此,曲线主要标桩点的位置可以根据曲线中央点的位置 X_{QZ},设缓和曲线之前的圆曲线长度 L_y 及缓和曲线长度 l_0 来计算确定。

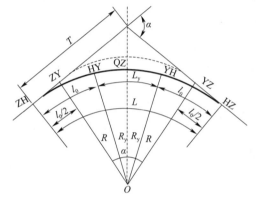

图 3-22 曲线示意图

$$\begin{aligned} ZH &= X_{QZ} - \frac{L_y}{2} - \frac{l_0}{2} \\ HY &= X_{QZ} - \frac{L_y}{2} + \frac{l_0}{2} \\ YH &= X_{QZ} + \frac{L_y}{2} - \frac{l_0}{2} \\ HZ &= X_{QZ} + \frac{L_y}{2} + \frac{l_0}{2} \end{aligned} \quad (3-18)$$

经过以上计算,重新确定曲线主要桩点的位置,然后再编制计划正矢,就可以比较接近现场曲线的实际形状,使拨量较小。

获得现场正矢和有关限界、控制点、轨缝、路基宽度及线间距等调查资料后,即可进行曲线整正的内业计算。现结合实例说明计算过程和计算方法。

5. 算例

设有一曲线,共有 23 个测点,其实测正矢如表 3-11 第三栏所示。试确定曲线主要桩点的位置及曲线各点计划正矢。

曲线正矢计算表　　表 3-11

测点号	现场正矢倒累计	实测正矢	计划正矢	正矢差	备注
n		f	f'	df	
一	二	三	四	五	六
1	1969	3	3	0	ZH = 1.089
2	1966	20	19	1	
3	1946	45	40	5	

续上表

测点号	现场正矢倒累计	实测正矢	计划正矢	正矢差	备注
4	1901	55	61	−6	
5	1846	83	81	2	
6	1763	100	102	−2	
7	1663	120	121	−1	HY=7.089
8	1543	122	125	−3	
9	1421	124	125	−1	
10	1297	124	125	−1	
11	1173	132	125	7	
12	1041	127	125	2	
13	914	124	125	−1	
14	790	121	125	−4	
15	669	130	125	5	
16	539	123	125	−2	YH=16.841
17	416	114	120	−6	
18	302	102	101	1	
19	200	84	80	4	
20	116	55	59	−4	
21	61	40	38	2	
22	21	19	17	2	HZ=22.841
23	2	2	2	0	
∑	23559	1969	1969	0	

(1)计算曲线中央点的位置

由式(3-15)可知,曲线中央点位置为现场正矢倒累计的合计除以现场正矢合计。表3-11中最下一行第二栏中的数值为现场正矢倒累计的值。第三栏中最后一行的数值为Σf的值。

$$X_{QZ} = \frac{\sum_{i=n}^{1}\sum_{i=n}^{1}f_i}{\sum_{i=n}^{n}f_i} = \frac{23559}{1969} = 11.965(段)$$

上值表示:曲线中央点位于第11测点,再加9.65m处。

(2)计算加设缓和曲线前的圆曲线长度

经过对现场正矢的分析,可以初步估定圆曲线大致在第8测点~第16测点。圆曲线平均正矢

$$f_y = \frac{\sum_{i=8}^{16}f_i}{16-8+1} = \frac{1127}{9} = 125.2\text{mm},取为125mm$$

根据式(3-17)计算加设缓和曲线前的圆曲线长度

$$L_y = \frac{\sum_{i=n}^{n} f_i}{f_y} = \frac{1969}{125} = 15.752(段)$$

(3)确定缓和曲线长

通过对现场正矢的分析,可估定缓和曲线为6段,即 $l_0 = 6$。

(4)计算曲线主要桩点位置

根据式(3-18),有

$$ZH = X_{QZ} - \frac{L_y}{2} - \frac{l_0}{2} = 11.965 - 15.752/2 - 6/2 = 1.089(段)$$

$$HY = X_{QZ} - \frac{L_y}{2} + \frac{l_0}{2} = 11.965 - 15.752/2 + 6/2 = 7.089(段)$$

$$YH = X_{QZ} + \frac{L_y}{2} - \frac{l_0}{2} = 11.965 + 15.752/2 - 6/2 = 16.841(段)$$

$$HZ = X_{QZ} + \frac{L_y}{2} + \frac{l_0}{2} = 11.965 + 15.752/2 + 6/2 = 22.841(段)$$

(5)确定各测点的计划正矢

①圆曲线的计划正矢。

采用圆曲线的平均正矢 $f_y = 125$ mm。

②缓和曲线的计划正矢。

曲线各主要桩点的位置,如图3-23所示。

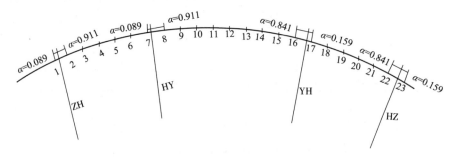

图3-23 曲线测点示意图

a. 求缓和曲线正矢递变率。

$$f_d = \frac{f_y}{m_0} = 125/6 = 20.8 \text{mm}$$

b. 计算曲线各测点正矢。

$f_1 = \frac{b^3}{6} f_d = \frac{0.911^3}{6} \times 20.8 = 2.6$,取为3;

$f_2 = \left[b + \frac{a^3}{6}\right] f_d = \left[0.911 + \frac{0.089^3}{6}\right] \times 20.8 = 19.0$,取为19;

$f_3 = (3 - 1.089) f_d = 1.911 \times 20.8 = 39.8$,取为40;

$f_4 = (4 - 1.089) f_d = 2.911 \times 20.8 = 60.6$,取为61;

$f_5 = (5 - 1.089) f_d = 3.911 \times 20.8 = 81.4$,取为81;

$f_6 = (6 - 1.089)f_d = 4.911 \times 20.8 = 102.3$,取为 102;

$f_7 = f_y - \left[b + \dfrac{a^3}{6}\right]f_d = 125 - \left[0.089 + \dfrac{0.911^3}{6}\right] \times 20.8 = 120.5$,取为 121;

$f_8 = f_y - \dfrac{b^3}{6}f_d = 125 - \dfrac{0.089^3}{6} \times 20.8 = 125.0$,取为 125;

第 9～15 测点的计划正矢都为 125mm;

$f_{16} = f_y - \dfrac{b^3}{6}f_d = 125 - \dfrac{0.159^3}{6} \times 20.8 = 125.0$,取为 125;

$f_{17} = f_y - \left[b + \dfrac{a^3}{6}\right]f_d = 125 - \left[0.159 + \dfrac{0.841^3}{6}\right] \times 20.8 = 102.3$,取为 102;

$f_{18} = (22.841 - 18)f_d = 4.841 \times 20.8 = 100.9$,取为 101;

$f_{19} = (22.841 - 19)f_d = 3.841 \times 20.8 = 80.0$,取为 80;

$f_{20} = (22.841 - 20)f_d = 2.841 \times 20.8 = 59.2$,取为 59;

$f_{21} = (22.841 - 21)f_d = 1.841 \times 20.8 = 38.4$,取为 38;

$f_{22} = \left[b + \dfrac{a^3}{6}\right]f_d = \left[0.841 + \dfrac{0.159^3}{6}\right] \times 20.8 = 17.5$,取为 18;

$f_{23} = \dfrac{b^3}{6}f_d = \dfrac{0.841^3}{6} \times 20.8 = 2.1$,取为 2。

(6)检查计划正矢是否满足曲线整正前后曲线两端的直线方向不变的要求。

由式(3-11)可知,曲线整正前后,其两端直线方向不变的控制条件是 $\sum_{i=0}^{n} f_i = \sum_{i=0}^{n} f'_i$,即 $\sum_{i=0}^{n} df_i$。此题中$\sum f = 1969$,$\sum f' = 1969$,$\sum f - \sum f' = 0$,现场正矢总和比计划正矢总和相等,满足式(3-11)。如果算出的结果不满足时,可根据计划正矢在计算中近似值的取舍情况,在适当测点上进行计划正矢调整,以满足 $\sum_{i=0}^{n} df_i = 0$ 的要求。调整计划正矢时,每个测点计划正矢的调整值不宜大于 2mm。

(四)曲线拨距计算

1. 点号差法

(1)计算拨量。

由式 $e_n = 2\sum_{i=0}^{n}\sum_{i=0}^{n} df_i$,曲线上任一测点的拨量,等于到前一测点为止的全部正矢差累计合计的 2 倍。故计算拨量应首先计算正矢差,再计算差累计,最后计算拨量。

第一栏,测点号,测量正矢的地方,即曲线上的桩号。

第二栏,实测正矢倒累计合计:从最后测点向曲线头方向累计到测点 1(斜加平写)为倒累计,再由测点 1 累计到最后一个测点,即为倒累计的合计。此例中倒累计的合计为 23559。

第三栏,实测正矢:在现场实地测出来的正矢。

第四栏,计划正矢。有两种计算方法:第一种方法根据曲线标桩上的曲线半径和缓和曲线长度进行计算,也就是钢轨上标的计划正矢;第二种方法是根据现场实测正矢编制,本例中采用的是根据实测正矢编制的。

算出的计划正矢的和与现场正矢的和应相等,否则要调整此点的计划正矢。调整的方法,如果计划正矢的和比现场正矢的和大于 n mm,就找 n 个点,每个点把它的计划正矢调小 1mm。调整点最好放到圆曲线部分,因为圆曲线部分的允许误差比缓和曲线部分大。

第五栏,正矢差:曲线上各测点的正矢差等于现场正矢减去计划正矢,$df_i = f_i - f'_i$,因而将各测点第三栏的值减去第四栏的值,把差值填入第五栏中即可。

第六栏,计算正矢差累计,某测点的正矢差累计等于到该测点为止的以前各测点正矢差的合计。因此,可按表3-12中第五、六栏箭号所示,用"斜加平写"的方法累计。

曲线整正计算表(点号差法) 表3-12

测点	现场正矢倒累计	现场正矢	计划正矢	正矢差	正矢差累计	半拨量	正矢修正	修正后计划正矢	修正后差	修正差累计	修正半拨后量	拨量	拨后正矢	备注
n		f	f'	df	Σdf	$\Sigma\Sigma df$		f	df	Σdf	$\Sigma\Sigma df$	$2\Sigma\Sigma df$	f'	
一	二	三	四	五	六	七	八	九	十	十一	十二	十三	十四	十五
1	1969	3	3	0	0	0		3	0	0	0	0	3	ZH=1.089
2	1966	20	19	1	1	0		19	1	1	0	0	19	
3	1946	45	40	5	6	1		40	5	6	1	2	40	
4	1901	55	61	−6	0	7		61	−6	0	7	14	61	
5	1846	83	81	2	2	7		81	2	2	7	14	81	
6	1763	100	102	−2	0	9		102	−2	0	9	18	102	
7	1663	120	121	−1	−1	9		121	−1	−1	9	18	121	HY=7.089
8	1543	122	125	−3	−4	8	−1	124	−2	−3	8	16	124	
9	1421	124	125	−1	−5	4		125	−1	−4	5	10	125	
10	1297	124	125	−1	−6	−1		125	−1	−5	1	2	125	
11	1173	132	125	7	1	−7		125	7	2	−4	−8	125	
12	1041	127	125	2	3	−6		125	2	4	−2	−4	125	
13	914	124	125	−1	2	−3		125	−1	3	2	4	125	
14	790	121	125	−4	−2	−1		125	−4	−1	5	10	125	
15	669	130	125	5	3	−3		125	5	4	4	8	125	
16	539	123	125	−2	1	0		125	−2	2	8	16	125	YH=16.841
17	416	114	120	−6	−5	1		120	−6	−4	10	20	120	
18	302	102	101	1	−4	−4		101	1	−3	6	12	101	
19	200	84	80	4	0	−8		80	4	1	3	6	80	
20	116	55	59	−4	−4	−8		59	−4	−3	1	8	59	
21	61	40	38	2	−2	−12		38	2	−1	1	2	38	

续上表

测点	现场正矢倒累计	现场正矢	计划正矢	正矢差	正矢差累计	半拨量	正矢修正	修正后计划正矢	修正后差	修差正累后计	修半正拨后量	拨量	拨后正矢	备注
22	21	19	17	2	0	−14	+1	18	1	0	0	0	18	HZ=22.841
23	2	2	2	0	0	−14		2	0	0	0	0	2	
Σ	23559	1969	1969	0		−14		1969	0	0				

第六栏最后一测点的正矢差累计必为零,否则说明计算有误,可从 $\sum_{i=0}^{n} df_i$ 这一条件证明此结论。第七栏的和为终点的半拨量,本例中其和为 −14,与第七栏的最后一点的半拨量 14 相等。如果不相等,则计算有误。

第七栏,计算半拨量。

由式(3-9)可知,某点的半拨量等于该点前所有测点正矢差累计的合计(不包括该测点)。因此,可按表 3-11 中第七栏箭头所示,用"平加下写"的方法计算之。

半拨量的符号为正时,表示该测点应向外拨(上挑);半拨量的符号为负时,表示该测点应向内拨(下压)。为了不使曲线两端直线发生平移,由式(3-15)得知,应使终点的半拨量为零,亦即必须使最后一测点的半拨量为零。而在表 3-12 第七栏中,最后第 23 测点的半拨量为 −14,这表示曲线终端直线要向内拨移(下压)2×14mm。显然,此方案是违背整正曲线的基本原理,必须重新修正计划正矢,以使最后一测点的半拨量为零,以满足曲线两端直线位置不变的要求。

(2)使终点半拨量调整为零。

终点半拨量不为零且数值不大时,通常采用点号差法对计划正矢进行修正。计划正矢修正引起半拨量的变化值的规律见表 3-13。

通过对表 3-13 的分析可知,如果在某测点上,将计划正矢减少 1mm,同时在其下边相距为 M 个点号的测点上,将计划正矢增加 1mm(简称"上减下加"),其结果将使下一测点以后的各测点的半拨量增加 1×M;反之,如果在相距为 M 个点号的一对测点上,对其计划正矢进行"上加下减"的修正,其结果将使下一测点以后的各测点的半拨量减少 1×M。

计划正矢修正表(点号差法)   表 3-13

测点	1				2				3				4			
	计划正矢修正	正矢差修正	差累计修正	半拨量修正	计划正矢修正	正矢差修正	差累计修正	半拨量修正	计划正矢修正	正矢差修正	差累计修正	半拨量修正	计划正矢修正	正矢差修正	差累计修正	半拨量修正
			四	五			四	五			四	五			四	五
1			0	0			0	0			0	0			0	0
2			0	0			0	0			0	0			0	0
3			0	0			0	0			0	0			0	0

续上表

测点	1				2				3				4			
	计划正矢修正	正矢差修正	差累计修正	半拨量修正	计划正矢修正	正矢差修正	差累计修正	半拨量修正	计划正矢修正	正矢差修正	差累计修正	半拨量修正	计划正矢修正	正矢差修正	差累计修正	半拨量修正
4	-1	1	1	0			0	0			0	0			0	0
5			1	1			0	0			0	0			0	0
6			1	2	-1	1	1	0	1	-1	-1	0			0	0
7			1	3	-1	1	2	1			-1	-1			0	0
8			1	4			2	3			-1	-2			0	0
9			1	5			2	5			-1	-3	1		-1	0
10			1	6			2	7			-1	-4	1	-1	-2	-1
11			1	7			2	9			-1	-5			-2	-3
12			1	8			2	11			-1	-6			-2	-5
13			1	9	1	-1	1	13			-1	-7			-2	-7
14			1	10	1	-1	0	14			-1	-8			-2	-9
15			1	11			0	14			-1	-9			-2	-11
16			1	12			0	14			-1	-10	-1	1	-1	-13
17			1	13			0	14			-1	-11	-1	1	0	-14
18	1	-1	0	14			0	14			-1	-12			0	-14
19			0	14			0	14			-1	-13			0	-14
20			0	14			0	14	-1	1	0	-14			0	-14
21			0	14			0	14			0	-14			0	-14
22			0	14			0	14			0	-14			0	-14
23			0	14			0	14			0	-14			0	-14

由于计划正矢的修正是在一对测点上进行的,修正值为1mm,且符号相反,故不会影响曲线整正的原则一,即$\sum df = 0$这一条件,仍能保证使曲线两端直线方向不变的要求。以上调整半拨量的方法是通过在一对相距为M个点号的测点上,各调整1mm的计划正矢,而使这对测点以后各测点的半拨量变化$1 \times M$毫米。由于M为这对测点的点号之差,故称此法为点号差法。使用点号差法调整半拨量时需要注意以下6个方面:

①点号之差M值应尽可能大。

②如果一对测点的调整量不足以达到所需调整的值时,可酌情使用几对测点。

③选择测点时,应考虑该点计划正矢的修正历史,避免与曾经进行过计划正矢修正的点发生同号重复修正。

④一般说来,"先加后减"的各对测点,最好安排在负半拨量最大的点号之后;"先减后加"的各对测点,最好安排在正半拨量最大的点号之后,以避免使某些点的半拨量增大,对拨道不利。

⑤曲线的始点和终点不要进行正矢修正,以保证曲线始、终点的半拨量为零。
⑥在修正值的正值与负值之间,最好间隔两个测点以上,以保证曲线的圆顺。

在表 3-12 的实例中,曲线最后一点的半拨量为 -14,且负半拨量最大值位于最后一点,因此,用点号差法,以一对测点,采用"先减后加"格式进行正式修正。将计划正矢修正值填入表3-12的第八栏。第九~第十二栏的计算方法与第四~第七栏相同。第十三栏为拨量,其值为第十二栏中各点半拨量值的 2 倍。第十四栏的值是用曲线上各点拨道量和拨后正矢的关系,即 $f'_n = f_n + e_n - \left[\dfrac{e_{n-1} + e_{n+1}}{2}\right]$ 计算。其目的是为检查计算是否有误,各测点的拨后正矢应与各点修正后的计划正矢(在第九栏)相吻合,否则应重新复核。

2. 正矢差累计梯形修正法

(1) 正矢差累计的梯形数列修正法

在表 3-12 中,利用点号差法,通过修正计划正矢,重新计算正矢差和正矢差累计以达到使正矢差累计的合计数为零的目的。

但是,在点号差法的计算过程中,做了很多重复繁琐的计算,例如表 3-12 中第九、十、十一栏基本上是第四、五、六栏的重复计算。可以看到,点号差法是为将正矢差累计的合计数调整为零,那么,能否直接从修正正矢差累计入手,从表 3-13 的计算过程,可以找到直接修正正矢差累计的方法。表 3-14 是根据点号差法所用计划正矢修正值的几种主要类型。

点号差法与差累计梯形修正数列 表 3-14

测点	一			二			三			四		
	计划正矢修正	正矢差修正	差累计修正	计划正矢修正	正矢差修正	差累计修正	计划正矢修正	正矢差修正	差累计修正	计划正矢修正	正矢差修正	差累计修正
1												
2	-1	1	1	1	-1	-1						
3	-1	1	2	1	-1	-2		-1	-1	1	-1	-1
4	-1	1	3			-2	1	-1	-2		-1	-2
5	-1	1	4			-2			-2			-3
6	-1	1	5	1	-1	-3			-2	1	-1	-4
7			5	1	-1	-4	-1		-1			-4
8			5			-4	-1	1	0			-4
9			5			-4	-1	1	1			-4
10	1	-1	4	-1	1	-3	-1	1	2	-1	1	-3
11	1	-1	3	-1	1	-2			2	-1	1	-2
12	1	-1	2	-1	1	-1			2	-1	1	-1
13	1	-1	1	-1	1	0	-1	1	1	-1	1	0
14	1	-1	0				1	-1	0			
Σ	0	0	40	0	0	-28	0	0		0	0	-32

通过对表 3-14 分析,计划正矢修正引起的差累计修正,有以下 6 点规律:

①正矢差累计修正数列,是以 1 为渐变量,逐点渐变的梯形数列。
②梯形数列的中部至少应有两个数相邻,其值最大且数值相同。
③梯形数列可以对称排列,也可以不对称排列。
④可以只用一个梯形数列,也可以同时用几个梯形数列,但相邻梯形数列间,至少要间隔一个测点。
⑤梯形数列的上端不得伸入曲线始点,下端不得超出曲线终点。
⑥梯形数列的合计应等于正矢差累计的合计数,且符号相反。

实际上,梯形修正差累计与调整计划正矢的原理完全相同,修正的差累计实际上就是调整计划正矢。这里以表 3-15 为例,介绍差累计梯形修正法的应用。

第五栏中差累计的合计为 +15,为保证曲线头尾位置不变,必须设法消去"+15",修正方法如第六栏所示,其总的修正量为 -15,与正矢差累计合计数值相同,符号相反,保证了曲线头尾位置不变的要求。

差累计修正法计算表 表 3-15

测点	实测正矢	计划正矢	正矢量	差累计	梯形修正量	半拨量	全拨量	拨后正矢	计划正矢修正量	备注
一	二	三	四	五	六	七	八	九	十	十一
1	4	4	0	0	0	-9	0	4		ZH
2	24	24	0	0	-1	0	0	25	+1	
3	50	48	2	2	-2	-1	-2	49	+1	
4	70	72	-2	0	-3	-1	-2	73	+1	
5	100	96	4	4	-3	-4	-8	96		
6	120	120	0	4	-3	-3	-6	120		
7	141	144	-3	1	-2	-2	-4	143	-1	
8	165	163	2	3	-1	-3	-6	162	-1	HY
9	169	167	2	5		-1	-2	166	-1	
10	164	167	-3	2		4	8	167		
11	166	167	-1	1		6	12	167		
12	161	163	-2	-1		7	14	163		YH
13	145	144	1	0		6	12	144		
14	121	120	1	1		6	12	120		
15	92	96	-4	-3		7	14	96		
16	72	72	0	-3		4	8	72		
17	50	48	2	-1		1	2	48		
18	25	24	1	0		0	0	24		
19	4	4	0	0		0	0	4		HZ
Σ	1843	1843	0	15	-15			1843	0	

如果需要消去差的累计合计数值较大,可分段修正。为保证曲线的圆顺性,相邻测点应排列成梯形的渐变形式,渐变量为1mm,一般不超过2mm,并且相邻点上的修正量,由增加转变为减少时至少有两个相邻测点上的修正量相同,即要形成"梯形平台"。

第七栏中的值为第五、六、七栏的值平加写在下一点的格子里,即"平加下写"。

第十栏的值为第九栏的值减本点第三栏值的差,该栏的合计必为零。此外从该栏计划正矢修正值的排列位置,也可以判别第七栏中的梯形数列是否合理,即用点号差法对计划正矢修正值的要求判定。

(2)半拨量梯形修正法

曲线上如遇有明桥、平交道口或线路两旁有固定设备或建筑物时,除应使曲线终点的半拨量为零外,还需满足以上各控制点的拨量为零或限制在某一数值之内的要求。用半拨量修正法直接修正半拨量,直观性强,且易于控制各点的拨量,尤其对于复杂的曲线,使用半拨量修正法能获得极佳的设计方案。

半拨量修正法与差累计梯形数列修正法的原理基本相同,不同之处为保证整个曲线差累计合计为零,必须用上、下两个数值相同,正负号相反的梯形来修正,使修正量互为抵消。一般曲线的上半部半拨量"−"大,要用"+"号梯形来修正;为使整个差的累计合计为零,则在下半部用数值相同符号相反的"−"号梯形修正,以此达到差累计合计闭合。

用表3-16所示实例,说明如何使用半拨量修正法。在此曲线中利用分段计算方法,既节省计算时间,又能尽量减少拨道量,如测点5只能挑2mm,测点12不准动,测点17只准压挑2mm。根据这种方法,测点1~5为一段,测点6~12为一段,测点13~17为一段,测点8~24为一段。

如第十栏,测点5半拨量为"+2",由于上挑全拨量控制在2mm内,为使曲线圆顺,应在测点1~4选点修正。在测点1用梯形修正法修正"−1",则测点5的半拨量减1,经再次计算,测点5的半拨量达到控制数值的要求。

计算第二段(测点6~12)时,测点5修正后的半拨量"+1"移过来,则测点6的半拨量为"+4",这样计算到测点12的拨量为"+3"。因为测点12的半拨量要求为零,所以在12点以前,在7、8、9三个测点各修正"−1",经再次计算,则12点的半拨量为零。

半拨量修正法计算表(有控制点)　　　　　　　　　　　　　表3-16

测点	实测正矢	计划正矢	正矢量	差累计	修正量	修正后计划正矢	正矢差	差累计	半拨量	梯形修正量	半拨量	全拨量	拨后正矢	计划正式修正值	备注
一	二	三	四	五	六	七	八	九	十	十一	十二	十三	十四	十五	十六
1	2	1	1	1	1	2	0	0	0	−1	0	0	3	2	ZH
2	9	8	1	2	1	9	0	0	0		−1	−2	8	0	
3	16	17	−1	1		17	−1	−1	0		−1	−2	17	0	
4	30	26	4	5		26	4	3	−1		−2	−4	26	0	
5	34	35	−1	4	−1	34	0	3	2	1	2	34	−1	+2	
6	37	44	−7	−3		43	−6	−3	5		4	8	43	−1	

续上表

测点	实测正矢	计划正矢	正矢量	差累计	修正量	修正后计划正矢	正矢差	差累计	半拨量	梯形修正量	半拨量	全拨量	拨后正矢	计划正式修正值	备注
7	50	53	-3	-6		53	-3	-6	2	-1	1	2	54	1	
8	72	62	10	4		62	10	4	-4	-1	-6	-12	62	0	
9	71	71	0	4		71	0	4	0	-1	-3	-6	71	0	HY
10	69	72	-3	1		72	-3	1	4		0	0	71	-1	
11	70	72	-2	-1		72	-2	-1	5		1	2	72	0	
12	81	71	10	9		71	10	9	4		0	0	71	0	小桥
13	62	71	-9	0		71	-9	0	13	-1	9	18	72	1	
14	67	71	-4	-4		71	-4	-4	13	-2	8	16	72	1	
15	79	71	8	4		71	8	4	9	-2	2	4	71	0	
16	64	70	-6	-2		70	-6	-2	13	-1	4	8	69	-1	YH
17	66	63	3	1		63	3	1	11		1	2	62	-1	±2
18	50	54	-4	-3		54	-4	-3	12	1	2	4	53	-1	
19	46	45	1	-2		45	1	-2	9	2	0	0	44	-1	
20	32	36	-4	-6		36	-4	-6	7	2	0	0	36	0	
21	30	27	3	-3		27	3	-3	1	2	-4	-8	27	0	
22	22	18	4	1		18	4	1	-2	2	-5	-10	18	0	
23	10	10	0	1		10	0	1	-1	1	-2	-4	11	1	
24	1	2	-1	0		2	-1	0	0		0	0	3	1	HZ
Σ	1070	1070	0	8		1070	0	0					1070		

计算第三段(测点 13~17)时,测点 17 全拨量只准压、调 2mm,而该点半拨量为"+7",所以在 13、14、15、16 四点修正总数 6 的负号梯形,再次计算该点的全拨量达到控制数值要求。

第四段(测点 18~24),最后点半拨量为"-10",是因为测点 16 以上总修正量为"-10"的影响所致,故在测点 17 之后,用总修正量数值相等符号相反的正号梯形来反修正,既达到测点 24 的半拨量为零,又满足差累计合计闭合。

3. 拨量调整法

拨曲线时,向上挑轨缝被拉大,向下压轨缝被挤小。对于无缝线路,由于曲线钢轨没有轨缝,上挑时钢轨被拉伸,下压时钢轨被压缩,而钢轨长度的改变会影响锁定轨温。为避免轨内应力的非正常变化,要求无缝线路的拨道方案必须正负拨量相等。因此,对于无缝线路的曲线整正计算,除利用差累计修正法,使曲线终点的半拨量为零外,还应用拨量调整法来调整拨量,以达到正负拨量相等的目的。

拨量调整法实质上是点号差法的延伸。由于点号差法修正了计划正矢,进而对拨量产生影响。所以,只要知道点号差法影响拨量数列的构成规律,则可以直接用此数列(称为拨量调整数列)对拨量进行修正调整。通过对表 3-16 的数列进行分析,其主要特征有以下几点:

（1）每个数列都是由中部向两端递减至零。

（2）数列两端以2mm递减时，第一个数列的中部至少要有两个同值的相邻数，其后的各数列正对前一数列中部位置处至少增加两个同值的相邻数，且比前一数列中部的同值相邻数至少小4mm（见表3-17中的第一组）。

拨量调整数列　　　　　　　　　　　　　　　　　　　　　　　　　表3-17

测点	计划正矢修正	正矢差修正	差累计修正	半拨量修正	拨量修正	调整数列 1	调整数列 2	测点	计划正矢修正	正矢差修正	差累计修正	半拨量修正	拨量修正	调整数列 1	调整数列 2
				第一组								第二组			
1	+1	−1	−1	0	0	0		1	1	+1	+1	0	0	0	
2	+1	−1	−2	−1	−2	−2	0	2	−0.5	+0.5	+1.5	+1	+2	+2	0
3			−2	−3	−6	−4	−2	3	−0.5	+0.5	+2	+2.5	+5	+4	+1
4			−2	−3	−10	−6	−4	4			+2	+4.5	0	+6	+3
5	−1	+1	−1	−7	−14	−8	−6	5	+1	−1	+1	+6.5	+13	+8	+5
6	−1	+1	0	−8	−16	−10	−6	6	+1	−1	0	+7.5	+15	+10	+5
7			0	−8	−16	−10	−6	7	+1	−1	0	+7.5	+15	+10	+5
8	−1	+1	+1	+8	+16	−10	−6	8	+1	−1	−2	+6.5	+13	+8	+5
9	−1	+1	+2	−7	+14	−8	−6	9			−2	+4.5	+9	+6	+3
10			+2	−5	+10	−6	−4	10	+0.5	+0.5	−1.5	+2.5	+5	+4	+1
11			+2	−3	−6	+4	+2	11	−0.5	+0.5	+1	+1	+2	+2	0
12	+1	−1	+1	−1	−2	−2	0	12	−1	+1	0	0	0	0	
13	+1	−1	0	0	0	0		13							
				第三组								第四组			
测点	计划正矢修正	正矢差修正	差累计修正	半拨量修正	拨量修正	调整数列 1	调整数列 2	测点	计划正矢修正	正矢差修正	差累计修正	半拨量修正	拨量修正	调整数列 1	调整数列 2
1	−0.5	+0.5	+0.5	0	0	0		1	+0.5	+0.5	+0.5	0	0	0	
2	−0.5	+0.5	+1	+0.5	+1	+1		2	−0.5	+0.5	+1	+0.5	+1	+1	
3			+1	+1.5	+3	+3	+1	3			+1	+1.5	+3	+3	
4			+1	+2.5	+5	+5	+2	4	+0.5	+0.5	+0.5	+2.5	+5	+5	
5	+0.5	−0.5	+0.5	+3.5	+7	+4	+3	5	+0.5	+0.5	0	+3	+6	+6	
6	+1	−1	−0.5	+4	+8	+5	+3	6	+1	+1	+1	+3	+6	+6	
7	+0.5	−0.5	−1	+3.5	+7	+4	+3	7			+1	+2	+4	+4	
8			+1	+2.5	+5	+3	+2	8			+1	+1	+2	+2	
9			−1	+1.5	+3	+2	+1	9	−1	+1	0	0	0	0	
10	−0.5	+0.5	−0.5	+0.5	+1	+1	0	10							
11	−0.5	+0.5	0	0	0	0		11							

(3)当数列的两端以1mm递减时,第一数列的中部有无同值的相邻数皆可,但其后的各数列正对前一数列中部位置处至少应增加两个同值的相邻数,且比前一数列中部的同值相邻数至少小2mm(见表3-17中的第三组)。

(4)在数列组合中,用单数组成数列或双数组成数列都可以(见表3-17中的第二组),在一个数列内一端用双数另一端用单数也行(见表3-17中的第四组)。

由于无缝线路的拨量调整数一般均较大,故经常使用若干组调整数列进行拨量调整。

设计调整数列时,应使调整数列在各测点的值之和等于拨量合计值的相反数。表3-18为无缝线路曲线整正计算示例。表中第一~第八栏与表3-16相同。

第十栏和第十一栏各选用一组双数数列,使其和等于第八栏中的拨量合计值而符号相反,以使正负拨量相等。在设计数列时,应努力减少各点的拨量以利拨道。注意勿使调整数列伸入曲线的始终点。

第十二栏为调整数列1和调整数列2的合计。

无缝线路曲线拨道计算表 表3-18

测点号	实测正矢	计划正矢	正矢差	差累计	差累计修正	计划正矢修正	半拨量	全拨量	拨量调整 数列1	拨量调整 数列2	拨量调整 数列3	计划正矢修正	调整后拨量	拨后正矢	备注
一	二	三	四	五	六	七	八	九	十	十一	十二	十三	十四	十五	十六
1	0	0	0	0			0	0					0	0	
2	7	7	0	0			0	0	0	0		−1	0	6	ZH=1.762
3	24	26	−2	−2	0		0	0	2	2			2	26	
4	50	47	3	1	−1	+1	−2	−4	4	4			0	48	
5	67	68	−1	0	−1	+1	−2	−4	6	6		+1	2	69	
6	88	90	−2	−2	−1		−3	−6	6	6			0	90	
7	110	111	−1	−3	−2	+1	−6	−12	6	6			−6	112	
8	130	125	5	2	−2		−11	−22	6	6			−16	125	HY=7.762
9	129	127	2	4	−2		−11	−22	6	6			−16	127	
10	127	127	0	4	−2		−9	−18	6	6		+1	−12	128	
11	125	127	−2	2	−2		−7	−14	4	4			−10	127	
12	129	127	0	4	−2		−7	−14	2	2			−10	127	
13	127	127	0	4	−1	−1	−5	−10	0	0	0		−10	126	
14	127	127	0	4	0	−1	−2	−4			−2	−2	−6	126	
15	129	127	2	6			2	4			−4	−4	0	127	
16	125	127	−2	4			8	16			−6	−6	10	127	
17	126	127	−1	3			12	24			−8	−8	16	127	
18	124	127	−3	0			15	30			−10	−10	−1	20	126
19	121	127	−6	−6			15	30			−10	−10		20	127
20	132	127	5	−1			9	18			−10	−10	−1	8	126

续上表

测点号	实测正矢	计划正矢	正矢差	差累计	差累计修正	计划正矢修正	半拨量	全拨量	拨量调整 数列1	拨量调整 数列2	拨量调整 数列3	计划正矢修正	调整后拨量	拨后正矢	备注
21	124	127	−3	−4			8	16	−8		−8		8	127	
22	130	127	3	−1			4	8	−6		−6		2	127	
23	119	122	−3	−4			3	6	−4		−4		2	122	YH = 22.872
24	106	103	3	−1			−1	−2	−2		−2		−4	103	
25	85	82	3	2			−2	−4	0		0	+1	−4	83	
26	60	61	−1	1			0	0					0	61	
27	40	40	0	1			1	2					2	40	
28	16	19	−3	−2			2	4					4	19	
29	4	2	2	0			0	0					0	2	HZ = 28.872
Σ	2681	2681	+30 −30	+42 −26 +16	−16	0	+79 −68 +11	+158 −136 +22	−70	+48	−22	0	+96 −96	2681	

第十三栏为第十二栏中拨量调整数列合计对各点计划正矢的影响值,其值是根据曲线整正这一基本前提。"曲线某测点上挑或下压一拨量,其相邻两点的正矢将相应减小或增大此拨量的一半"计算,即曲线上某点的计划正矢修正值,应等于该点拨量调整数减相邻两点拨量调整数之和的一半。

为保证拨量后曲线的圆顺,要求计划正矢修正值在同一测点上,应避免与前面的计划正矢修正值出现同号叠加。

第十四栏的值为第九栏的值+第十二栏的值。

第十五栏的值是利用式 $f'_n = f_n + e_n - \left(\dfrac{e_{n-1} + e_{n+1}}{2}\right)$ 计算。

各测点在第十五栏中的值,应等于该点修正后的计划正矢(第三栏+第七栏+第十三栏),否则说明计算有误。

4. 计算拨距的一种简单方法

在前面计算拨量的过程中,每次计算拨量时,都要先计算正矢差,再计算正矢差累计的合计,再计算半拨量,最后才能计算出全拨量,计算有点繁琐,为简化其计算过程也可以用以下公式计算拨量。第 n 点拨道量的计算公式为

$$e_n = 2\sum_{i=0}^{n-1}\sum_{i=0}^{n-1}\mathrm{d}f_i \tag{3-19}$$

式中:$\mathrm{d}f_i = f_i - f'_i$(正矢差=现场正矢−计划正矢)。

由式(3-19),第 n 点的半拨量为

$$\frac{e_n}{2} = \sum_{i=0}^{n-2}\sum_{i=0}^{n-2}\mathrm{d}f_i + \sum_{i=0}^{n-1}\mathrm{d}f_i$$

$$= \frac{e_{n-1}}{2} + \sum_{i=0}^{n-1}\mathrm{d}f_i$$

$$= \frac{e_{n-1}}{2} + \sum_{i=0}^{n-2}\mathrm{d}f_i + \mathrm{d}f_{n-1} \qquad (3\text{-}20)$$

$$= \frac{e_{n-1}}{2} + \left[\sum_{i=0}^{n-3}\sum_{i=0}^{n-3}\mathrm{d}f_i + \sum_{i=0}^{n-2}\mathrm{d}f_i\right] - \sum_{i=0}^{n-3}\sum_{i=0}^{n-3}\mathrm{d}f_i + \mathrm{d}f_{n-1}$$

$$= \frac{(2e_{n-1} - e_{n-2})}{2} + \mathrm{d}f_{n-1}$$

由上式可得到第 n 点的全拨量为

$$e_n = 2(e_{n-1} + \mathrm{d}f_{n-1}) - e_{n-2} \qquad (3\text{-}21)$$

从式(3-21)可看出第 n 点的拨量为第 $n-1$ 点的拨量加上 $n-1$ 点的正矢差和的两倍减去第 $n-2$ 点的半拨量。可根据前面的拨距计算出后面的拨距。第 0 点的拨距为 0,第 1 点的拨距为 0。故有

$$e_1 = 0$$
$$e_2 = \mathrm{d}f_1$$
$$e_3 = 2(e_2 + \mathrm{d}f_2)$$
$$e_4 = 2(e_3 + \mathrm{d}f_3) - e_3$$
$$\cdots$$
$$e_n = 2(e_{n-1} + \mathrm{d}f_{n-1}) - e_{n-1}$$

这样,可直接算出第 n 个测点的拨距,而不用像以前那样繁琐。

五、曲线拨道作业

曲线拨道作业的程序、作业人员的安排以及拨道作业的组织、协调程度,与曲线方向的巩固、线形的稳定均有密切的关系。因此,要对拨道作业前后的各个环节做好周密的计划安排。

(一)作业工具(见表3-19)

作业工具   表3-19

序号	名 称	数量	序号	名 称	数量
1	液压轨缝调整器	1台	6	小钢尺	1把
2	起道器、液压起拨道器	根据需要	7	立式螺丝扳手	1把
3	道钉锤、木桩	根据需要	8	撬棍	根据需要
4	耙镐	根据需要	9	轨温表、记录本、防护用品	各1个
5	弦线(20m)	1根			

(二)作业安全

(1)拨道量在40mm及40mm以下时用作业牌防护。

(2)拨道量在40mm以上时用停车信号防护。

(3)拨道时严禁骑着撬棍向后仰着拨道,禁止用肩扛着撬棍拨道,前进、后退移动时,持撬棍人要用两手立握撬棍,紧贴身体一侧,严禁扛着走,以防碰人。

(4)操作者必须经培训考试合格并持有操作证的养路工担任。

(5)拨道时要注意有关的建筑物及信号设备,不得侵入建筑限界。

(6)复线地段注意线间距不得超限。电气化区段一次拨道量不得超过30mm。

(7)无缝线路地段拨道前应先计算实际锁定轨温,按实际锁定轨温作业条件掌握作业。

(8)用起拨道器拨道时,不得放在焊缝处及绝缘处。

(9)无缝线路地段曲线拨道要尽量使上挑下压量相等,避免破坏原锁定轨温。

(三)拨道前的准备工作

计算出曲线的拨量后,为避免作为拨道计算依据的现场正矢发生变化,应立即进行拨道前的准备工作,并尽快着手进行拨道作业。

1. 设置曲线拨道标桩

以曲线上股为基准股,拨道开始前,先在曲线外侧路肩上设置曲线拨道标桩或其他临时性标记,作为拨道时确定拨量的基准。曲线拨道标桩一般用钢钎打在曲线外侧,其位置应在与外轨作用边上测点的垂直距离为$(A+e)$mm处,A为1m或1.5m或其他容易记、容易测的整数,e为该测点的拨量,e的符号取决于拨道方向,上挑时为正,下压时为负。拨道时,只需把各测点的钢轨拨到桩距等于A即可。

曲线拨道标桩也可用临时标记,这种标记可根据具体情况选用。如为复线区间,可选用邻线的一股钢轨作为拨道的基准,与测点对齐,每10m作一标记,根据拨道前量测的垂直距离,确定测点应拔至的位置。如为单线区间,则可选用一块具有明显棱角的石砟,置于测点附近的道床面上。由于拨道时,作为临时标记的石砟不会移动,故可以利用拨道前后轨底和石砟棱角间的距离,定出各测点应有的拨量。

2. 调整轨缝

在普通线路上,由于在曲线上拨道时,向上挑会使轨线伸长,向下压会使轨线缩短。曲线的伸长或缩短,一般是通过轨缝的变化来实现。因此,在拨道前应先调查曲线的轨缝状态,以免因曲线拨量太大,使轨缝挤瞎或拉得过大。一般可用式(3-22)近似地计算出曲线拨后伸长或缩短的数值,以便估算拨道后轨缝的大小是否符合正常轨缝的要求。如有影响,应在拨道前先进行轨缝的调整,以免造成胀轨或拉弯接头螺栓。

$$\Delta l = \frac{e_{平均} \cdot l}{R} \tag{3-22}$$

式中:Δl——拨道后曲线的伸长或缩短量;

$e_{平均}$——平均拨量,等于各测点拨量代数和除以测点数;

l——曲线的拨道长度。

根据所计算的曲线伸缩量,拨道前应在适当处所松开接头螺栓。曲线伸长时,松开轨缝过小的接头螺栓;曲线缩短时,松开轨缝过大的接头螺栓。

3. 曲线拨正

对曲线两端直线方向不良,曲线有反弯和鹅头应事先拨正,对拨量较大,曲线不圆顺,应先进行局部调整。

4. 测量正矢值

现场测量正矢值是在外股钢轨上用钢尺丈量，每10m设置一个测点，用20m弦拉紧贴于钢轨头部顶面下内侧16mm范围内，在10m处测量曲线上股正矢，弦线位于尺上，眼、弦线、尺三者必须在同一直线上，弦线稳定后，准确地量取正矢值，测量三次取平均值，并做好记录。

5. 计算拨道量

根据现场正矢，计算出曲线各点拨道量。

6. 钉设临时标桩

在无固定标桩时，在较正曲线前，需设置临时拨道桩，标桩长度宜为400~500mm，采用木桩或短钢筋头，也可用测钎。在双线区段两线并行范围内，也可选择邻线两股钢轨以控制拨道量。临时标桩可设在距钢轨外侧800mm左右。曲线拨道时，按桩拨道。

7. 扒枕端道砟

当拨道量大时，为提高效率和拨道质量，应扒开拨动方向枕木头外侧的道砟和防爬支撑侧面的道砟，必要时尚需撤下防爬支撑和松动防爬器，目的在于减小道床阻力，以利于拨道。

8. 排除道口障碍

遇有道口影响拨道时应根据拨量及方向暂时拆除拨道一侧铺面，并刨松石砟。

9. 拨道前准备工作

拨道前应先打紧浮起道钉或拧紧扣件螺栓。

（四）拨道作业

现场拨道应由专人统一指挥，作业人员应按指挥者的信号协调动作。拨道所用的机具一般为液压拨道器。作业时，宜上下股钢轨各配一台拨道器协同作业。为预留拨道时轨道的回弹量，上挑时应多拨2~3mm；下压时应多拨4~5mm。

对有接头支嘴的轨道，可采用间接影响拨道法。即当需要上挑接头时，可分别上挑两侧小腰；当需要下压两侧小腰时，可下压接头。如此作业，既能拨好曲线，又整治了接头支嘴。

对于拨量较大的曲线，为避免影响行车，可采用分次拨道法，利用行车间隔，每次只拨出拨量的一部分，经多次拨动直至满足要求为止。

在有轨道电路的地段进行拨道作业时，撬棍及拨道器必须有良好的绝缘装置，并且不许在绝缘接头下面插入撬棍或拨道器。在无缝线路地段，钢轨焊缝下不得插入撬棍或拨道器。

（五）拨道作业后的整理工作

拨道作业之后，应随时回填、夯实扒出的砟石，填平撬窝、拧紧接头螺栓，打紧防爬设备。捣固时，要加强外股，或在外股枕木头下打通镐。曲线上的道床应使其砟石饱满、夯拍密实。道床肩宽不足时，应补充道砟并夯拍成型。

(1) 整平夯实拨道后的道床。

(2) 由于拨道引起的轨缝、高低、水平，道床的变化都必须整修达到验收标准。

(3) 将曲线上有关符号填写清晰。

(4)测量拨后正矢:用20m弦,在10m处逐个测量曲线正矢值,填入记录簿。
(5)按作业技术标准要求进行回检。

为保持曲线圆顺、巩固曲线方向、便于对曲线经常进行检查和养护,应设置永久性的曲线拨道标桩。永久性的曲线拨道标桩一般用混凝土制成柱形,每20m设置一个,与测点对齐,并埋设于距曲线钢轨轨头外侧1000mm处的路基面内,桩顶高度与轨顶齐平,桩顶金属帽上的"十"字形刻痕是检查测量曲线位置的基准。最后,应将各曲线拨道标桩至测点间的距离编列在曲线技术履历书中。

六、曲线养护维修

对曲线进行综合养护,是预防曲线病害的有效措施。曲线病害一旦发生,应在加强综合养护的基础上,积极予以整治,防止病害进一步发展。

(一)曲线的主要病害

方向不良和钢轨严重磨耗是曲线的两种主要病害。

1. 方向不良的原因及整治

造成曲线方向不良的直接原因是车轮对曲线轨道的横向水平力,而横向的大小又取决于曲线的平面状态。曲线方向不良的主要病害是"鹅头"和"支嘴"。

(1)曲线"鹅头"的防治。曲线方向不良多发生在曲线头、尾处,曲线头层向上股凸出,称之为"鹅头"。产生"鹅头"的原因之一是养护方法不当。例如:用目视指挥拨道,习惯于上挑,从而破坏了曲线头后的正确位置。使用拉绳简易计算拨道,由曲线中间向两端拨,也有可能产生"鹅头"。设置缓和曲线长度、超高及轨距加宽递减不合理,道床不足不实时,也易生产"鹅头"。另外,列车由直线进入曲线或由曲线驶向直线时,列车对线路的冲击也是产生"鹅头"的一个原因。在小半径曲线上,这种病害尤其突出。

防治曲线"鹅头"有以下几种措施:

①在测量正矢前,应拨直切线方向,压除"鹅头"。在实量正矢时,可向直线方向多量几点,直到正矢为零为止。

②在对曲线进行计算时,应适当考虑超高顺坡率,尽量使超高递减、轨距加宽和正矢递减"三合一"。

③在曲线定期拨道时,一定要用绳正法计算拨道量,在曲线全长范围内拨道。为避免作业差向曲线一端积累,可分别自曲线两端向中间拨道。

④在临时补修拨正曲线时,不可从中间向两端拨道,防止将作业误差赶到曲线两端。

⑤在小半径曲线头、尾,应保持足够的道床厚度,并加强道床夯实。

(2)钢轨"支嘴"的防治。曲线上钢轨接头"支嘴"是由于钢轨弹性和硬弯所引起的,这种病害多发生在小半径曲线上,特别是相对式接头的曲线上。道床厚度不足、道床不坚实、轨枕失效、螺栓松动、夹板弯曲或强度不足、轨缝不良等,更会加剧接头"支嘴"的发展。

防治接头"支嘴"有以下几种措施:

①加强钢轨接头处的轨道结构,控制轨道横向移动,补充和夯实道床。必要时,可在接头五孔枕盒内按联排锁定方式加装防爬支撑或在钢轨接头处换铺分开式扣件。

②根据曲线横向移动的规律和"支嘴"大小,局部加宽和塔高曲线外股砟肩,作业时可采用分层夯实道床的做法,以增加道床阻力。

③调换"支嘴"接头夹板,矫直硬弯钢轨。

④拨道作业中,对"支嘴"接头只准压,不准挑。如必须上挑,要用拨动小腰带动接头的办法拨道。

曲线方向不良,除上述两种主要病害外,路基病害、轨距或水平超限,轨底坡不良、外轨超高、顺坡过陡等原因都可能诱发方向不良。因此,必须采用综合整治的办法。实践证明,彻底地、高标准地综合维修,是整治方向不良的最有效办法,而综合整治病害是巩固曲线质量,保持曲线圆顺的上策。

2. 曲线钢轨磨耗

在曲线上,尤其在小半径曲线上,更换钢轨的主要原因是钢轨头部磨耗超限。根据调查,我国在小半径曲线上更换下来的钢轨,有90%是由于磨耗超限。努力消除或减少钢轨不正常磨耗,对于延长钢轨的使用寿命,有极其重要的意义。

曲线钢轨磨耗分垂直磨耗和侧面磨耗两种形式。

(1)钢轨的垂直磨耗。钢轨的垂直磨耗,是由于轮对通过小半径曲线时,因曲线轨道的外轨线比内轨线长,轮对在曲线上滚动时,内外轮滚动距离与内外轨线长度不相等,要依赖轮对在钢轨上的滑动加以调整。试验观察表明,新的、完好的车轮在曲线上滚动,对于货车,曲线半径为840m时,内外轮的滚动距离恰好与内外轨线长度相适应;对于客车,则在曲线半径为920m时,才适合。半径小于上述半径值时,轮对必在钢轨上滑动,这是曲线钢轨垂直磨耗的主要原因。

曲线轨道下股钢轨轨头压溃,是曲线钢轨磨耗的另一种表现。其主要原因是:已经磨耗的车轮踏面边缘产生半径很小的反向凸缘,从而使轮轨接触点上的压应力过大。

(2)钢轨侧面磨耗。曲线外股钢轨的侧面磨耗比里股钢轨或直线上的钢轨严重得多,曲线半径越小,外轨侧面磨耗越剧烈。引起钢轨侧面磨耗的原因,主要是导向轮轮缘紧压外轨头侧面,轮轨间产生更大的承接力,摩擦力所做的功产生钢轨侧面磨耗;另外,轮缘在外轨侧面滑动,也是外轨侧面磨耗的一个原因。

(3)曲线轨道的技术状态与钢轨磨耗的关系,有以下几个方面:

①超高设置不当,会引起钢轨偏载和轮轨的不正常接触,加剧了钢轨的磨耗。超高过大,下股钢轨偏载,垂直磨耗加大,同时,由于后轴的外轮轮缘离外轨的距离增大,轮缘在外轨侧面滑动更严重;超高过小,外轮轮缘对外轨头的挤压力增大,加剧了侧磨。

②曲线方向不良,轨距超限,使通过列车摇晃,增大了横向冲击力,使磨耗加剧。

③曲线钢轨的轨底坡设置不当,使车轮踏面与钢轨的接触面面积减小,增大了接触应力,加剧了钢轨磨耗。

④线路不平顺,有暗坑、三角坑等,使行车不稳、车体摇摆,加速钢轨的磨耗。

(4)减缓曲线钢轨磨耗的措施,有以下几点:

①提高钢轨的冶炼轧制水平,在曲线轨道上,特别是小半径曲线轨道上,铺设耐磨合金轨,有较好的抗磨效果。在相同运营条件下,耐磨合金轨的侧磨仅为普通轨的1/4,其寿命是普通轨的3倍左右。因此,能大量节省钢轨,经济效益显著。

②使用安设在轨道上的钢轨涂油器或设置在机车上的车轮轮缘涂油器。实践证明,用润滑油降低轮轨侧面的摩擦系数,这对减少钢轨的侧面磨耗是行之有效的措施。

③提高曲线轨道的维修质量,能有效地减轻钢轨的磨耗。使曲线的平面线形保持良好的技术状态,按实测速度正确设置超高,调整轨底坡使钢轨中心受压,提高捣固质量使轨道基础弹性均匀,线路平顺,轨距、水平不超限等,都有利于减少列车摇晃,减轻冲击力。

④采用具有磨耗型踏面的车轮,减小轨头曲率,能降低轮轨间的接触应力,有利于防止轨头压溃。

⑤使用磨轨车对轨头进行打磨整形,能显著延缓磨耗。

⑥将直线上的钢轨倒换至曲线,可延长钢轨的使用寿命。新轨在直线上经过一年左右的碾轧,钢轨表面发生冷锻硬化现象,钢轨表面光滑、强度提高、耐磨性增强,是一种简单实用的办法。

⑦正确设置超高,每年应定期测速,并根据外轨侧磨和内轨压溃情况,及时调整外轨超高。

⑧定期观测钢轨磨耗情况,总结钢轨磨耗与曲线养护状态的关系,找出钢轨磨耗的原因,及时加以解决。

3. 曲线维修作业

列车在曲线上运行时,由于轨道迫使车体转向,使机车车辆对轨道的冲击力、挤压力和轮轨间的摩擦力比直线上的大得多。在列车动力作用下,曲线轨道的方向变形速度也远大于直线轨道的方向变形速度。而不良的曲线方向又会加剧列车的摇摆,增大列车对轨道的破坏力,形成恶性循环。所以,曲线轨道的养护维修,是工务维修工作中的一个重点。

在曲线上的养护维修工作中,要贯彻以预防为主、防治相结合的方针,全面安排综合维修,经常保养和临时补修,做到"无病防病,有病根治"。

(1)曲线的综合维修是按周期有计划地对线路进行综合性修理。其目的在于预防各种病害的发生。通过综合维修使曲线轨道恢复完好的技术状态,这是曲线养护的根本手段,是巩固和提高曲线质量的重要环节。

按照作业项目的内容和性质,曲线的综合维修可按准备作业、基本作业和整理作业三个阶段进行。

①准备作业:

a. 正确测量现场正矢,计算拨量;

b. 矫直钢轨硬弯,整治钢轨病害;

c. 整修、更换补充连接零件,并有计划地涂油;

d. 调整轨缝、整修、更换和补充防爬设备;

e. 实测列车通过速度,检测外轨超高,如不符合规定要求时,应有计划地进行调整;

f. 调查曲线的维修工作量,编制维修计划。

②基本作业。以起道、捣固和拨道为主,同时进行改正轨距,清筛不洁道床,更换、方正和修理轨枕等项作业。

a. 起道和捣固。曲线起道一般先起下股,然后用水平道尺按起高大小起好上股。为防止起道时改变线路方向,起下股时,起道机置于钢轨内侧;起上股时,起道机应置于钢轨外侧。

起道捣固作业,应根据起道高度与拨量的大小安排作业程序。起道量大时,应先起道捣固,后拨正方向。拨道量较大时,应先拨道再捣固,这样才利于巩固成果、稳定线形。在曲线上,尤其要加强接头和薄弱地段的捣固。

b. 拨道。先把各测点的拨量写在测点处的枕木头上,根据拨量的大小和方向,先扒开枕端道砟,拆下防爬支撑,松开防爬器。上挑时宜松开小轨缝的接头螺栓,以便在拨道中兼顾调整轨缝。

拨道应与改道和直轨结合起来,对于拨道解决不了的局部方向不良,可利用改道或直轨解决。为避免拨道作业时的误差积累,可从曲线两端向中间拨。起道、捣固、拨道之后,应立即回填并夯实道砟,以巩固起拨成果。

③整理作业。除准备作业和基本作业已经完成的项目外,其余项目都应在整理作业中完成。诸如,整修路肩、疏通侧沟、清除道床杂草、补充和修理标志、收集旧料等,以达到线路外观状态良好,标志整齐鲜明,路容美观。

(2)曲线的临时补修。临时补修主要是及时整修超过容许误差限度的轨道几何尺寸及其他不良处所,治小病、防大病,巩固和提高线路质量。

临时补修的主要内容包括轨距、水平和方向超限的整治,重伤轨件的更换、垫入和撤出冻害垫板等。

4. 曲线综合养护作业

曲线综合养护作业的重点是:保持曲线圆顺,合理设置超高,提高轨道框架阻力,减轻钢轨磨耗,延长设备使用寿命。在养护作业中,必须抓住重点进行综合整治。

(1)建立定期拨道制度,加强对曲线正矢的检查和拨正。除春融季节、结冻前以及结合综合维修(或经常保养)全面计算拨正曲线外,对每季检查发现的正矢不良曲线也要进行拨正。要建立曲线正矢检查记录卡,以研究曲线正矢变化的情况,找出变化的规律和原因,对症下药,及时整治。

(2)对轨距经常发生变化的曲线,可加设轨距杆或轨撑。曲线改道时,最好同时测量正矢,发现个别桩点正矢不良,可利用改道机会进行调整。

(3)提高起道质量,加强捣固工作。缓和曲线范围内,要在各桩点及各桩之间标注设计超高值(在上股钢轨内侧轨腰上)。起道时,无论起道机放在何处,水平尺均应放在超高标记点处。直线和圆曲线起道时,起道机和水平尺可放在同一位置。

(4)曲线的防爬锁定与保持轨向良好有密切的关系。在曲线及相邻直线上,要特别注意补充和整修防爬设备。对已爬行的地段应及时拉轨整正,并采取综合措施加以锁定。

(5)为增加道床横向阻力,稳定曲线线形,可采取加宽(适当堆高)外股砟肩的办法。在加宽时要经济合理地使用道砟,即根据曲线半径大小、道床稳定程度和曲线圆度变化情况决定道砟使用量。

(6)要根据每年实测的加权平均车速和钢轨磨耗情况,合理设置曲线超高。

为减小列车从直线进入缓和曲线或从缓和曲线进入圆曲线引起的剧烈冲击,可以将直缓点和缓圆点的超高值零点不做零,顶点不做顶,采用补坑削顶的做法,做成竖曲线。其圆曲线形的竖曲线长度为20m,并以直缓(缓直)点或缓圆(圆缓)点为竖曲线顶点,竖曲线的纵距如表3-20所示。在实际作业时,也可在曲线外方的一段直线上,保持外轨水平高出内轨3~4mm。

竖曲线纵距　　　　　　　　　　　　　　　　　表 3-20

超高顺坡率(‰)	竖曲线切线长(m)	竖曲线顶点纵距(mm)	竖曲线顶点 5m 处纵距(mm)
1.0～1.3	10	3	1
1.4～1.7	10	4	1
1.8～2.1	10	5	1

（7）曲线上钢轨和连接零件发生磨耗或有磨耗迹象时，要有计划地进行更换和修理，或与直线上的轨件倒换使用，这是延长钢轨使用寿命的一个有效办法。曲线与直线钢轨倒换使用时，须注意钢轨作用面不要调边使用。倒换使用直曲线钢轨时。要防止发生接头错牙，在保证直角错差不超限的情况下，尽量按原来排列顺序连接。

（8）及时清筛道床，做好排水工作。经常保持路基干燥，这对巩固曲线轨向、稳定线形有重要作用。

 复习思考题

1. 轨道线路单项作业有哪些？
2. 简述起道捣固作业的基本步骤。
3. 怎样检查曲线方向的好坏？
4. 曲线方向整正的原则有哪些？
5. 怎样计算圆曲线上各测点的正矢？
6. 点号差法的要点是什么？
7. 简述直线拨道的基本步骤。
8. 某曲线 $\alpha = 78°19'27''$，$R = 400\mathrm{m}$，$L_{S1} = 60\mathrm{m}$，$L_{S2} = 80\mathrm{m}$，$QZ = 30.25$，试确定该曲线主点位置。
9. 某曲线 $ZH = 1.00$，$HY = 5.00$，$f_y = 85\mathrm{mm}$，试计算缓和曲线上各测点 f_i。
10. 某曲线 $\alpha = 37°48'53''$，$R = 500\mathrm{m}$，$L_S = 50\mathrm{m}$，求 $\sum_{i=0}^{n} f_i$。

项目四　无缝线路养护与维修

工程案例

北京地铁 5 号线正线全长 27171km,自宋家庄至北四环路段为地下线路,总长度为 16191km,占全线 61%,设车站 16 座。全部采用短枕式钢筋混凝土整体道床,一次铺设无缝线路。在长约 17km 的地铁长大隧道内铺轨及浇筑混凝土,存在着设计限界及荷载对施工空间和材料运送等不利因素;另外,本工程在该市内建设,途经繁华闹市区和人口稠密地带,施工中机械排放的废气、噪声、振动及车流受到环境保护、交通状况及沿线社区生产、生活的制约。

任务描述

该工程正式投入运营后,某一年的夏季,连续 5 天高温天气(35℃以上),作为地铁运营公司维保中心的技术人员,某天你接到上级命令,要求你带领技术员去线路上解决以下问题:

1. 为确保此范围内车辆运行顺畅高效,请你安排人员进入现场测定实际锁定轨温。
2. 线路局部钢轨发生了病害?请问如何进行整治?
3. 由于持续高温,发生了胀轨跑道,请你尽快带人去现场处理。

任务一　无缝线路故障分析及处理

无缝线路是把钢轨焊接起来的线路,又称焊接长钢轨线路。钢轨的长度可以达数公里或数十公里,但为铺设、维修、焊接、运输的方便,我国的无缝线路钢轨长度多为 1~2km。因线路上减少了大量钢轨接头和轨缝,故称之为无缝线路,如图 4-1 所示。

图 4-1　无缝线路图

无缝线路是一种新型的轨道结构形式,消灭了大量钢轨接头。其具有行车平稳,旅客舒适,减少接头维修,延长线路设备和车轮的使用寿命等优点。其平面结构简图,如图4-2。

图4-2 无缝线路平面结构简图

一、无缝线路轨道结构要求

无缝线路要求路基稳定,无翻浆冒泥、冻害及下沉挤出等路基病害;道床采用一级碎石道砟,要求清洁、密实、均匀,碎石材质、粒径级配应符合技术标准要求。跨区间无缝线路道岔范围内道床肩宽450mm;混凝土枕、混凝土宽枕或有砟桥面混凝土枕,特殊情况下可使用木枕;混凝土枕、混凝土宽枕应使用弹条扣件,木枕应使用分开式扣件;普通无缝线路应采用50kg/m及50kg/m以上钢轨,全区间及跨区间无缝线路应采用60kg/m及60kg/m以上钢轨。

二、胀轨跑道的原因

(1)实际锁定轨温下降或伸缩区延长而增大温度压力。

铺设无缝线路时,由于某种原因未按设计锁定轨温铺设,造成低温锁定;另外,在合龙口时,因计划不周,钢轨长出一定值,采用撞轨办法合龙口,这样钢轨在未锁定前就承受了预压应力,相当于降低了锁定轨温。如果锁定轨温偏低,钢轨在高温时承受的温度压力就会增大,容易引起胀轨、跑道。

在冬季,无缝线路固定区的钢轨折断断缝处温度力降为零,断缝两端钢轨收缩,形成断口。若断轨于低温时焊接修复,高温时就会在断缝附近出现很大的温度压力,使线路丧失稳定,发生胀轨、跑道。

无缝线路由于爬行不均匀,某段钢轨产生相对压缩变形而增加附加压力,即相当于降低了锁定轨温,高温时该段钢轨内的温度压力就会增大,容易引起胀轨、跑道。

无缝线路胀轨跑道现象,如图4-3所示。

a)

b)

图4-3 无缝线路胀轨跑道图

(2)道床横向阻力降低。

无缝线路维修作业时,违章进行作业(如扒道床过长,起道过高,连续松开扣件过多等)会造成降低道床横向阻力过大,加大胀轨、跑道的危险性。无线线路设备状态不良,如道床断面尺寸不足,轨枕盒内石砟不饱满、不密实、不清洁,尤其是轨枕端头外露,都将严重削弱道床横向阻力,增加了胀轨跑道的危险性。

(3)轨道原始弯曲变形增大,轨道框架刚度降低。

无缝线路的长钢轨在运输和铺设过程中,因作业不当而引起原始弯曲变形增大,原始弯曲矢度越大,线路稳定性越低。现场的实际情况和理论计算均证明,线路发生胀轨、跑道大多出现在轨道原始弯曲处。这一点应特别注意,应及时整治钢轨硬弯,经常保持线路大平及方向良好。

轨道框架刚度是保持轨道稳定的重要因素。轨道框架刚度是两根钢轨的刚度和钢轨与扣件连接刚度的总和。其中,节点刚度与轨枕类型及钢轨扣件的牢固程度有密切关系。扣件的扣着力越强,框架刚度就越大。因此,要求经常拧紧扣件螺栓,打紧道钉以增大轨道框架刚度,提高线路的稳定性。

(4)轨道原始不平顺及轨向弯曲。

(5)线路不均匀爬行产生附加力。

(6)违章作业,不遵守轨温作业条件。

三、防止胀轨跑道的日常养护措施

(1)严格按章作业。合理安排养护维修工作,在作业中要严格遵守维修规则中的各项规定,决不能超温作业,充分做好作业前的准备工作和作业后的观察工作。

(2)加强线路的防爬锁定,防止产生"应力集中"。全面拧紧扣件,及时补充缺少的扣件和防爬设备,做好道床的夯拍工作,以提高道床的纵向阻力。对易产生应力集中处所,可适当增加防爬设备。

(3)加强设备整修,提高线路阻力。道床必须保持饱满、坚实、清洁、无翻浆冒泥、无坍塌松散等现象。道床断面应符合标准,并加强夯拍,对线路薄弱地段应重点补充道砟。

增加道床横向阻力可采用增加道床肩宽,特种道床断面和轨枕两端部设置挡板等辅助措施。对暗坑、吊板处所应加强捣固,消灭失效枕木群。

(4)正确掌握锁定轨温。对于锁定轨温不明不准者,应有计划地安排在设计锁定轨温范围进行应力放散。凡更换过调节轨地段、不在设计锁定轨温范围进行的铝热焊或锯轨、低温条件下拆开过接头、曲线地段改变过半径等,都应有计划地进行应力放散或调整。

(5)及时整治方向不良。矫直硬弯钢轨,尤其对薄弱地段的原始弯曲,应注意在入夏前加以整治,维修养护中采用少拨道、多改道的办法,及时消灭方向不良处所,注意捣固,加强夯拍。

(6)加强检查和观测。高温季节应增加检查班次。严格执行"一准、二清、三测、四不超、五不走"。

一准:要准确掌握实际锁定轨温。

二清:综合维修、成段保养作业半日一清,零星保养、临时补修一撬一清。

三测:作业前、作业中、作业后测量轨温。

四不超:作业不超温,扒砟不超长,起道不超高,拨道不超量。

五不走:扒开道床未回填不走,作业后道床未夯拍不走,未组织回检不走,线路质量未达到作业标准不走,发生异常情况未处理好不走。

同时,把观察轨向作为重点,发现轨向不良,用长 10m 弦检查轨向偏差,当平均值达到 10mm 时,必须设置慢行信号,并采取夯拍道床、填满枕盒道砟和堆高砟肩等措施。当两股钢轨的轨向偏差平均值达到 12mm 时,在轨温不变情况下过车后线路弯曲变形突然扩大,必须立即设置停车信号,并及时通知车站,采用钢轨降温等紧急措施,消除故障后再放行列车。另外,还要监测轨缝及爬行情况。

(7)加强技术管理,建立无缝线路技术档案。

四、胀轨跑道的处理

1. 作业安全

(1)发生胀轨跑道后要立即设好防护,拦截列车;同时对胀轨两端线路加强防爬锁定。

(2)及时通知车站、工区,迅速组织人员采取相应处理措施。

(3)处理前,派人看守,处理后,应加强对胀轨跑道范围的监视。

2. 胀轨跑道处理

无缝线路一旦发生胀轨跑道,将严重威胁行车安全,因此,必须根据胀轨跑道情况,采取紧急措施处理。

(1)浇水降温。发生胀轨跑道后,可采取浇水或喷洒液态二氧化碳等办法降低钢轨温度。浇水长度为胀轨跑道范围以外 50~100m,由两端向中间方向浇水。轨温降低后方可拨道。曲线地段拨道只能上挑,不宜下压。拨道后必须夯拍道床,按 5km/h 放行列车,并派人看守,待轨温降至接近锁定轨温时,再恢复线路和正常行车速度。

(2)拨曲线法。采取降温措施后,仍不能恢复线路时,在地形许可情况下,可从跑道故障处两端向中间拨成半径不小于 200m 的反向曲线,曲线间夹直线不得短于 10m。如在双线地段拨道应满足线间距要求。拨道后限速 5km/h 放行列车,并派专人看守。

(3)切割钢轨法。困难条件下处理跑道,可切断钢轨,松开扣件放散应力,然后用夹板和急救器加固,限速 5km/h 放行列车。

五、钢轨病害整治

钢轨病害是无缝线路的主要病害之一,如果不及时进行整治,在列车荷载的反复作用下病害就会进一步发展,给养护工作带来很大困难,从而限制无缝线路优越性的发挥。

1. 矫直钢轨硬弯

当轨温升高时,钢轨硬度对线路的稳定性影响极大,所以,钢轨硬弯是胀轨跑道的最大隐患。对线路上的钢轨硬弯必须有计划地进行矫直。但对有硬弯的伤损焊缝不可进行矫直,应平行进行焊接。

2. 整治低塌焊缝

焊缝处形成低塌,是无缝线路轨面不平顺的主要形式之一。列车经过低塌焊缝时,会加大列车的冲击振动,这不仅给养护工作带来困难,而且容易引起焊缝的折断。

(1)焊缝打磨。对于低塌在 0.3~1.0mm 的焊缝用电砂轮打磨顺坡,打磨越平缓,附加动压力就越小。最不利的临界低塌长度为 30~40cm。

(2)清筛低塌焊缝处的道床,使轨底有足够的清渣,能保证捣固和夯实时质量。

(3)现场焊补,可采用新工艺手工电弧焊对低塌焊缝处焊补。

3.整治钢轨擦伤病害

钢轨擦伤病害一般发生在进站信号机前及其他制动地段。由于无缝线路的擦伤钢轨不能随意更换,经过多年积累,有的轨面伤痕密布,形成轨面不平顺,加剧了列车对钢轨的冲击振动。

因此,应及时焊补擦伤钢轨。焊补之前应先用砂轮机打磨需焊补的轨面,并检查钢轨是否有细微裂纹,然后采用气焊或电弧焊的方法进行焊补。

六、钢轨折断

(一)预防措施

为预防无缝线路钢轨折断,应做好以下各点:

(1)加强焊接工艺的管理,提高操作人员的技术水平,未经考试合格的人员不得参加焊接工作。

(2)对有缺陷的焊缝要综合整治。对铝热焊缝要加强检查监视,发现有伤,在未切掉重焊之前,应用臌包夹板加强。

(3)对焊缝及附近的线路质量要加强,并严格执行有关焊缝处的作业规定。

(4)在做好钢轨探伤工作的同时,还要按规定对焊缝进行全断面探伤。

(二)长轨折断后的处理

1.作业安全

(1)按故障防护办法规定设置信号防护,封锁线路。

(2)及时通知车站和工区,迅速组织人员进行处理,不盲目放行列车。

2.断轨的紧急处理

(1)当钢轨断缝小于50mm时:在断缝处上好夹板或臌包夹板,用急救器固定,在断缝前后各50m拧紧扣件,并派人看守,限速5km/h放行列车。

(2)当钢轨断缝不大于30mm时:放行列车速度为15~25km/h。有条件时应在原位焊接修复,否则应在轨端钻孔,上好夹板或臌包夹板,拧紧接头螺栓,然后可适当提高行车速度。

3.长钢轨折断后的临时处理和永久处理

(1)临时处理:

①临时处理时,在断缝两侧约3.8m处轨头非工作边上做出标记,并准确丈量两标记间的距离和轨头非工作边一侧的断缝值,做好记录。

②沿断缝两侧对称切除钢轨伤损部分,锯口距断缝不得小于1m,两锯口间插入6m的同型钢轨,轨端钻孔,上接头夹板,用10.9级螺栓拧紧。

③在短轨前后各50m范围内拧紧扣件后,可提高放行列车速度。

(2)永久处理。当焊接钢轨的条件具备时,应利用夜间非运营时间进行永久性处理,即焊接处理,在原设计锁定轨温±5℃,插入短轨重新焊接修复。

①拆除插入的短轨,适当松开扣件和防爬器,按需要放散应力,使前后钢轨恢复应有位置。

锯掉带有螺栓孔部分的钢轨,插入不短于 6m 的焊接短轨,其长度应满足:

a. 采用小型气压焊或移动式接触焊时,插入短轨长度应等于切除钢轨长度加上 2 倍顶锻量。要注意焊接短轨的材质与长钢轨相同。

b. 采用铝热焊时,插入短轨长度等于切除钢轨长度减去 2 倍预留焊缝值。

焊后长轨条恢复原有状态,保持原锁定轨温不变。

②在轨温比较低的情况下,用拉伸器拉伸,使前后钢轨恢复应有位置,焊接短轨进行永久处理。

③有条件时,可将垂直断缝直接采取宽焊缝铝热焊原位焊复。

④线路上焊接时,气温应不低于 0℃。焊缝不得凹下。用 1m 直尺测量,焊缝中间拱度不得大于 0.5mm,工作边矢度不得大于 0.5mm。放行列车不限速时,焊缝处轨温应低于 300℃。

4. 无缝线路常备材料和备用工具(见表 4-1)

无缝线路常用材料及备用工具表　　　　　表 4-1

项目	名　　称	常 备 数 量
常备材料	钢轨	每个缓冲区 1 根(有缩短轨时另备 1 根)
	接头夹板	每工区 4 块,钢轨不良时应适当增加
	急救器	每公里 2 副
	膠包夹板	每公里 1 对
	螺栓及垫圈	每工区 12 套,钢轨不良时应适当增加
	4.5m 带孔短轨	每工区 1 根,钢轨不良时应适当增加
	6m 及 6m 以上无孔短轨	每工区 1 根,钢轨不良时应适当增加
	轨枕	每公里 2 根
	扣件及胶垫	每公里 5 套(钢轨例外为 1 套)
	防爬器	每公里 5 套(采用弹条扣件不备)
常备工具	锯轨工具	每工区 2 套
	锯条	每工区 12 根
	钻孔工具	每工区 2 套
	钻头	每公里 8 个
	钢轨温度计	每公里 3 个
	1.5m 螺栓扳手	每公里 2 把
	焊接设备	适当配备
	乙炔切割工具	适当配备
	锯轨机和钻孔机	适当配备

任务二　应力放散与调整作业

一、技术要求

(1)以观测桩为基准检查无缝线路爬行量。为便于日常观测长轨条纵向位移情况,掌握长轨条的受力状态,必须设置无缝线路位移观测桩。在长轨条铺设就位后,应立即进行标记,否则就会失去原始数据,不能全面的掌握长轨条位移的真实情况,故规定观测桩必须预先埋设牢固,在长轨条两端就位后应立即进行标记。在机械化作业地段可使用矮型观测桩,埋设在路肩上,用钢轨位移观测仪进行测量,可避免观测桩对机械化作业的影响。

对地上线,每年夏季(5月~8月)及冬季(12月~次年2月)每月观测两次,其他月份每月观测1次;对地下线,每年不少于2次。观测后应填写无缝线路长钢轨位移观测记录表(见表4-2)。

无缝线路长钢轨位移观测记录表　　　　　表4-2

_____线_____行(环)_____km+_____~_____km+_____锁定温度_____℃

检查日期	检查日期	气温(℃)	轨温(℃)	左股(mm)									右股(mm)									原因分析
				始端轨缝	各观测点位移量							终端轨缝	始端轨缝	各观测点位移量							终端轨缝	
					1	2	3	4	5	6	7			1	2	3	4	5	6	7		

注:①在单线上各测点顺计算公里方向编号,在双线上各测点顺列车运行方向编号。
　　②顺编号方向位移为"+"号,逆编号方向位移为"-"号。

(2)检查钢轨伸缩调节器的钢轨和基本轨是否密贴,尖轨或基本轨顶面有无压溃飞边。

(3)检查轨条有无不正常的伸缩,固定区或无缝道岔是否出现严重的不均匀位移。

(4)无缝线路的锁定轨温必须正确、均匀,当无缝线路的实际锁定轨温与设计锁定轨温不符或原锁定轨温不明时,应进行应力放散或调整。

在无缝线路长轨条始端至终端全部落槽的条件下,将两端钢轨接头连接零件和所有扣件全部紧固的过程称为锁定。无缝线路长轨条在锁定的过程中所测得的轨温,称为锁定轨温。

由于长轨条全部锁定的操作,有一个时间过程,所以,在铺设无缝线路时,把扣件开始紧固至紧固结束,分3次测量轨温,取平均值作为锁定轨温。

二、需进行应力放散或调整的情况

(1)实际锁定轨温不在设计锁定轨温范围内,左右两股长轨条相邻单元轨节的实际锁定轨温相差超过5℃。

(2)锁定轨温不清楚或不确定(位移观测桩或观测标尺丢失,观测数据不连续等原因)。

(3)铺设或维修的作业方法不当,使长轨条产生不正常的过量伸缩。

(4)固定区和无缝道岔出现严重的不均匀位移。

(5)无缝线路的两相邻单元轨条的锁定轨温差超过5℃,同一区间内单元轨条的最低、最高锁定轨温相差超过10℃。

(6)夏季线路方向严重不良,碎弯多。

(7)通过测试,发现钢轨温度应力分布严重不均。

(8)处理线路故障或施工需要,改变了原来的锁定轨温。

(9)低温铺设长轨条时,拉伸不到位或拉伸不均匀。

三、无缝线路应力放散工具(见表4-3)

作 业 工 具   表4-3

序号	名称	数量	备注	序号	名称	数量	备注
1	钢卷尺(30m)	1把		5	防护信号	1套	
2	钢卷尺(2m)	1把		6	锯轨设备	1套	
3	石笔	按需要		7	铝热焊设备	1套	
4	轨缝尺	1把					

四、无缝线路应力放散

无缝线路的锁定轨温应为长轨条处于无温度应力状态的轨温,通常将长轨条两端正常就位的轨温平均值作为锁定轨温。无缝线路的锁定轨温必须准确、均匀,当无缝线路的实际锁定轨温与设计锁定轨温不符或原锁定轨温不明时,应进行应力放散或调整。

(一)应力放散方法

无缝线路应力放散可采用滚筒配合撞轨法或滚筒结合拉伸配合撞轨法。

轨下支垫滚筒为减小阻力,分段撞轨是为促使释放钢轨温度力,拉伸是为补偿温差。在轨温低于锁定轨温的情况下放散时,为把轨温提高到设计锁定轨温的水平,就要使用拉伸器拉伸长轨条。放散时究竟采用哪种放散方法,视具体情况而定。关于总放散量要达到计算数值,沿钢轨全长放散量要均匀,确定锁定轨温要准确的要求,目的在于确保放散之后锁定的轨温准确可靠。

1. 滚筒配合撞轨放散法

滚筒配合撞轨法是在设计锁定轨温范围内封锁线路,拆除扣件,每隔10~15m撤除轨枕上的橡胶垫板,同时垫入滚筒,配合适当撞轨,使长轨条正常伸缩,达到自由状态,然后撤出滚筒,装好橡胶垫板、扣件,锁定线路。

2. 滚筒与拉伸器相结合放散法

滚筒结合拉伸器配合撞轨法是轨温低于锁定轨温时,用滚筒放散方法放散,使长轨条达到自由状态,然后使用钢轨拉伸器拉伸长轨条,拉伸到位后锁定线路。

全区间或跨区间无缝线路的应力放散,应按惯例单元进行,按计划开口,然后用上述方法放散应力。临时恢复线路时,可插入不短于 6m 的钢轨,用冻结接头过渡,在适当轨温条件下,按设计锁定轨温恢复原结构。

(二)应力放散

1. 线路检查

调查丈量长钢轨全长;调查原锁定轨温及变化情况;调查缓冲区短轨配置及短轨长度、轨缝、接头相错量等;调查绝缘接头、铝热焊缝、道口、桥梁、曲线等应力放散的影响。

2. 施工前准备

(1)根据调查资料绘制平面示意图,进行放散前的策划,制订放散方案,明确向一端放散,还是向两端放散,确定设计轨温或模拟锁定轨温。

(2)计算放散量:

①放散量(Δl)。

按长轨自由伸缩公式计算:

$$\Delta l = \alpha L (T_0' - T_0) \tag{4-1}$$

式中:L——需放散的长轨长度(mm);

α——11.8×10^{-6}(℃);

T_0'——应力放散后的锁定轨温,应在设计锁定轨温范围内(℃);

T_0——原锁定轨温(℃)。

②锯轨量。

放散时长轨发生伸缩,达到计算的放散量后,必须将与长轨连接的缓冲轨锯短或换长。在"放伸"时缓冲轨应锯短(或换为标准缩短轨),其锯轨量为:

$$\Delta l = \sum a - \sum b \pm c \tag{4-2}$$

式中:Δl——放散量(mm);

$\sum a$——放散后缓冲区上预留轨缝之和(mm);

$\sum b$——放散前缓冲区上预留轨缝之和(mm);

c——整治线路爬行时的钢轨爬行量。

当放散方向与爬行方向一致时为"+",反之为"-"(mm)。

"放缩"后需更换的缓冲轨,其长度可按式(4-2)计算。

③计算总放散量。

$$总放散量 = 0.0118 \times 放散长度(m) \times (计划轨温 - 原锁定轨温) \tag{4-3}$$

④计算观察点放散量。

$$观察点放散量 = (总放散量/观察点数) \times 观察点号数 \tag{4-4}$$

⑤根据放散量对缓冲区进行配轨。

⑥现场按每 100m 长度选定测点,按放散方向顺序进行测点编号,每个测点做好放散位移观测线。

⑦根据缓冲区配轨计划锯轨、钻孔,运至工地并安放对位。确定拉轨器位置,做好醒目标记。

⑧拆除道口,方正铝热焊接头和清理其他影响放散的障碍物。

3. 应力放散作业

设立放散临时观测桩或其他标记:由锁定端至放散端,每100m建立一个观测桩,并按顺序编号。各点放散量应均匀一致,观测点处的放散量为:

$$\text{某观测点处的放散量} = (\text{总放散量}/\text{观察点总数}) \times \text{该观察点点号} \quad (4-5)$$

(1)预备作业。预备作业包括:固定段拧紧螺栓,散布滚筒,一隔一松拆扣件,拆除防爬设备及其他障碍物。运卸拉轨器,轨卡,松拆剩余扣件,安装滚筒。龙门口作业人员拆卸接头螺栓,更换调整轨,拧紧螺栓,安装拉伸器。

(2)拉伸作业。一切准备工作就绪后,由施工负责人向工地统一布置拉伸开始;各撞轨器必须密切配合拉伸器,进行撞轨;松拆扣件人员可转入第二股钢轨松拆扣件;各测点观测人员必须通过报话机向施工负责人汇报测点位移情况;各测点计划位移量到位后,由施工负责人统一发布第一股拉伸结束。

(3)恢复作业。全体作业人员必须立即一隔一扣件安装,拧紧第一股钢轨的扣件;第一股钢轨一隔一扣件拧紧后,拆除拉伸器;按同样方法,拉伸另一股钢轨;所有作业人员,全面恢复线路,并达到规定要求;做好锁定轨温标记及爬行观测栓标记。经检查,确认线路无超限方可离开工地。

五、应力调整

1. 应力调整方法

无缝线路的应力调整一般采用碾压法,即在调整地段适当松动扣件和防爬器,利用列车慢行碾压,将应力调整均匀。这种方法简单易行,适用于一部分轨条应力大,一部分轨条应力小的局部调整,通过调整使应力正负相消达到平衡。

另外,可以采用滚筒调整法,在调整地段松开扣件和防爬器,长轨条垫入滚筒,用撞轨器振动钢轨使应力调整均匀。在进行应力调整前,应将长轨条两端伸缩区牢固锁定,使之形成如同预施应力之锚固端,在应力调整中不改变伸缩区的应力分布状况。

无缝线路应力放散与调整的主要区别是:应力放散钢轨长度发生变化,而应力调整钢轨长度不发生变化,如图4-4所示。

a)
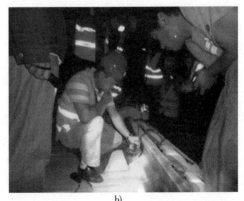
b)

图4-4 应力放散调整现场图

2. 应力调整

实际上，应力调整是局部的应力放散，当长轨节两端未发生爬行，而中间出现应力不均时，可以将两端固定，将应力不均部位的扣件松拆，采用滚筒法和撞轨法相结合，使钢轨得到振动后，钢轨内应力在有限范围内进行有限制的调整。

在无缝线路固定区，由于作业不当、线路爬行不均或其他原因，会使局部地段钢轨承受较大的拉力或压力。对于这些地段，可采取应力调整的方法，使钢轨受力均匀一致，以避免局部地段应力过大，造成胀轨、跑道或断轨事故。调整无缝线路固定区应力的作业称为应力调整。

无缝线路固定区钢轨内应力集中的现象，可以从位移观测桩观测到的钢轨位移情况分析得知。如固定区某一观测桩附近钢轨有位移变化，而其他观测桩没有变化，说明有位移变化的钢轨附近有应力集中；又如固定区所有观测桩处钢轨位移都有变化，说明线路有爬行，若其中某个观测桩处的钢轨位移量较大或较小，说明该观测桩处附近钢轨有应力集中。

应力调整是在长钢轨全长无变化，不改变原锁定轨温的前提下进行。应力调整方法较为简单，一般是在无缝线路长钢轨两端伸缩区扣件、防爬器都保持不动，然后按列车运行方向，把固定区部分或全部的防爬器松开。混凝土轨枕线路，要适当松开一部分扣件，随着列车的辗压振动和轨温变化，使固定区钢轨可以适当伸缩，以均匀调整钢轨承受的应力。为加速应力调整过程，也可以辅以撞轨与拉轨。调整完毕后，拧紧扣件，打紧防爬器，恢复线路。

六、无缝线路单项作业

单项作业是无缝线路维修的重要组成部分，作业方法是否正确，将直接影响线路的强度和稳定。因此，必须严格掌握作业轨温，采取扒、起、捣、填、夯紧密衔接的流水作业方法，最大限度地保持线路的稳定。

1. 起道作业

起道时钢轨和轨枕被抬起，不仅道床阻力减小，而且还会因长轨条局部长度的改变而承受附加力，起道越高影响范围越长。所以，无缝线路严禁一次起道量过高，超过30mm的起道量应分次进行。

同时，起道机应垂直放置以免引起线路方向的变化。在曲线地段起道，起道机应放在上股钢轨外侧或下股钢轨内侧，复线地段要迎着列车运行方向作业，以减少线路的爬行。

在任何情况下，起道机都不可放在铝热焊缝处（距铝热焊缝不少于1孔）。

2. 拨道作业

拨道时，轨枕位置横移，并会抬高线路，会严重降低道床横向阻力。因此，拨道作业宜在轨温接近锁定轨温时进行。

拨道前，要拧紧扣件螺栓，补足石砟。维修综合作业时，应先回填道床再进行拨道。拨道器或撬棍不得放在焊缝处，拨道后应及时整理和拍道床（尤其砟肩更要夯实），临时补修作业拨道后，也要坚持夯实轨枕断头的道床，以提高道床的横向阻力。曲线拨道时，尽量使上挑下压两相等，以免改变锁定轨温。拨道量较大时，如有改变锁定轨温的可能，应进行应力放散或调整。

3. 整理道床作业

直线上道床肩宽不得少于300mm，曲线地段按规定加宽。连续作业未回填的道床长度，不应大于允许扒开道床的长度,作业后应及时回填夯实,清筛道床应逐孔倒筛,筛一根捣好一根或轨枕盒和枕底分开清筛(分层回填夯实),尤其对轨枕头的道床,更应夯拍密实。

4. 打紧防爬器

防爬器是锁定无缝线路的重要设备,固定区防爬器要做到见松就打紧。防爬器成段失效时,应在实际锁定轨温±5℃进行全面整修(混凝土轨枕可放宽到±10℃)。

5. 拧紧接头螺栓

随着列车的冲击和振动,已经拧紧的接头螺栓会渐渐松动。尤其是在大轨缝、低接头处,拧紧衰减得更为严重。因此,要经常保持接头螺栓的拧紧状态。利用轨温调整个别轨缝时,要先松开扣件螺栓,轨缝恢复正常后,再全面拧紧。更换绝缘接头的绝缘材料时,应及时会同电务部门,在轨温适当时进行更换。

6. 扣件作业

扣件作业的基本要求是,经常保持扣件处紧、密、靠、正、润的状态。为此,弹条扣件的扭矩必须达到 80~150N·m。而拧紧扣件并非一劳永逸。据观测,按 100N·m 拧紧扣的扣件,当通过 13Mt 总重后,扭矩将损失 10%;在进行垫板作业的第二天,扭矩减少 50%。可见,复紧扣件是十分重要的。一般在垫板作业后的次日要复拧一次,在进行维修作业的前后,都要全面拧紧扣件。

局部扣件松弛将使钢轨沿着轨枕产生局部位移,以致局部锁定轨温发生变化。因此,在扣件涂油时,除按规定轨温作业外,应按隔二松一的方式作业,当日作业完毕后,复紧一遍,1~4日后再复紧一遍。

在扣件作业中,应结合作业整正轨距,整正和更换胶垫。整正扣件时,必须清除承轨台及各部件的污物,方正或串正轨枕,调换合适的轨距挡板,必要时垫入铁垫片,对硬弯钢轨要矫直。在有防爬设备的地段,扣紧防爬器时,要注意"热打防胀,冷打防缩"的原则,使防爬设备适应气候特征,充分发挥作用。

7. 更换轨枕

抽出轨枕相当于降低了这部分轨道的框架刚度和道床阻力。因此,不得当日连续更换两根以上的轨枕,轨温过高时,不能连续更换轨枕。新轨枕串入后要加强捣固,及时安设防爬设备。

七、无缝线路特殊地段养护

(一)缓冲区养护

无缝线路的缓冲区,一方面存在着普通线路的特点,另一方面还受到无缝线路钢轨伸缩的影响。因此,缓冲区是无缝线路的薄弱环节之一。

温度应力式无缝线路,每当温度变化时,伸缩区两端发生位移,缓冲区的钢轨也随之移动。夏天,接头易出现瞎缝,挤压绝缘接头;冬季,易出现大轨缝,接头螺栓可能被拉弯,并有被剪断的危险。由于缓冲区钢轨接头养护不当和出现大轨缝,其钢轨和轨枕的使用寿命大大缩短,而养护维修的工作量却大大增加。为确保行车安全和延长设备使用寿命,必须加强无缝线路缓冲区的养护工作。

1. 定期拧紧接头盒轨枕扣件螺栓

为加强线路防爬锁定,控制无缝线路钢轨的不正常伸缩,除每年春秋季两次全面拧紧外,凡进行松动接头盒轨枕扣件的作业,不仅作业时要拧紧螺栓,并须在作业后复拧紧工作。

春秋两季全面检查缓冲区轨缝,春季防止轨缝总值小于规定值,秋季防止轨缝总值大于规定值,其轨缝总值的规定数值要按轨温计算求得,必要时须调整轨缝。

2. 采用胶接绝缘接头

胶接绝缘接头具有足够的机械强度和可靠的绝缘性能,可以增强线路的稳定性和整体性降低维修成本,延长使用寿命。

3. 综合整治钢轨接头病害

(1)打磨或焊补钢轨马鞍形磨耗和淬火层金属剥落擦伤等。

(2)用上弯或桥式夹板整治低接头。

(3)轨下铺设高弹性垫层。接头处轨下采用加厚胶垫可有效地降低振动能量向下传递,这对增强钢轨接头处轨道结构的承载力、改善其工作条件十分有利。

(4)加强接头捣固,保持道床清洁、丰满并加以夯实,要防止道床板结和坍塌。

(5)及时更换接头失效轨枕,接头的木枕应成对更换。

(6)调整轨缝,锁定线路,整平钢轨上下错牙。左右错牙超过 1mm 时,应及时整治或打磨。

(二)桥梁地段养护

桥上地段无缝线路养护维修,应注意做好以下工作:

(1)按照设计文件规定,保持扣件布置方式和拧紧程度。

(2)单根抽换桥枕应在实际锁定轨温 −20℃ ~ +10℃ 进行,起道量不应超过 60mm。

(3)上盖板油漆、更换铆钉或成段更换、方正桥枕等需要起道作业时,应在实际锁定轨温 +5℃ ~ −15℃ 进行。

(4)对桥上钢轨焊缝应加强检查,发现伤损应及时处理。

(5)对桥上伸缩调节器的伸缩量应定期检查,发现异常应及时分析原因并整治。伸缩调节器的尖轨与基本轨出现肥边时,应及时打磨。

(6)桥上无缝线路应定期测量轨条的位移量,并做好记录。固定区位移量超过 10mm 时,应分析原因,并及时整治。

(三)跨区间及全区间无缝线路的养护

跨区间和全区间无缝线路,其基本原理与普通无缝线路是一致的。因此,普通无缝线路一切养护维修办法都适用于跨区间和全区间无缝线路。但因其轨条特长,也就有一些需特别注意的问题。

1. 跨区间和全区间无缝线路的维修管理以一次铺设锁定的轨条长度为管理单元

在地面上的无缝线路,单元轨条长度大于 1200m 时,设置 7 对位移观测桩(单元轨条起讫点、距单元轨条起讫点 100m 及 400m 和单元轨条中点各设置 1 对);单元轨条长度不大于

1200m 时,设置 6 对位移观测桩(单元轨条起讫点、距单元轨条起讫点 100m 及 400m 处各设置 1 对)。同时应积极采用钢轨测标测量无缝线路锁定轨温技术,以便于位移观测桩校核。钢轨测标每 50m 或 100m 设一处。

在地面上铺设无缝道岔设 3 对观测桩,在间隔铁或限位器处设 1 对,在岔头、岔尾处各设 1 对。

2.跨区间和全区间无缝线路因其超长而不易改变其锁定状况

锁定轨温不准、轴向分布不均时,只能进行局部调整,几乎无法进行整体放散。因此,锁定轨温准确,对跨区间和伞区间无缝线路格外重要。为此,必须做好以下工作:

(1)跟踪监控。大修换轨时,工务段要派分管无缝线路的技术人员,对施工中锁定轨温的设置的全过程实行跟踪监控。施工单位确定的锁定轨温的一句是否可靠,新轨的入槽轨温和落槽轨温的测定是否准确适时,低温拉伸时其拉伸温差和拉伸量的核定是否无误,拉伸是否均匀等,都要认真监视、检查和记录。

(2)严格验收。工程验交时,有关记录锁定轨温的资料必须齐全,同时要一一查对核实,如有疑问必须核查清楚。

(3)最终复核。工程验交之后,公务段要对验交区段的测标进行一次取标测量,去掉可疑点,算出各分段的锁定轨温值。而后将跟踪监控、交验、取标测算 3 方面的资料进行一次最终核查,将查定的锁定轨温作为日后管理的依据。

(4)日常监测。在日常管理中,要对爬行观测和测标的设标点进行定期观测,并互相核对。如发现两观测桩之间有位移,则进一步对两观测桩之间的设标点进行取标测量,详查发生位移的实际段落所在。核定后进行局部应力调整,使之均匀。

3.跨区间和全区间无缝线路断轨修复

为不影响锁定轨温,超长无缝线路钢轨折断时,最好原位焊接修复。

国内有关科研部门专门研制了用于原位焊接的拉伸器。这种拉伸器适用于铝热焊,经在铁路上试用的效果良好。如配合使用宽焊筋、定时预热、自动浇注技术,焊接质量将会提高。采用小气压焊法修复时,应考虑整修端面的清除长度和焊接时的顶锻量对锁定轨温的影响,并根据影响程度确定局部应力的调整范围,适时进行应力调整并修订锁定轨温。

4.跨区间和全区间无缝线路和无缝道岔上的绝缘接头必须采用胶接绝缘接头

必须注意并加强胶接绝缘接头的养护,做好轨端飞边打磨和捣固工作。当胶接绝缘接头拉开时,应立即拧紧两端各 50m 线路的扣件,并加强观测。当绝缘失效时,应立即更换,进行永久处理。暂时不能进行永久处理的,可将失效部分清除,更换为普通绝缘或插入等长的普通绝缘接头钢轨或胶接绝缘钢轨,用夹板连接进行临时处理,并尽快用较长的胶接绝缘钢轨进行永久处理。同时,应严格掌握轨温、胶接绝缘钢轨长度,确定修复后无缝线路锁定轨温不变。

复习思考题

1.无缝线路养护应遵守的原则是什么?
2.当前怎样测定实际锁定轨温?

3. 哪些情况下,无缝线路需要进行应力放散(或应力调整)?
4. 应力放散或调整有哪些基本方法?
5. 无缝线路单项作业有什么特殊规定?
6. 无缝线路钢轨有哪些病害?应如何整治?
7. 无缝线路发生胀轨跑道后,应如何处理?
8. 无缝线路缓冲区的养护维修,有哪些加强措施?

项目五 道岔养护与维修

工程案例

天津地铁3号线始于花园站,止于小淀站,全线共设车站23座。并设有小淀停车场和华苑车辆段。正线双线全长29.045km,其中地下线(含敞开段)为21.57km、高架线为双线6.87km、地面线为双线0.605km。双线线间距一般为3.6m,正线最小曲线半径为300m,最大线路坡度为30‰。小淀停车场铺轨全长3.117km,华苑车辆段铺轨全长14.28km。全线共铺设道岔共84组。该线路正线、联络线、华苑车辆段、小淀停车场线及其附属设备的均铺设有普通单开道岔、交叉渡线等,是检查、维修、保养、抢修的重点。

任务描述

该线路华苑车辆段道岔比较多,正式运营后需要进行维护,作为线路专业技术人员,请你带领工务人员现场解决下面几个问题:

1. 上午10点,工务人员到华苑车辆段后,请你指挥他们对10组普通单开道岔进行检查?发现病害应及时进行处理?
2. 下午1点后,对3组交叉渡线进行现场量测,并及时进行各种单项作业。

任务一 普通单开道岔检查

道岔是线路上比较复杂的设备,其质量好坏将直接影响行车安全与否。因此,道岔维修的首要任务是预防发生病害,经常保持其状态良好;各部尺寸应符合要求;零件齐全,发挥应有的作用;延长道岔使用寿命;保证道岔畅通无阻。

一、道岔分类及用途

1. 道岔的用途

把两条或两条以上的轨道,在平面上进行相互连接或交叉的设备,统称为道岔。道岔可以使列车由一条轨道转入或越过另一条轨道,以满足铁路轨道运输中的各种作业的需要,如图5-1。

图5-1 道岔

2.道岔的分类

道岔的类型很多,可以按平面形状、轨型分类、转向角的大小及轨下基础分类。

(1)根据用途和平面形状,道岔有如下类型。

①普通单开道岔,包括左开与右开及单开对称道岔,如图 5-2、图 5-3。

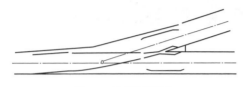

图 5-2　普通单开道岔

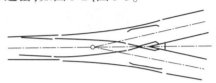

图 5-3　单开对称道岔

②三开道岔,如图 5-4。

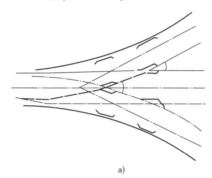

a)

b)

图 5-4　三开道岔

③交分道岔,如图 5-5。

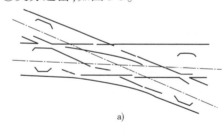

a)

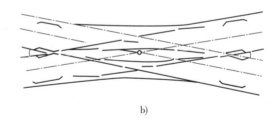

b)

图 5-5　复式交分道岔

④交叉道岔,如图 5-6。

a)直角交叉

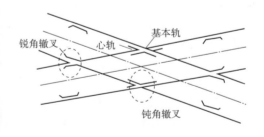

b)菱形交叉

图 5-6　交叉道岔

⑤交叉与道岔组合,如图5-7,经常在车站采用。

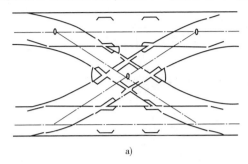

图5-7 交叉渡线

（2）按道岔的轨型分类

用60kg/m钢轨制作而成的道岔称为P60道岔；同样，用50kg/m制作的道岔称为P50道岔。道岔与线路衔接时必须保证道岔的轨型与线路的轨型相同。

（3）按轨下基础分类

和线路的轨下基础一样，道岔的轨下基础也分为碎石道床道岔和整体道床道岔两大类。

道岔在进行分类时，通常可以把该道岔的各种特点综合起来。如P60-9碎石道床单开道岔，其含义如图5-8。

图5-8 P60-9碎石道床单开道岔的含义

目前，运营正线上的主要道岔有：

P60-9　碎石道床　单开道岔；　　　（地面线路）
P60-9　碎石道床　交叉渡线；　　　（地面线路）
P60-9　整体道床　单开道岔；　　　（地下线路及高架线路）
P60-9　整体道床　复式交分道岔；　（地下线路及高架线路）
P60-9　整体道床　交叉渡线；　　　（地下线路及高架线路）
P60-9　整体道床　菱形交叉道岔。　（地下线路及高架线路）

后方基地的站场线路的道岔有如下类型：

P50-6　碎石道床　单开道岔；
P50-7　碎石道床　单开道岔；
P50-7　碎石道床　交叉渡线；
P50-7　碎石道床　复式交分道岔；
P50-9　碎石道床　单开道岔。

尽管道岔类型比较多，但许多组合型道岔通常是由单开道岔组成的，所以，我们首先从研究单开道岔入手。主股是直线，侧股向左或向右分支的道岔称为单开道岔。站在道岔尖轨前端，面向道岔，侧股向左分支的道岔为左开道岔，反之为右开道岔。

二、单开道岔组成

一组单开道岔，主要由转辙器、连接部分、辙叉及护轨及岔枕等组成，如图5-9所示。

1. 转辙器

转辙器是道岔的转换装置，用来实现转换道岔（定位或反位）、锁闭道岔及反映道岔尖轨所处的位置,使列车沿直向或侧向运行。

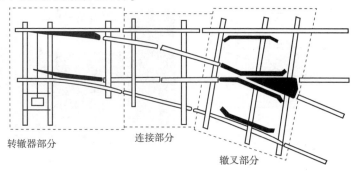

图 5-9　单开道岔组成示意图

转辙器主要有两根基本轨和两根尖轨,连接零件(有拉杆、连接杆、顶铁、滑床板、轨撑),跟端结构及辙前垫板、辙后垫板等。此外,转辙器中还包括有转辙机械等设备。如图 5-10 所示。

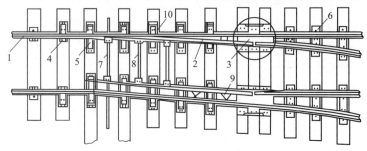

图 5-10　转辙器构造

1-基本轨;2-尖轨;3-跟端结构;4-辙前垫板;5-滑床板;6-辙后垫板;7-拉杆;8-连接杆;9-顶铁;10-轨撑

2．连接部分

连接转辙器与辙叉之间的线路称为连接部分。它与二者相连,构成一组道岔。连接部分的曲股称为导曲线。包括四股钢轨,即两股直线钢轨和两股曲线钢轨重叠组成。在其他道岔中,转辙器与转辙器之间或辙叉与辙叉之间的线路也称为连接部分。

3．辙叉及护轨

辙叉是道岔中两股线路相交处的设备。其作用是使列车能够按确定的行驶方向跨越线路,正常地通过道岔。辙叉由心轨、翼轨、护轨和连接零件所组成,如图 5-11 所示。

(1)辙叉号数。也称道岔号数,我国地铁规定以辙叉角的余切值表示辙叉号数。辙叉角越大,道岔型号越小。当然,辙叉角越大,反映线路的转向弯度大,列车侧向通过道岔的速度就越低。

由于城市轨道交通在市区站间距离小,运行时间短,提速的可能性不大,所以城市轨道交通的正线道岔基本以 9 号岔为主,车场线以 7 号为主,也有的在正线使用 12 号道岔,车场线使用 6 号道岔,主要根据设计单位按照具体情况而定。

有的郊区铁路,提速的幅度也不可能太大,12 号道岔已足够满足需要。

(2)辙叉类型:

①按平面形式可分为直线辙叉和曲线辙叉。直线辙叉两股轨线均为直线,应用广泛,如

图 5-12 所示。曲线辙叉为一股或两股轨线为曲线的辙叉,可使导曲线半径加大或缩短道岔全长,但加工复杂,目前使用不多。

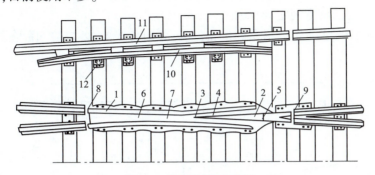

图 5-11 辙叉及护轨构造图

1-翼轨;2-心轨;3-理论尖端;4-实际尖端;5-辙叉角;6-咽喉;7-有害空间;8-辙叉趾端;9-辙叉跟端;10-护轨;11-主轨;12-护轨垫板

$$N = \cot\alpha = \frac{AC}{BC} \tag{5-1}$$

式中:N——辙叉号数(道岔号数);

α——辙叉角;

BC——叉心工作边任一点 B 至另一工作边的垂直距离;

AC——由叉心理论尖端至垂足 C 的距离。

②曲线辙叉,如图 5-13 所示。

$$N = \cot\alpha = \frac{BD}{BC} \tag{5-2}$$

式中:D——曲边跟端 C 点的切线与直边工作边的交点;

BC——跟端 C 至直边工作边的垂直距离;

BD——由垂足 B 点至交点 D 的距离。

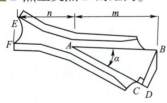 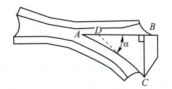

图 5-12 直线辙叉　　图 5-13 曲线辙叉

③按辙叉构造又可分为固定型和可动型两类。可动型分可动翼轨型和可动心轨型两种,可动心轨型消灭了有害空间,可提高直向过岔速度 27%～45%,寿命长,但构造复杂。目前,地铁线路一般仅在复式交分道岔中的钝角辙叉中使用可动心轨型,其余均为固定型。

(3)护轨。护轨与辙叉的配合有两个方面:一方面是控制车轮的运行方向,使之正常通过"有害空间"而不错入轮缘槽;另一方面是保护辙叉尖端不被轮缘冲击撞伤,护轨平面形状,如图 5-14 所示。

护轨的平面形状,在中间的一段应为与主轨平行的直线,其长度为由咽喉至叉心顶宽为 50mm 处的距离,两端再附加 100～300mm,该直线内护轨与主轨轮缘槽宽度为 42mm。然后两端各向轨道内侧弯折一定长度,称为过渡段或缓冲段,其弯折角应近似等于尖轨的冲击角,使车轮进入护轨时起缓冲引导作用。护轨末端的外侧面,将轨头在150mm长度内斜切去一部分,形成喇叭口,该处的槽宽规定为90mm。

我国标准的6、7、9、12号单开道岔的护轨,全长分别为2.3~2.7m、3.1m、3.6~3.9m、4.5~4.6m。

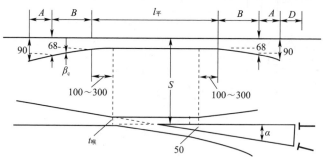

图5-14 护轨平面示意图(尺寸单位:mm)

4. 岔枕

单开道岔使用的岔枕有木岔枕和混凝土岔枕两种。地面碎石道床线路的道岔,岔枕以木枕为主,长度共分12级,每级长度差为20cm,高度16cm,底宽24cm。

地下或高架整体道床线路的道岔,岔枕采用混凝土岔枕,长度共26级,级差长度为10cm。

5. 现场鉴别道岔号数的简便方法

(1) 在心轨上找出顶面宽为100mm及200mm两处位置,并分别划上两条线,然后再量测处两条线间的垂直距离(mm),这个距离是100mm的几倍,该道岔就是几号道岔。

(2) 先在辙叉心轨顶面上找出成人一只脚长的宽度处,再由该处向前量至辙叉心轨理论尖端处,实测几脚就是几号道岔。

三、道岔编号

一个道岔群,为区分道岔之间的位置关系,按一定的规律,对道岔进行编号,这里所表达的道岔号数与道岔的型号无关。

位置编号的方法,每个城市各有不同,有的将一个车站上行线的道岔依次编号为2、4、6、8、10…,下行线依次编号为1、3、5、7、9…。也可以将车站一端的道岔编号为2、4、6、8、10…,车站另一端的道岔编号为1、3、5、7、9…。

位置编号仅仅是一个序号而已,不管怎样编号都无妨,但一条运营线的编号方法应该一致。一般情况下,道岔的位置编号由设计单位在建造设计时综合考虑确定,如图5-15。

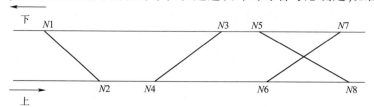

图5-15 现场道岔位置编号示意图

四、单开道岔的几何形位

(一)单开道岔的主要尺寸

普通单开道岔各部分名称,如图5-16所示。直线线路中心线与侧线线路中心线的交点,称为道岔中心。从道岔中心至基本轨前端轨缝中心的距离,称为道岔的前长。从道岔中心至辙叉尾端轨缝中心的距离,称为道岔后长。从基本轨前端轨缝中心至辙叉尾端轨缝中心的距离,称为道岔全长。道岔全长包括道岔前长和道岔后长。单开道岔主要尺寸见表5-1。

普通单开道岔各部分主要尺寸(单位:mm)　　　　表5-1

道岔号数	钢轨类型	辙叉角度	导曲线半径 R	道岔全长 L_q	道岔前长 a	道岔后长 b	基本轨前端至尖轨尖端 q	辙叉前长 n	辙叉后长 m	尖轨长 l_q	附注
9	50	6°20′25″	200717	27773	12043	15730	2700	1538	2771	10600	城轨229
9	60	6°20′25″	180717	27040	10793	16067	2650	2985	3112	10586	专线9950
9	60	6°20′25″	200717	27773	12043	15730	2700	1538	2775	10600	地岔211
7	50	8°07′48″	150717	22967	10897	12070	2242	1065	1974	5000	专线

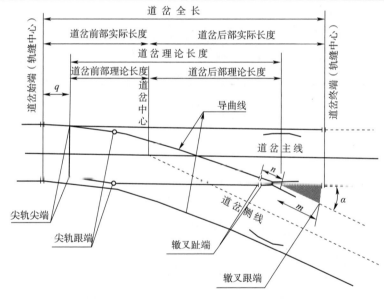

图5-16　普通单开道岔各部分名称

(二)道岔各部尺寸检查工具(见表5-2、图5-17)

作业工具　　　　表5-2

序号	名称	数量	序号	名称	数量
1	万能道尺(轨距、水平检查)	1把	4	钢板尺、木折尺(各部槽宽)	各1把
2	支距尺(支距检查)	1把	5	钢卷尺(尖轨开口)	1个(2m以下)
3	10m弦线(垫板高低、直线方向)	各1根	6	道岔检查记录本	1个

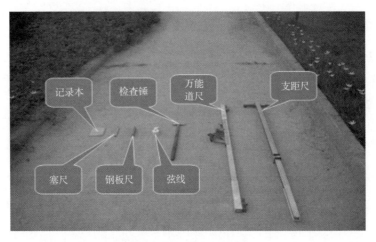

图 5-17 道岔检查部分用具

(三)单开道岔轨距检查

轨距是钢轨踏面下 16mm 范围内两股钢轨工作边之间的最小距离。我国地铁、轻轨线路直线轨距标准规定为 1435mm,称为标准轨距。

1. 道岔各部轨距标准

为缓冲列车通过道岔时对钢轨的挤压和冲撞,在道岔的尖轨尖端、尖轨跟端及导曲线部分轨距要适当加宽。常见道岔尖轨尖端及跟端轨距,见表 5-3、表 5-4。

尖轨尖端轨距　　　　表 5-3

道岔种类	直/曲尖轨长度(mm)	轨距(mm)	附注
P60-9 整体道床	10586/10586	1440	专线 9950
	10592/10600	1440	城轨 229
	10592/10600	1440	地岔 211
P50-7 碎石道床	4990/4990	1450	专线 9931
其他曲线型尖轨	4990/4990	按标准图办理	无标准图时按设计图办理

尖轨跟端轨距　　　　表 5-4

尖轨种类	直向(mm)	侧向(mm)	附注
P60-9 整体道床	1435	1440	专线 9950
	1435	1440	城轨 229
	1435	1440	地岔 211
P50-7 碎石道床	1435	1456	专线 9931
其他曲线型尖轨	1435	按标准图办理	无标准图时按设计图办理

(1)导曲轨中部轨距按标准图设置。

(2)辙叉部分轨距:直向、侧向均为 1435mm。

(3)常用单开道岔各部分轨距见表 5-5。

2. 轨距(水平)检查位置(见图 5-18)

(1)道岔轨距位置说明如下:

常用单开道岔各部分轨距(单位:mm)　　　　　　　　　　　　　表5-5

部位＼道岔号	P50-7 碎石道床（专线9931）	P60-9 整体道床（专线9950）	P60-9 整体道床（城轨229）
尖轨前顺坡终点S接	1435	1435	1435
尖轨尖端S尖	1450	1440	1440
尖轨跟端S跟(直、曲)	1435/1456	1435/1440	1435/1440
导曲线S导直股(前、中、后)	1435	1435	1435
导曲线S导曲股(前、中、后)	1455	1440	1440
辙叉S叉直(前、中、后)	1435	1435	1435
辙叉S叉曲(前、中、后)	1440	1435	1435

①S6、S7 导曲前(直、曲):直基本轨(曲基本轨)接头第四~第五螺栓孔;

②S8、S9 导曲中(直、曲):曲内配轨接头第四~第五螺栓孔;

③S10、S11 导曲后(直、曲):曲护轨基本轨接头第四~第五螺栓孔;

④S12 辙叉前(直):第四~第五螺栓孔;

⑤S13 辙叉中(直):心轨宽30~50mm处;

⑥S14 辙叉后(直):第二~第三螺栓孔;

⑦S15 辙叉后(曲):第二~第三螺栓孔;

⑧S16 辙叉中(曲):心轨宽30~50mm处;

⑨S17 辙叉前(曲):第四~第五螺栓孔。

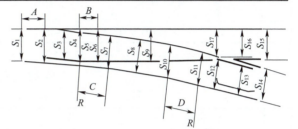

图5-18 道岔轨距水平检查示意图

(2)普通9号、12号道岔轨距检查位置及标准,见表5-6。

普通9号、12号道岔轨距检查位置及标准表　　　　　　　　　　　　表5-6

编号	检查地点	道岔号数 9	道岔号数 12	说　　明
1	尖轨前顺坡终点	1435	1435	第四~第五螺栓孔
2	尖轨尖端	1450	1445	尖轨前50~80mm
3	尖轨中部(直股)	1444	1442	按小于或等于6‰递减,尖轨中刨切点(距尖轨尖端6011mm)
4	尖轨跟端直股	1439	1439	第二~第三螺栓孔
5	尖端跟端曲股	1439	1439	导曲线始点处
6	尖轨跟端后直股	1435	1435	距尖轨跟端1.5m
7	导曲线前部	1450	1445	距导曲线始点3m
8	导曲线中部	1450	1445	
9	直股中部(连接部分)	1435	1435	
10	直股后部(连接部分)	1435	1435	

续上表

编号	检查地点	道岔号数 9	道岔号数 12	说 明
11	导曲线后部	1450	1445	距导曲线终点4m
12	辙叉趾端(曲股前)	1435	1435	
13	辙叉(曲股中)	1435	1435	在辙叉尖顶面宽0~50mm断面处,同时量查照间隔91和护背距离48
14	辙叉跟端(曲股后)	1435	1435	
15	辙叉跟端(直股后)	1435	1435	
16	辙叉(直股中)	1435	1435	在辙叉尖顶面宽0~50mm断面处,同时量查照间隔91和护背距离48
17	辙叉趾端(直股前)	1435	1435	

(3)道岔轨距水平检查记录见表5-7。

道岔检查记录簿 表5-7

线名:　　　　　站名:　　　　　道岔编号:　　　　　型号:

检查日期	检查项目	转辙部分				导曲线部分						辙叉部分									
		前顺坡终点	尖轨尖端处	尖轨中	尖轨跟端	直线			导曲线			叉心前		叉心中		叉心后		查照间隔		护背距离	
					直 曲	前	中	后	前	中	后	直	曲	直	曲	直	曲	直	曲	直	曲
	轨距																				
	水平		×									×	×			×	×	×	×		
	支距																				
	备注																				
	轨距																				
	水平		×									×	×			×	×	×	×		
	支距																				
	备注																				

3. 轨距检查步骤

(1)工具:采用万能道尺。

(2)讲解万能道尺构造、读数方法、使用安全注意事项。

(3)指出测量位置:指出每一尺的放尺位置。

(4)进行读数和记录。

(5)圈画出超限处所(误差超过+3mm、-2mm者)。

(四)水平

1. 水平定义

水平指的是轨道上两股钢轨顶面相对高低。

线路上两股钢轨顶面,在直线段应保持同一水平。实践中,有两种性质不同的钢轨水平误差,对行车的危害程度也不相同。第一种称水平差,就是在一段相当长的距离内,一段钢轨的轨顶面始终较另一股为高;另一种称为三角坑(三角坑的检查长度可延伸至18m),如图5-19所示。即在6.25m范围内的距离,先是左股钢轨高,后是右股钢轨高,以前后两点的水平误差的代数差,超过4mm时为三角坑。这时会出现车轮不能全部正常压紧钢轨的情况,有时甚至可以爬上钢轨,引起脱轨事故。因此,必须立即予以消除。

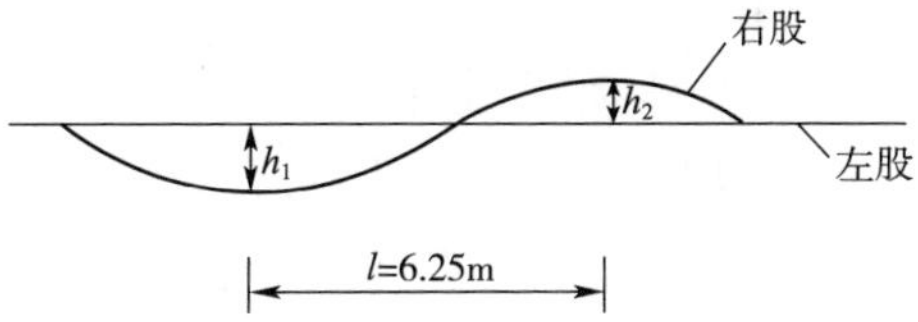

2. 检查步骤

(1)工具:采用万能道尺。

(2)讲解读数方法、校尺方法、使用安全注意事项。

图5-19 线路三角坑示意图

(3)确定基准股:直股以直外股为基准股,曲股以曲上股为基准股(此点与普通线路相反)。

(4)指出测量位置:指出每一尺的方尺位置,强调"尖轨中"、"辙叉中"、"查照间隔"和"护背距离"处不测。

(5)读数和记录:基准股高记" + "号,反之" - "号,强调读数容易出现的问题。

(6)圈画出超限处所(误差超过4mm者)。

(五)高低

1. 定义

一股钢轨顶面纵向的高低差,叫作线路的前后高低。

由于有前后高低而存在不平顺,危害甚大。因为列车通过这些钢轨时,冲击动力增加,使道床变形加快,反过来又扩大不平顺,从而使列车对轨道的破坏力更大,形成恶性循环。这种破坏作用往往同不平顺(坑洼)的深度成正比,而同它的长度成反比,即长度越短,破坏力越大。

2. 检查步骤

(1)工具:采用10m弦线、垫板。

(2)看道(在实际检查时可以与方向同时看,但在点撬时与方向不要搞混):由一人看道,另一人负责点撬,站在道岔直股以外20m,俯身看钢轨直外股非工作边,指挥第三人点撬并标注位置。

(3)用10m弦线测量高低并记录。

(4)圈画超限处所(误差超过4mm者)。

(六)轨向

1. 定义

轨道的方向,在直线是否平直,在曲线上是否圆顺,叫作轨向。

直线轨道实际并不是一条理想的直线,而是由许多波浪形"曲线"组成,不过这些曲线的长度为 10~20m,一般肉眼不易辨认。

如果直线不直,方向不良,势必引起列车的摇晃和蛇行运动。在行驶高速列车的轨道上,线路方向对行车的平稳性尤为重要。相对轨距来说,轨道方向则是主要的,只要方向保持在容许范围内,则轨距变化对车体振动的影响就不至很大。

尤其在无缝线路地段,若轨道方向不良,到了高温季节,在一定条件下,会引起胀轨、跑道,严重威胁行车安全。

2. 轨向检查的步骤

(1) 曲线方向支距检查:

① 工具:采用支距尺;

② 讲解读数方法、使用安全注意事项;

③ 指出测量位置:指出每一尺的方尺位置,特别是第一尺和最后一尺;

④ 读数和记录(注意读数容易出现的问题);

⑤ 圈画出超限处所(误差超过 2mm 者)。

(2) 直线方向:

① 看道:由一人看道,另一人负责点撬,站在道岔直股以外 20m,俯身看钢轨直外股非工作边,指挥第三人点撬并标注位置;

② 用 10m 弦线测量矢度并记录;

③ 圈画超限处所(误差超过 4mm 者)。

以上 3 项尺寸允许偏差管理值见表 5-8($v \leqslant 80$km/h 道岔轨道静态几何尺寸容许偏差管理值)。

道岔轨道静态几何尺寸容许偏差管理值 　　表 5-8

项　　目		作业验收(mm)		经常保养(mm)		临时补修(mm)	
		正线	车厂线	正线	车厂线	正线	车厂线
轨距		+3 -2	+3 -2	+5 -3	+5 -3	+6 -3	+6 -3
水平		4	6	6	8	9	10
高低		4	6	6	8	9	10
方向	直线	4	6	6	8	9	10
	支距	2	2	3	3	4	4

支距偏差为现场支距与计算支距之差。

导曲线下股高于上股的限值:作业验收为 0,经常保养为 2mm,临时补修为 3mm。试车线按正线办理。

(七) 尖轨跟端槽宽及跟距

(1) 尖轨跟端槽宽:最小值为 65mm,容许误差为 -2mm。

(2) 尖轨跟距:最小值为 63mm 轨头宽度。

测量工具主要有钢板尺、木折尺、钢卷尺等,对尖轨跟端槽宽及跟距、尖轨动程、护轨槽宽、翼轨槽宽应进行示范检查并记录超限处所。

(八)尖轨动程

尖轨动程是指在第一连接杆(拉杆)处,尖轨与基本轨间的摆动宽度。

确定尖轨动程的尺寸原则是:使具有最小内侧距和最薄轮缘厚度的轮对,在尖轨尖端处轨距最大时,能自由通过而不推挤尖轨,见图5-20。

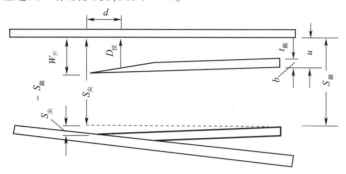

图5-20 尖轨动程示意图

可测量道岔前开口尖轨在第一拉杆处的最小动程:直尖轨为142mm,曲尖轨为152mm,AT型弹性可弯尖轨12号普通道岔为180mm。其他道岔按设计图或标准图办理。特殊道岔不符合上述规定者,暂按标准图或设计图轨距标准保留,但应有计划地改造或更换。

(九)护轨槽宽

护轨平直部分轮缘槽标准宽度为42mm,如侧向轨距为1441mm时,侧向轮缘槽标准宽度为48mm,容许误差为+3mm、-1mm。

(十)翼轨槽宽

辙叉心轮缘槽标准宽度(测量位置按标准图或设计图规定)为46mm,容许误差为+3mm、-1mm。

五、道岔各部零件检查

1.道岔各部零件检查工具(见表5-9)

道岔各部零件检查工具 表5-9

序号	名称及规格	数量及单位	序号	名称及规格	数量及单位
1	轨缝尺、塞尺	各1把	4	捣镐	1把
2	检查锤	1把	5	滑石笔	1根
3	皮尺	1个	6	道岔检查记录本、记录笔	各1个

2.检查尖轨

(1)尖轨密贴:用塞尺检查,大于2mm记录。

(2)尖轨爬行:用弦线检查,也可用方尺检查。

3.尖轨爬行

(1)用方尺、钢板尺、钢卷尺、石笔检查并记录。

(2)用弦线、石笔检查,此种检查是在没有方尺等检查工具情况下的粗略检查。

4. 检查轨缝

(1)轨缝:有轨缝检查尺检查,瞎缝、大于构造轨缝(大于18mm)记录。

(2)错牙:用木折尺检查,检查钢轨非工作边的轨缝轨面或内侧错牙大于2mm的记录。

(3)绝缘接头小于6mm的记录。

5. 检查滑床板

用塞尺或木折尺检查,尖轨与滑床板缝隙大于2mm的记录。

6. 检查各部螺栓

用道钉锤检查(缺少、失效、松动的记录)。

7. 检查铁垫板、胶垫、扣件

缺少、失效、离缝的记录。

8. 检查轨枕失效、歪斜、吊板处所

(1)轨枕失效按《铁路工务维修规则》标准进行。

(2)轨枕歪斜超过20mm记录,测量轨枕边缘处中心距。

(3)吊板检查是用捣镐轻敲轨枕听声音。

9. 检查道岔加强设备

防爬器、轨距杆、轨撑数量缺少或状态不合要求记录,其数量按标准图计。

10. 检查道床

检查道床时,污染、外观不符合要求时应记录,以观看为主,可用皮尺检查断面尺寸,对有怀疑的个别脏污处所可挖开表面观看。

11. 检查标志、标记

检查标志、标记,缺少或状态不符合要求时应记录,其数量按标准图计。

任务二　普通单开道岔养护与维修

道岔的养护与维修要在贯彻预防为主的原则下,根据季节性特点,妥善安排好综合维修、经常保养和临时补修,使三者紧密地结合起来,合理使用劳动力、机具和材料。

一、伤损或病害轨件修理和更换

1. 尖轨、可动心轨修理或更换的情况

(1)尖轨尖端与基本轨或可动心轨与翼轨不靠贴大于2mm。

(2)尖轨、可动心轨侧弯造成轨距不符合规定。

(3)在尖轨、可动心轨顶面宽50mm及50mm以上断面处,尖轨顶面低于基本轨顶面、可动心轨顶面低于翼轨顶面2mm及2mm以上。

(4)尖轨、可动心轨工作面伤损,继续发展轮缘有爬上尖轨的可能。

(5)内锁闭道岔两尖轨相互脱离时,分动外锁闭道岔两尖轨与连接装置、心轨接头铁与拉板相互分离或外锁闭装置失效时。

(6)其他伤损达到轻伤钢轨标准时。

2.基本轨修理或更换的情况

(1)曲股基本轨的弯折点位置不对或弯折尺寸不符合要求,造成轨距不合规定。

(2)基本轨垂直磨耗,60kg/m 钢轨,在正线上超过8mm,车场线超过11mm;50kg/m 钢轨,在正线上超过6mm,车场线超过10mm。

(3)其他伤损达到钢轨轻伤标准时。

3.辙叉及零件修理或更换的情况

(1)辙叉达到重伤时应立即更换。

(2)道岔护轨螺栓、可动心轨咽喉和叉后间隔铁螺栓、长短心轨连接螺栓、钢枕立柱螺栓、可动心轨凸缘与接头铁连接螺栓必须齐全,作用良好,折断时必须立即更换。同一部位同时有两条螺栓或可动心轨凸缘与接头铁螺栓有一条螺栓缺少或折断时,道岔应停止使用。

(3)间隔铁的螺栓,折断或缺少时,必须立即更换或补充。

(4)各种接头螺栓、连杆、顶铁和间隔铁损坏、变形或作用不良。

(5)滑床板损坏、变形或滑床台磨耗大于3mm。

(6)轨撑损坏、变形,轨撑与轨头下颚或轨撑与垫板挡肩离缝大于2mm。

(7)护轨垫板折损。

(8)钢枕和钢枕垫板下胶垫及防切垫片损坏、失效。

(9)弹片、销钉、挡板损坏。弹片与滑床板挡肩离缝、挡板前后离缝大于2mm,销钉帽内侧距滑床板边缘大于5mm。

(10)其他各种零件损坏、变形或作用不良时,应及时更换或修理。

4.道岔各种零件修理或补充的情况

各种零件有下列伤损或病害,应及时进行修理或更换:

(1)各种接头螺栓、连杆、顶铁和间隔铁损坏、变形或作用不良。

(2)滑床板损坏、变形或滑床台磨耗大于3mm。

(3)轨撑损坏、松动,轨撑与轨头下颚或轨撑与垫板挡肩离缝大于2mm。

(4)护轨垫板折损。

(5)弹片、销钉、挡板损坏,弹片与滑床板挡肩离缝、挡板前后离缝大于2mm,销钉帽内侧距滑床板边缘大于5mm。

(6)其他各种零件损坏、变形或作用不良。

二、道岔病害产生的原因

1.道岔水平和前后高低不良的原因分析

影响道岔水平变化的主要因素有以下几点:

(1)由于两个方向的行车密度不同,造成同一根岔枕上的机械磨损不一致。

(2)木岔枕中部低洼,造成导曲线反超高,内直股钢轨水平低,辙叉心沉落。

(3)错开铺设的钢轨接头,易造成水平不良。
(4)钢轨垂直磨耗不均匀,造成水平不良。
(5)作业不当,造成水平不良。

在养护作业中,往往由于起道和捣固方法不当,造成水平超限;另外,在维修道岔时,没能根据道岔两方向的行车密度、道岔的不同部位,采取不同的起道、捣固形式。

2. 道岔方向不良的原因分析

影响道岔方向不良的主要原因有以下几种:

(1)道岔前后衔接不良造成方向不顺。铺设或更换道岔的位置不正,是方向不顺的重要原因。拨道不当,顾此失彼,只从一端看道,不顾两端,只顾主线,不顾侧线等,都会造成道岔与线路、道岔与道岔衔接不好。

(2)道岔前后线路爬行。线路爬行使道岔前后线路改变方向,有时还会将道岔拉长或挤缩,使方向无法保持。

(3)基本轨横移,造成方向不良。由于"三道缝"的存在,不能完全固定基本轨,过车时轨撑不能阻止基本轨横移,造成方向不良。"三道缝"指:基本轨与滑床台边缘有缝隙、基本轨外侧轨颚及轨底上部与轨撑接触部分有缝隙、轨撑尾端与滑床板挡肩有缝隙,如图5-21所示。

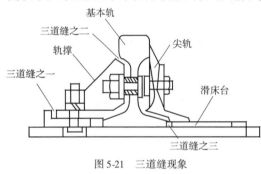

图5-21 三道缝现象

(4)基本轨曲折点不当或曲折量不足,造成方向不良。基本轨曲折不当会形成"三道弯",即基本轨前端接头向外支嘴,尖轨尖端处向里弯,尖轨竖切起点处基本轨向外鼓。

(5)辙叉位置不正,与前后钢轨连接方向不顺。

(6)尖轨本身方向不良,连接杆与顶铁尺寸不符。

(7)其他原因。如轨距递减不当、钢轨硬弯、路基排水不良、翻浆冒泥等,也是造成方向不良的原因。

3. 转辙器部分尖轨跳动与基本轨不密贴、与滑床板不密贴及磨耗轧伤的病害原因分析

(1)尖轨跳动的原因有以下几种:

①尖轨跟端轨缝过大,间隔铁和夹板磨耗,尖轨跟端螺栓松动,均会加大过车时的冲击力。
②尖轨跟端凸台脱落串出或振裂压塌,使尖轨跟端悬空。
③尖轨拱腰,尖轨与滑床板不密贴,车来压下去,车过跳起来。

尖轨拱腰产生的原因,主要是尖轨跟端养护不好,形成低接头后长期不予整治。此外,尖轨竖切部分由于配件影响,枕下也不易捣实。尖轨跟端低接头和尖轨尖端处捣固不实,经列车长期碾压,造成尖轨拱腰。

(2)尖轨与基本轨不密贴的原因有以下几种:

①尖轨变形或基本轨方向不顺直,基本轨或尖轨有肥边,造成尖轨与基本轨不密贴或假密贴。
②道岔拉杆尺寸、转辙电动机动程与尖轨尖端开口不配合。

③尖轨接头铁与道岔连接杆互相扭劲,压歪尖轨,使尖轨头部与基本轨离缝。
④尖轨顶铁过长。
⑤曲股基本轨弯折点位置不对或弯折量不当。
⑥道岔爬行,四股钢轨错位,各设计对应点相错。
⑦两基本轨的距离不标准,基本轨横移方向不直,轨距递减不均匀,尖轨跟端轮缘槽尺寸过大等,都可能造成尖轨竖切部分与基本轨不密贴。

(3)尖轨与滑床板不密贴的原因有以下几种:
①基本轨轨底不落槽,或基本轨轨底压上滑床台(俗称基本轨"上炕")。
②岔枕有吊板或基本轨前后高低不良。
③滑床台磨耗或坍陷。
④尖轨拱腰。
⑤基本轨有小反,使滑床板里高外低,如果更换尖轨部分个别岔枕时,因新岔枕面是水平的,与有小反的基本轨轨底不能紧密接触,造成里侧离缝,从而使尖轨与滑床板不密贴。

(4)尖轨磨耗轧伤。尖轨尖端较为薄弱,容易被轧伤。当轧伤的长度和宽度达到一定程度时,就有车轮爬上尖轨的危险。尖轨被轧伤的原因有以下几种:
①尖轨与基本轨不密贴或假密贴,尖轨仅仅靠在基本轨的肥边上,使尖轨尖端与基本轨存在缝隙,经车轮碾压,尖轨被轧伤。
②尖轨顶面的肥边盖在基本轨上,经车轮碾压冲击后"揭盖"。
③尖轨顶铁过短,在顶铁部分尖轨经车轮挤压后位移,使尖轨尖端离缝,被车轮轧伤。
④基本轨垂直磨耗严重,与尖轨的高度不配合,使尖轨较窄的断面过早受力,被车轮直接轧伤或压出肥边后经车轮碾压"揭盖"轧伤。特别在基本轨垂直磨耗严重,而又换入新尖轨时,情况更为突出。

4.导曲线病害分析
(1)导曲线四股钢轨受力不均,捣固方法不当或质量不均,造成下股过高。
(2)导曲线上股钢轨磨耗加快、出现小反,造成轨距扩大和方向变形等。
(3)导曲线如果各支距点位置不正确,或直外股方向不良,都会影响导曲线的圆度。导曲线中部轨距加宽在"前三、后四"范围内递减不均匀,也会影响导曲线下股的方向。

5.辙叉部分病害分析
(1)辙叉心沉落,破坏道岔的前后高低和水平。
(2)辙叉方向不良。辙叉部分的侧线护轨部分经常产生"臌肚"现象,与侧线线路衔接不顺。产生这种现象是由于辙叉跟端开口过大。其原因:一是制造时超过了容许偏差;二是高锰钢整铸辙叉初期不耐压,轨面压溃后轨面变宽,造成侧股轨距线外移,形成"臌肚"。如遇护轨有肥边,则"臌肚"现象更为严重。
(3)辙叉跟端错牙。辙叉跟端经常发生错牙现象,其原因是:辙叉跟端被压溃变宽,而与其连接的线路钢轨轨端是经过淬火处理的,并不产生肥边,势必在接头处出现错牙。此外,当辙叉跟端间隔铁磨耗严重时,螺栓上紧后也会形成错牙。
(4)护轨与心轨的查照间隔和扩背距离不合。车轮冲击叉心护轨与心轨的查照间隔小于

1391mm时,车轮将撞击叉尖,甚至可能爬上心轨。护背距离大于1348mm时,将加大护轨和辙叉翼的磨耗,严重时可能会拉断螺栓,引起不良后果。但在轨距和查照间隔均不超限时,也可能有碰撞叉尖现象发生。主要原因有以下几种:

①不按标准图或设计图规定的部位检查,或测量不准确,误将超限处所认为合格。

②护轨轮缘槽偏大、翼轨轮缘槽偏小,或辙叉处轨距不当。

③道钉浮离,岔枕腐朽,过车时发生挤动变形,静态检查时,各检查尺寸合格,过车时仍然可能因钢轨辙叉挤动变形而发生撞尖或推挤护轨的现象。

④辙叉下有严重的暗坑或吊板,过车时下沉较大,造成动态时主要检查尺寸超限。

⑤辙叉前后方向不好,加大了列车的摇摆和冲击,也会出现撞尖或挤推护轨的现象。

三、道岔病害整治

(一)道岔水平和前后高低不良养护维修

根据行车密度、道岔结构设计固有缺陷、道岔铺设位置等客观条件,对于道岔水平和前后高低不良病害,在养护维修作业中,应采取不同的起道、捣固形式。起道、捣固作业是整治道岔水平和前后高低不良的主要方法。

1. 作业工具(见表5-10)

作业工具 表5-10

序号	名称及规格	数量及单位
1	起道机	2台
2	撬棍、耙镐、捣镐	各2把
3	活扳子、死扳子	各1把
4	万能道尺	1把
5	弦线(不短于10m)、盒尺(2m)、划笔	各1
6	石砟叉子	2把

2. 校验道尺

用钢卷尺校验1435mm误差,在一段水平较好处校验水平,水平误差不能超过1mm。

3. 作业安全要求

(1)按起道量大小确定防护办法,设置防护。

(2)车站登记。车站值班员签认,现场作业地段按规定进行施工防护。

(3)起转辙部分要有电务人员配合。

(4)起道机手柄应安装绝缘套,作业中应注意防止联电。

(5)使用多台起道机时,应注意同起同落,动作一致。

4. 作业量调查

对于道岔水平和前后高低有问题的位置进行起道作业,采用"分段起道,四股钢轨一起抬平"的办法。将道岔分为四段:转辙、导曲、辙叉、叉后。

(1)确定基准股:一般以直外股为基准股。

(2)看道:查看道岔大平,点撬,划出每撬的起终点。

(3)低接头、死坑、空吊板等处划上符号,以便捣固。

5. 打紧浮离道钉、拧紧螺栓

对于吊板处要用撬棍撬起轨枕。

6. 起道

道岔在以下位置起道时的作业方法:

(1)起尖轨尖端前基本轨接头处高低时,起道机放在直外股内侧,如图5-22所示。

(2)起尖轨尖端前基本轨接头处水平,如图5-23所示。

图5-22 起尖轨尖端前基本轨接头处高低

图5-23 起尖轨尖端前基本轨接头处水平

(3)起尖轨跟端处高低,如图5-24所示。

(4)起尖轨跟端处水平时,先量直股水平,再量侧股水平,起道量为直、侧股水平的一半,如图5-25所示。

图5-24 尖轨跟端处高低

图5-25 起尖轨跟端处水平

(5)起连接部分外直股高低,起道机放在导曲线上股内侧,看基准股大平,在直外股打塞,如图5-26所示。

(6)起连接部分直下股水平,如图5-27所示。

(7)起导曲线下股水平,起道机放在导曲线下股外侧,导曲线上股一般比下股高3~4mm,如图5-28所示。

图 5-26 起连接部分外直股高低

图 5-27 起连接部分直下股水平

（8）起辙叉趾端基准股主轨的高低，起道机放在主轨内侧，如图 5-29 所示。

图 5-28 起导曲线下股水平

图 5-29 起辙叉趾端基准股主轨的高低

（9）起辙叉趾端直股水平，起道机放在辙叉前，如图 5-30 所示。

（10）起辙叉趾端侧股水平，起道机放在主轨外侧，如图 5-31 所示。

图 5-30 起辙叉趾端直股水平

图 5-31 起辙叉趾端侧股水平

（11）起辙叉跟端基准股主轨高低，起道机放在主轨内侧，如图 5-32 所示。

（12）起辙叉跟端直股水平，起道机放在辙叉后，如图 5-33 所示。

（13）起辙叉跟端侧股水平，起道机放在侧股主轨外侧，如图 5-34 所示。

（14）如果岔枕中间弯曲较大，可以采取抬辙叉（两台起道机），带直上股高低，兼量主侧股水平，当高低、水平调整好后，辙叉心全部捣固，主侧股主轨打塞，落下起道机，再进行两主轨的捣固。

图 5-32　起辙叉跟端基准股主轨高低

图 5-33　起辙叉跟端直股水平

7. 起道应注意的问题

(1) 为防止因短轨拱腰影响起道质量,要采取"远搭起道机,近打撬塞"对方法。

(2) 起道捣固结合进行,起一段捣一段,区别轻重捣固,来车前做好顺坡。

(3) 起道起好后,应做好道岔前后 50m 的顺坡。

(4) 整修防爬设备,加强防爬锁定。

(5) 回填石砟,整修道床,加强夯实。

(6) 质量达到放行列车条件,要求车站对道岔进行试扳,运行良好后,会同电务人员到车站销点。

(二) 道岔方向不良的养护维修

1. 道岔方向不良的养护维修

(1) 以直外股为准拨正道岔直线方向,使其与线路及其他道岔衔接顺直。

图 5-34　起辙叉跟端侧股水平

(2) 整治道岔前后线路爬行,将道岔复位并进行方正,加强道岔及前后各 75m 范围内线路的锁定。

(3) 消灭"三道缝",防止道岔横移。

(4) 检查曲基本轨曲折弯折量,用 2m 弦线测量,第一弯折点矢度为 5.7mm,第二弯折点矢度为 4.1mm,当误差大于 1mm 是,应重新弯折。

(5) 将不正辙叉调整方向,使其与前后钢轨连接方向顺直。

(6) 调整连接杆及顶铁尺寸,使尖轨方向良好。

(7) 整治翻浆冒泥、钢轨硬弯等病害。

(8) 进行道岔拨道作业。

拨道作业是整治道岔方向不良最重要工作,拨道量大小应根据钢轨类型、道岔号数、道床密实度、拨道位置而定,拨道要预留回弹量;在拨好道岔大方向后,要调整道岔小方向,以取得精确的标准股;坚持拨、改、直相结合的方法综合整治,遇弯先拨,拨不好则改,改不好则直(或大弯拨、小弯改、硬弯直)。

2. 道岔拨道作业

(1)作业工具,见表5-11。

作业工具

表5-11

序号	名称及规格	数量及单位	序号	名称及规格	数量及单位
1	起拨道器	1~3台	4	轨距尺	1把
2	耙镐	2把	5	木折尺	1个
3	弦线(10m)	1根			

(2)校验道尺:用钢卷尺校验1435mm误差,在一段水平较好处校验水平,水平误差不能超过1mm。

(3)作业安全要求:

①按拨道量大小确定防护办法,设置防护;

②车站登记:车站值班员签认,现场作业地段应按规定进行防护;

③道岔拨道作业要有电务人员配合;

④起拨道机手柄应安装绝缘套,作业中应注意防止联电;

⑤来车前应做好顺坡。

(4)作业准备:

①调查道岔方向,确定拨道位置及拨道量;

②调查影响拨道的设备,并提出解决措施;

③调整轨缝;

④更换连续失效岔枕,打紧浮离道钉或拧紧扣件螺栓;

⑤扒松有碍拨道的枕头及支撑石砟;

⑥在拨道前,应将道岔前后50m的线路方向拨直拨顺;

⑦检查曲基本轨的弯折点的位置和弯折量,对尺寸不和的应提前矫正。

(5)基本作业程序。

①指挥拨道:

a.指挥者先确定道岔方向弯曲的地点、弯曲方向、矢度的大小和弯曲的范围,指挥起拨道器放置位置、拨道方向、拨动的程度。如果弯曲的范围大,可先粗拨再细拨,多拨几撬。

b.拨小弯时,看道地点距拨道撬位30~50m,双腿跨在主线上轨钢轨两侧,看钢轨外口,向不动点目视穿直。

c.拨大弯时,看道地点距撬位100m左右,背向阳光,看远处大方向,以目视穿直。

②尖轨尖端前基本轨接头处方向里凸时,拨道位置如图5-35所示。

③尖轨竖切部分,外直股基本轨方向向里凸时,拨道位置如图5-36所示。

④尖轨跟后基本轨接头处方向外凸时,拨道位置如图5-37所示。

⑤相对于导曲线中部钢轨接头处的直股钢轨方向向外凸时,拨道位置如图5-38所示。

⑥辙叉趾端直股主轨接头向里凸时,拨道位置如图5-39所示。

⑦辙叉跟端相对护轨主轨方向向里凸时,拨道位置如图5-40所示。

图 5-35　拨道位置

图 5-36　拨道位置

图 5-37　拨道位置

图 5-38　拨道位置

图 5-39　拨道位置

图 5-40　拨道位置

(6)整理作业:

①整理扒松的石砟和回填撬窝,并进行夯实;

②补充石砟,并夯实砟肩;

③恢复拨前移动的其他设备;

④质量达到放行列车条件,要求车站对道岔进行试扳,运行良好后,会同电务人员到车站销点。

(三)整治尖轨与基本轨不密贴

1. 作业工具(见表5-12)

作业工具　　　　　　　　　　　　　　　　　　　　　表5-12

序号	名称及规格	数量及单位	序号	名称及规格	数量及单位
1	300~450mm活口扳手	2把	4	道尺、方尺、2m钢卷尺	各1把
2	打磨机具(手提电动砂轮)	1台	5	道钉锤、撬棍	按需要
3	防护眼镜	1副	6	尖轨垫片、拉杆调整片、道岔连接杆、立螺栓	按需要

2. 作业安全要求

(1)作业前必须到车站登记签点。

(2)整治尖轨不密贴作业,必须有电务人员配合,作业完毕后会同车站扳道员检查确认,达到良好后使用。

(3)打磨尖轨或基本轨肥边时,应戴好防护眼镜。

(4)在有轨道电路区段作业,要注意防止联电。

(5)按规定设置防护。

3. 安装施工问题造成尖轨与基本轨不密贴的整治

(1)主要表现:

①尖轨或基本轨局部方向有硬弯;

②尖轨刨切长度或轨底刨切尺寸不足;

③曲股基本轨弯折点位置及矢度不标准;

④顶铁过长,补强板螺钉突出;

⑤尖轨跟端间隔铁尺寸不合适。

(2)整治措施(见表5-13):

各种情况下的整治措施　　　　　　　　　　　　　　　表5-13

序号	主要表现	整治措施
1	转辙机与尖轨拉杆位置不合适,高度差过大	在电务人员配合下,调整电动转辙机与尖轨拉杆的相对位置,使其在同一水平线上
2	尖轨或基本轨有肥边	打磨尖轨或基本轨肥边
3	两尖轨的框架尺寸不合适,各根连接杆拉顶力不均衡	在电务人员配合下,逐根将连接杆水平螺栓松开,观察其是否起到拉顶相应均衡作用,对于不起作用的连接杆进行整垫,整垫厚度比不密贴厚度大1~2mm,调整好后随即紧好被松开的水平螺栓。需要注意,在整垫后,尖轨非工作边与基本轨工作边的最小距离为65mm,容许误差为-2mm
4	转辙部分"三道缝"过多,造成基本轨横向移动	更换损坏、变形轨撑,重焊滑床板挡肩,使轨撑与基本轨轨头下颚或轨撑与滑床板挡肩密贴,消灭"三道缝"
5	基本轨局部方向不良造成尖轨不密贴	测量局部方向不良处的轨距,进行道岔改道

续上表

序号	主 要 表 现	整 治 措 施
6	滑床板变形或磨耗过限	更换损坏、变形及磨耗过限的滑床板
7	滑床板吃力软硬不均及空吊,使尖轨扳动不灵活,造成尖轨与基本轨不密贴	做好起道、捣固,消灭滑床板空吊及软硬不均,对于个别吃力过大的滑床板,针对木岔枕可采取适量削平枕木,针对混凝土岔枕必要时可采取落道的做法(此法尽量少用)

①在更换尖轨、基本轨及有关配件前,应对其质量及技术标准进行检查核对,不经核对不能盲目换上线路。

②一旦换上线路应立即换下,对不合适的配件要按道岔型号及配件的位置重新选择标准件换上。顶铁长度:尖轨长度为6.25m的有80mm、102mm两种,尖轨长度为7.70m的有56mm、87mm、102mm三种。

③对换下的有病尖轨或基本轨,有条件时,可进行线下整修(有硬弯则进行矫直,曲基本轨矢度不合适则进行弯折),无条件时则送工厂整修。

④道岔在使用过程中,出现尖轨与基本轨不密贴的整治作业前首先要校验道尺、方尺,检查工机具运转正常,无异状。

四、道岔构件更换作业

1. 更换道岔尖轨作业

(1)作业准备:

①与电务人员联系,要求配合施工。

②检查尖轨与所换尖轨是否一致,各方面符合要求。

③检查爬行情况并打磨基本轨作用边的飞边,卸下螺栓更换伤损螺栓。

(2)基本作业:

①向车站值班员办理封锁手续,工地按《铁路工务安全规则》要求设置移动停车信号防护。

②卸下连接部分的零件放好,拨出旧轨换上新轨并连接好各部分连接零件。

③检查、改正尖轨部分轨距,调整尖轨开程、动程,以及轮缘槽尺寸,对滑床板涂油。

④配合电务人员和车站值班员调试尖轨,确认状态良好拆除防护信号办理销记手续,开通线路。

(3)质量标准:

①尖轨顶宽50mm以上断面处尖轨顶面不得低于基本轨顶面2mm。

②开程、动程、槽宽符合要求。尖轨与基本轨密贴。

③尖轨部分连接零件齐全且作用良好,轨距无超限,尖轨跟端接头错牙不超过1mm。

(4)安全注意事项:

①作用前,按规章办理封锁手续,设置防护;作用后,拆除防护,销记、开通线路。

②在封锁前做好准备工作和封锁后做整理工作时,要防止尖轨扳动挤伤手脚。

③抬运尖轨时,作业人员动作要一致,防止碰伤手脚。

④在轨道电路地段作业,要防止各种金属机具搭接轨道电路造成连电。
⑤准备工作不过头,严格按规章规定做好各项准备。

2. 更换道岔基本轨作业

(1)作业准备:
①联系并要求电务人员配合施工。
②检查基本轨与所更换的基本轨是否一致,符合要求。
③将基本轨运到位,距钢轨头外侧不小于150mm。
④检查前后轨缝,如有爬行应先整治并调整轨缝。
⑤松动并检查更换不良螺栓,松冒起道钉、拆卸轨距杆及防爬器,做好准备工作。
⑥向车站办理封锁手续,现场设移动停车信号防护,并请车站或电务部门将尖轨扳离被更换基本轨。
⑦拆卸连接零件,松冒基本轨外侧道钉,起出里口及影响作业的道钉。
⑧翻出旧轨,装上新轨连接零件,钉齐道钉,校正轨距。
⑨请电务部门和车站调试尖轨是否密贴,确认其状态良好后,拆除工地防护信号,车站办理销记手续,开通线路。
⑩安装轨距杆和防爬器,通车后进行质量回检。

(2)质量标准:
①尖轨顶宽50mm及50mm以上处,尖轨顶面不得低于基本轨顶面2mm。
②开程、动程、尖轨轮缘槽尺寸符合要求。
③基本轨到位后,尖轨竖切部分与基本轨保持密贴。
④转辙部分轨距、轨向无超限,接头轨面和作用边错牙不超过1mm。
⑤施工作业地段的各种连接零件安装齐全,作用良好。

(3)安全注意事项:
①作业前,按规章要求办理封锁手续,设置防护;作业后,拆除防护,销记,开通线路。
②作业时防止尖轨挤伤手脚。
③抬运基本轨时,要统一指挥,动作一致,防止碰伤手脚。
④在轨道电路区段作业时,防止各种金属机具和材料搭接电路造成红光带。
⑤来车时应及时将机具、材料撤出线路,下道避车,机具、材料不得侵入限界。
⑥准备工作不过头,严格按规章规定做好各项准备。

3. 更换道岔护轨

(1)作业准备:
①准备护轨并检查是否符合更换型号要求。
②向车站办理封锁手续,设置防护停车信号。
③拆卸螺栓及零件、起下道钉、换入护轨。
④安装连接零件,按标准检查各部尺寸,达到作业要求。拆除防护,开通线路,记入行车设备检查登记簿内,并销记。
⑤换下的旧轨及其他零件收集整理,做到工完料尽。

(2)质量标准:
①护轨轮缘槽尺寸应符合规定要求。
②轨撑安装要消灭"三道缝"。
③护轨螺栓要拧紧,消灭"八害"道钉。
(3)安全注意事项:
①按规定设置行车信号防护。
②抬运护轨动作协调一致,防止砸伤手脚。
③准备工作不过头,特别是护轨中部叉心有害空间对应处护轨横向螺栓不能事先拆除。

五、道岔附带曲线整正

当两平行直线间距不大于5.2m时,其道岔后方的连接曲线称为道岔附带曲线。不符合此种条件的岔后曲线,可按照一般曲线对待。

1.道岔连接曲线基本要素计算

如图5-41所示,当道岔型号N,实际前长a,实际后长b,线间距E,曲线半径R等为已知条件时,可按下式进行各基本要素的计算。

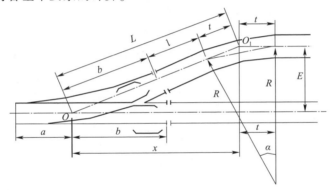

图5-41 道岔连接曲线示意图

(1)直边长x:

$$\cot\alpha = \frac{x}{E} \qquad x = E \cdot \cot\alpha = E \cdot N \tag{5-3}$$

(2)斜边长L:

$$L = E/\sin\alpha \tag{5-4}$$

(3)连接曲线切线长度t:

$$t = R \cdot \tan\left(\frac{\alpha}{2}\right) \tag{5-5}$$

(4)连接曲线中心长度$L_{附}$:

$$L_{附} = \frac{\pi}{180}R \cdot \alpha \tag{5-6}$$

(5)连接曲线下股缩短量ε:

$$\varepsilon = \frac{S_1 \cdot L_{附}}{R}(式中\ S_1\ 采用1500\text{mm}) \tag{5-7}$$

(6)连接曲线上、下股长度：

$$L_{上} = L_{附} + \frac{\varepsilon}{2} \qquad L_{下} = L_{附} - \frac{\varepsilon}{2} \tag{5-8}$$

(7)夹直线 $l_{夹}$：

$$l_{夹} = L - (b + t) \tag{5-9}$$

(8)岔尾至连接曲线终点之上、下股计划长度：

$$L_{上计} = l_{夹} + L_{上} \tag{5-10}$$

$$L_{下计} = l_{夹} + L_{下} \tag{5-11}$$

(9)道岔始端至连接曲线终点的水平投影长度 $L_{平}$：

$$L_{平} = a + x + t \tag{5-12}$$

2．连接曲线的技术要求

由于连接曲线紧接于道岔之后，它的位置、长度等受一定条件的限制，尤其是方向圆顺与否，将直接影响列车通过道岔和曲线的平稳与安全。因此，在设计、铺设和养护道岔时，应将其与道岔视为一个整体，一并进行检查、维修和整正，并应符合下列技术要求。

(1)半径：连接曲线半径值应与其所连接的道岔号数相配合，既不可小于导曲线半径，也不宜超过导曲线半径的1.5倍，并应取50m的整倍数。

(2)夹直线：即道岔终端至连接曲线起点间的距离。如图5-42所示，站线道岔与其连接曲线之间的直线段长度，一般不得小于7.5m；在困难条件下或道岔后的两线间距较小时，不得小于6m。

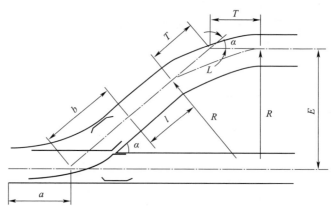

图5-42　道岔连接曲线示意简图

(3)轨距：连接曲线轨距，根据半径大小按一般曲线轨距标准进行加宽。加宽递减，在正常情况下应按1‰进行，一般不得大于2‰，直线段较短时不得大于3‰。

(4)水平：连接曲线外轨可以设置超高，但不宜大于15mm，顺坡不得大于2‰。

(5)方向：连接曲线采用圆曲线，不设缓和曲线，方向应保持圆顺，用10m弦量正矢时，其连续差在正线、车场线不超过3mm，其他线不超过4mm；无论在新线施工或运营线养护维修中，检查验收连接曲线时，都应符合上述技术要求。

附带曲线方向、位置正确与否，直接影响行车安全和旅客的舒适，因此必须精心养护。在进行道岔综合维修时，同时整好附带曲线方向。

整正附带曲线的方法很多。当曲线较长、状态较好时，可采用绳正法（一般采用 10m 弦）；当曲线较短，头尾不准时，可采用直股支距法或长弦矢距法。但因长弦矢距法所用弦较长，宜在无风天气情况下进行。由于条件限制，误差也较大。这里介绍直股支距法。

①做好现场调查工作，包括测定道岔号数 N，测量平均股道线间距 E 及既有附带曲线半径 R。

②新铺线路应采用设计值 E。旧线则用钢尺精确实量线间距，一般量取 3 处，每处相隔 20~30m，最后采用 3 处平均线间距值 E。

③连接曲线半径 R。新线应采用设计半径 R，旧线则用 10m 长弦沿曲线外轨连续量取 3 处正矢，取其平均值 $f_平$。根据 $f_平$ 用下式计算现有连接曲线半径 R。

$$R = \frac{12500}{f_平} \tag{5-13}$$

④仔细拨正道岔直股方向，用直股支距法整正连接曲线，是以道岔终端后的直线内股（内直股）工作边为基准线，用支距法定出连接曲线外轨工作边上各点的位置，如图 5-43 所示。

⑤支距点的点间距，从连接曲线始点 O 开始，一般为 5m，最后一个支距点到连接曲线起点。因为岔后内直股工作边是量支距的基准线，可根据图 5-43 进行下列主要数据计算。

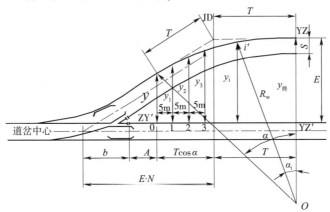

图 5-43 直股支距法计算简图

3. 直股支距法

外股轨线曲线切线长 T：

$$T = R_w \cdot \tan\left(\frac{\alpha}{2}\right) \tag{5-14}$$

中心线曲线切线长 t：

$$t = R \cdot \tan\left(\frac{\alpha}{2}\right) \tag{5-15}$$

式中：R_w——外股轨线的半径，$R_w = R + \frac{S}{2}$；

α——道岔角。

(1) 连接曲线上股曲线头（ZY）和曲线上股曲线尾（YZ）在直股线路里股钢轨的投影点间的距离 X 为：

$$X = T(1 + \cos\alpha) \tag{5-16}$$

(2)连接曲线上股曲线头(ZY)在直股线路里股钢轨的投影到辙叉跟端的距离 A 为:

$$A = N \cdot E + t - X - b \tag{5-17}$$

式中:b——道岔实际后长。

(3)从 ZY 点向道岔方向排各支距点,依次为 0、1、2、…直至 ZY,每点间距为 5m,最后一点至 ZY 点为小于 5m 的数,如图 5-43 所示。

(4)计算各支距点的支距:

$$y_{\text{终}} = y_{yz} = E \tag{5-18}$$

$$y_{\text{始}} = y_{zy} = E - R_w(1 - \cos\alpha) \tag{5-19}$$

式中:E——线间距;
α——道岔角。

(5)任一支距点至连接曲线上股的支距为:

$$y_i = E - R_w(1 - \cos\alpha_i) \tag{5-20}$$

式中:α_i——与第 i 个支距点对应的曲线上股作用边上 i' 点与圆点 O 的连接与初始半径的夹角,其值为:

$$\alpha_i = \arcsin\left(\frac{X - 5 \times i}{R_w}\right) \tag{5-21}$$

(6)确定支距点位置:

①确定直股支距点位置。如图 5-43 所示,先由辙叉跟端沿直股内股钢轨作用边,用钢卷尺丈量 A,定出附带曲线始点投影 ZY′的位置,再由始点位置 ZY′沿直股内股作用边向后量取 X 距离,可得到曲线终点投影位置 YZ′,由始点向终点方向每隔 5m 设一支距点。

②确定附带曲线外股钢轨支距点位置。附带曲线外股钢轨支距点,可用方尺由直股支距点方到外股钢轨对应点上,但由于方尺长度有限,可采取弧交法,如图 5-44 所示,用钢卷尺由内直轨任意支距点 D,向左右方各量 1m,得 A、B 两点,再分别以 A、B 为圆心,以相同半径在外股轨面上画弧相交于 C 点,则中垂线 CD 与外轨股线的交点就是所求外股钢轨支距点位置。

(7)测量现场支距。

根据确定出的直股支距点和外股钢轨支距点的位置可测出实测支距。

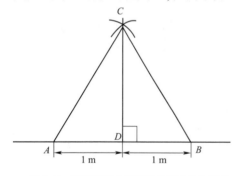

图 5-44 确定附带曲线外股支距点位置简图

(8)计算拨距。

拨距 = 该点计算支距 - 该点实测支距。计算结果:"+"为挑;"-"为压。

【例题】 某 50kg/m 钢轨 12 号道岔测量结果如下:$E_1 = 5.010\text{m}, E_2 = 5.000\text{m}, E_3 = 4.990\text{m}$,$f_1 = 31\text{mm}, f_2 = 35\text{mm}, f_3 = 27\text{mm}$(已知 $b = 19.962\text{m}, \alpha = 4°45'49''$)。计算曲线各点支距。

解:1. 确定三要素:

$$E_{\text{平}} = \frac{E_1 + E_2 + E_3}{3} = \frac{5.010 + 5.000 + 4.990}{3} = 5.000(\text{m})$$

$$f_{\text{平}} = \frac{f_1 + f_2 + f_3}{3} = \frac{31 + 27 + 35}{3} = 31 \text{ (m)}$$

$$R = \frac{12500}{f_{\text{平}}} = 403 \text{ (m)} \quad 取 R = 400 \text{ m}$$

2.求桩点位置:

(1)曲线头至曲线尾横距。

$$T = R_w \cdot \tan\left(\frac{\alpha}{2}\right) = 16.668 \text{ (m)}$$

$$t = R \cdot \tan\left(\frac{\alpha}{2}\right) = 16.638 \text{ (m)}$$

$$X = T(1 + \cos\alpha) = 33.278 \text{ (m)}$$

②曲线头至辙叉尾横距 A。

$$A = N \cdot E + t - X - b = 12 \times 5 + 16.638 - 33.278 - 19.962 = 23.398 \text{ (m)}$$

3.求各点支距:

(1)计算各点的夹角 α_i:

$$\alpha_i = \arcsin\left(\frac{X - 5 \times i}{R_w}\right)$$

(2)计算各点的支距:用公式(5-18)计算,结果见表5-14。

支股支距法计算表 表5-14

计算点到曲线起点各点横距 x_i	$\alpha_i = \arcsin\left(\dfrac{X - 5 \times i}{R_w}\right)$ (弧度)	支距 $y_i = E - R_w(1 - \cos\alpha_i)$
0	0.0831	3.616
5	0.0706	4.001
10	0.0581	4.323
15	0.0456	4.583
20	0.0331	4.780
25	0.0207	4.914
30	0.0082	4.987
33.278	0	5.000

任务三　复杂道岔养护与维修

复杂道岔往往铺设在岔群或咽喉处,在养护维修时除与单开道岔有着相同的规律和要求外,由于其结构上的复杂性和铺设位置的特殊性,养护维修时还具有自身的特点和规律。

如交叉渡线和复式交分道岔中间的交叉部分,钢轨相互交叉布置,同一根岔枕上铺有8股钢轨,两组辙叉,轨距、水平、高低、方向相互牵连、制约,起拨道作业还有可能影响前后道岔的衔接。因此,在养护维修时必须统筹兼顾,反复斟酌,合理地决定先后顺序,否则会事倍功半,甚至可能造成安全隐患,发生行车事故。

一、交叉渡线道岔养护

交叉渡线占地面积较大,结构复杂,固定型钝角辙叉存在着"碰尖"问题,养护有特殊的要求。

1. 起道作业

在站场大平较好,或道岔处于大平的高处的情况下,一般应先起中间(包括交叉部分和4个角的普通辙叉部分)后起4角,这样容易将整个道岔起平。起中间时,要先找出高低和水平较高处作为控制点,起平各股钢轨水平,然后再以此为标准,起平中间部分,而后分别将4个角按中间部分起平。

如道岔在站场大平的低处,在起道量大的情况下,可选择一个角引进站场大平,再按照先起中间、后起余剩3个角的程序做好起道工作,如图5-45所示。

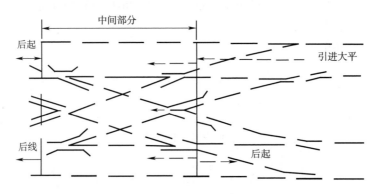

图5-45 起道顺序示意图

道岔的交叉部分有8根短轨,短轨拱腰常常造成水平超限;两长岔枕接头处没有用夹板螺柱拼接牢固,往往产生翘头,使捣固作业发生困难,这也是造成短轨拱腰的原因之一;由于行车多少不一致,使相近的两股钢轨过车多的一股低下,过车少的一股"空吊"(轨底与轨枕面有空隙)等,这些有碍高低、水平的不利因素,都应设法事先排除,在进行起道工作时应特别注意,以确保起道质量。

另外,还应根据行车的多少进行起道。如果交叉部分过车较多,锐角辙叉和钝角辙叉容易低落,可适当抬高;如果交叉部分过车较少,切忌抬高,以免造成四周低中间高的"宝塔"形,否则来年维修时为与中间顺平,势必抬高4个角,这样,年复一年,越抬越高,对站场大平不利。

2. 拨道作业

(1) 先将一侧的两单开道岔与线路的大方向拨顺,特别要将此侧的两单开道岔的岔尾接头及护轨部分严格按线路的大方向拨顺。因为中间交叉部分的岔枕为2~3根岔枕接通的长岔枕,轨距相互连贯,拨一侧就要牵动另一侧的方向,所以要一次拨好。

(2) 拨另一侧的两单开道岔时,要先检查一下两端岔尾接头处各股的轨距,计算出本侧外股岔尾接头是否需要内收或者外放,然后再根据内收或外放值进行拨道。忽略此点就可能需要返工。

(3)拨中间部分时,不要看两侧的直股,而要看中间的两股交叉。尽量做到交叉部分改动量小,因为改直股容易,改交叉费时,尤其是交叉方向不好,不利于行车安全。

3.改道

(1)首先要将两端单开道岔与中间交叉衔接处的各股轨距和4个普通辙叉处的轨距改好,将普通辙叉置于正确的位置上,因为此部分的轨距与辙叉的位置正确与否,将影响交叉部分的看道。

(2)改交叉部分的轨距时,要从4个角反复地看道,力求使锐角辙叉和钝角辙叉的位置在两个方向上都适合。如因设备陈旧或其他原因不能兼顾两股的方向时,应首先照顾做好行车较多的一股。

(3)在交叉部分,尤其是钝角辙叉部分,改道要兼顾轨距、轮缘槽、查照间隔和护背距离的关系,对轮缘槽尺寸规定超限者,要先进行整修,然后再改道。

4.钝角辙叉"碰尖"的原因及其防治

当前,铺设较多的有9号交叉渡线和12号交叉渡线,所使角的固定型钝角辙叉分别为4.5号和6号。这些固定型钝角辙叉的心轨尖端往往被车轮碰撞,危及行车安全,是养护中的关键问题。

为弄清"碰尖"的原因,首先应当了解轮对通过钝角辙叉的情况(见图5-46)。为了保证车轮能够安全地通过"有害空间",一侧的车轮(甲)轮缘接触到本侧心轨实际尖端A点时,另一侧车轮(乙)的轮缘应不脱离护轨弯折点B,否则轮对不受制约,便有"碰尖"或进入异向的危险。按我国车辆最小轮径840mm、轮缘槽470mm和心轨实际尖端厚度10mm进行验算,4.5号固定型钝角辙叉,能够保证(乙)轮在未脱离护轨B点以前,(甲)轮已进入心轨A点。但对于6号钝角辙叉,当(乙)轮已离开护轨B点时,(甲)轮尚未进入心轨A点(与A点相距约17mm,这一长度称为不能自护长度)。因此,应将护轨加高22mm,以增加自护长度,使不能自护的长度得以消除。

从构造上来说,4.5号及6号钝角辙叉虽然能够保护轮对通过有害空间区域,可是还会发生"碰尖"甚至发生脱轨现象,主要原因有:

(1)养护不当。轨距及轮缘槽宽度超限未整治,致使护轨与心轨的查照间隔(即"1391")不合要求;线路爬行或铺设时未注意,使两侧的钝角辙叉发生错位,如图5-47所示。这样实际上等于增加了"有害空间"的长度。钝角辙叉错位,将使一股轨距偏大而另一股轨距偏小,所以钝角辙叉应及时方正。

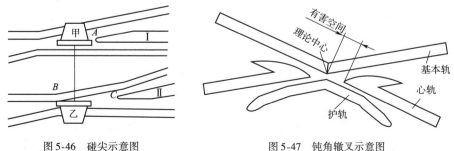

图5-46 碰尖示意图　　图5-47 钝角辙叉示意图

(2)列车在运行中突然改变行车速度。列车运行过程中进行加速、减速、停车、启动等情况时,虽属于行车正常现象,但是它对钝角辙叉来说却是十分有害的。这会使轮对左右摆动,从而改变其轮对运行的方向,如果此种情况恰好发生在轮对处于有害空间时(甲轮即将进入心轨,乙轮即将脱离护轨之际),就可能发生"碰尖",严重时会使列车脱轨。

综上所述可知,为避免在钝角辙叉处肇事,在养护维修中必须做到:

①对钝角辙叉的轨距、轮缘槽和护轨与心轨的查照间隔、护背距离要经常检查,使其符合标准。

②加强防爬锁定,制止爬行。因爬行或铺设不当致使钝角辙叉错位时要设法方正。

③护轨折角磨耗的应及时予以焊补。

④钝角辙叉上道之前,应检查护轨轨线与心轨非工作边是否成直线,必须校直后才能使用。已铺设在道上,可采用调整轮缘槽的办法整直,严重时应更换下来整治。有的工区为解决"碰尖"问题,用砂轮把心轨尖端磨薄。这种做法不能从根本上解决问题,反而会削弱强度,增加有害空间长度。

二、复式交分道岔养护

复式交分道岔(见图5-48)将线路分开成4个方向,不仅可使列车由一条线路转向另一条线路,而且可使列车由一条线路横越另一条线路,所以可代替4组单开道岔,节省占地面积,节约金属材料,改善运行条件,提高调车作业能力。

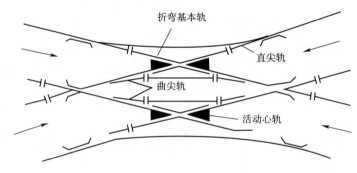

图5-48 复式交分道岔示意图

1. 复式交分道岔的主要组成

(1)两副普通锐角辙叉及护轨。

(2)两组钝角辙叉。

(3)4根直尖和4根曲尖轨。

(4)4根曲导轨。

(5)连接钢轨及零件。

(6)岔枕、电动转辙机械及轨道电路设备。

2. 复式交分道岔各部分轨距检查

站在道岔跟端,面向车站,左股为甲股、右股为乙股,检查的起点为始端。以该端左侧(面向钝角部分)一股线路为甲股的检查走向,该端右侧(面向钝角部分)线路为乙股的检查走向。检查顺序及地点见表5-15。

复式交分道岔轨距水平检查的顺序及地点 表 5-15

序号	检查地点	测点	实际轨距尺寸(mm) 9号	实际轨距尺寸(mm) 12号	水平 测点	9	12	备注
1	甲股前锐角辙叉跟	S1	1435	1435	H1	0		
2	甲股前锐角辙叉中	S2	1435 91-48	1435 91-48	×	×		辙叉心宽50mm至心宽20mm断面处
3	甲股前尖轨距顺坡终点	S3	1435	1435	H2	0		9号复交该处距直线尖轨尖端2273mm 12号复交该处距直线尖轨尖端2170mm
4	甲股前尖轨尖	S4	1449	1445	H3	0		
5	甲股前尖轨中	S5	直1435 曲1450	直1435 曲1445	×	×		开通直股线路时,在直线尖轨刨切点处量取 开通曲股线路时,在曲线尖轨刨切点处量取
6	甲股前尖轨跟(直股)	S6	1435	1435	H4	-6		该处有构造水平-6
7	甲股前尖轨跟(侧股)	S7	1450	1445	H5	+6		该处有构造水平+6
8	甲股前可动心轨跟(直股)	S8	1435	1435	H6	-5	-3	该处有构造水平9号为-5、12号为-3
9	甲股前可动心轨中(直股)	S9	1435	1435	×	×		在护轨刨切点处取未开通时可不量
10	短轴	S10	1445	1442	H7	0		该处以甲股检查走向的右侧为水平基准股
11	甲股导曲线中	S11	1450	1445	H8	+6		在甲股中部的导曲线上量取,该处有构造水平+6
12	甲股后可动心轨中(直股)	S12	1435	1435	×	×		在护轨刨切点处取,未开通时可不量
13	甲股后可动心轨跟(直股)	S13	1435	1435	H9	-5	-3	该处有构造水平,9号为-5,12号为-3
14	甲股后尖轨跟(直股)	S14	1435	1435	H10	-6		该处有构造水平-6
15	甲股后尖轨跟(侧股)	S15	1450	1445	H11	+6		该处有构造水平+6
16	甲股后尖轨中	S16	直1435 曲1450	直1435 曲1445	×	×		开通直股线路时,在直线尖线尖轨切点处量取 开通曲股线路时,在曲线尖线尖轨切点处量取
17	甲股后尖轨尖	S17	1449	1445	H12	0		

续上表

序号	检查地点	测点	实际轨距尺寸(mm)		水平			备注
			9号	12号	测点	9	12	
18	甲股后尖轨尖轨距顺坡终点	S18	1435	1435	H13	0		9号复交该处距直线尖轨尖端2273mm；12号复交该处距直线尖轨尖端2170mm
19	甲股后锐角辙叉中	S19	1435 91-48	1435 91-48	×	×		辙叉心宽50mm至心宽20mm断面处
20	甲股后锐角辙叉跟	S20	1435	1435	H14	0		
21	乙股后锐角辙叉跟	S39	1435	1435	H27	0		
22	乙股后锐角辙叉中	S38	1435 91-48	1435 91-48	×	×		辙叉心宽50mm至心宽20mm断面处
23	乙股后尖轨尖轨距顺坡终点	S37	1435	1435	H26	0		9号复交该处距直线尖轨尖端2273mm；12号复交该处距直线尖轨尖端2170mm
24	乙股后尖轨尖	S36	1449	1445	H25	0		
25	乙股后尖轨中	S35	直1435 曲1450	直1435 曲1445	×	×		开通直股线路时，在直线尖轨刨切点处量取；开通曲股线路时，在曲线尖轨刨切点处量取
26	乙股后尖轨跟(直股)	S33	1435	1435	H23	-6		该处有构造水平-6
27	乙股后尖轨跟(侧股)	S34	1450	1445	H24	+6		该处有构造水平+6
28	乙股后可动轨跟(直股)	S32	1435	1435	H22	-5	-3	该处有构造水平9号为-5、12号为-3
29	乙股后可动心轨跟(直股)	S31	1435	1435	×	×		在护轨刨切点处量取，未开通时可不量
30	乙股导曲线中	S30	1450	1445	H21	+6		在乙股中部的导曲线上量取，该处有构造水平+6
31	乙股前可动心轨中(直股)	S29	1435	1435	×	×		在护轨刨切点处量取，未开通时可不量
32	乙股前可动心轨跟(直股)	S28	1435	1435	H20	-5	-3	该处有构造水平,9号为-5,12号为-3
33	乙股前尖轨跟(直股)	S26	1435	1435	H18	-6		该处有构造水平-6
34	乙股前尖轨跟(侧股)	S27	1450	1445	H19	+6		该处有构造水平+6

续上表

序号	检查地点	测点	实际轨距尺寸(mm) 9号	实际轨距尺寸(mm) 12号	水平 测点	水平 9	水平 12	备 注
35	乙股前尖轨中	S25	直 1435 曲 1450	直 1435 曲 1445	×	×		开通直股线路时,在直线尖线尖轨切点处量取 开通曲股线路时,在曲线尖线尖轨切点处量取
36	乙股前尖轨尖	S24	1449	1445	H17	0		
37	乙股前尖轨尖轨距顺坡终点	S23	1435	1435	H16	0		9号复交该处距直线尖轨尖端2273mm 12号复交该处距直线尖轨尖端2170mm
38	乙股前锐角辙叉中	S22	1435 91－48	1435 91－48	×	×		辙叉心宽50mm至心宽20mm断面处

3. 复式交分道岔开口、支距、动程、矢距、正矢等项目的检查位置(见表5-16)

甲、乙两股导曲线均由短轴中分为两个部分,起点方向为前部,终点向为导曲线后部。在前后两锐角辙叉的跟端,分别量取其后开口的中点;于该两中点之间拉一弦线(即长轴线)为基准线,以短轴与该弦线的交点为支距原点 O,分别量取甲股导曲线前后部及乙股导曲线前、后部各支距点的支距。

复式交分道岔开口、支距、动程、矢距、正矢等检查位置　　　　表5-16

检查项目			12号	9号	检查位置
甲股	始端	开口端尺寸	376.5	369.8	曲尖轨尖端两基轨作用边距离 E_1
		尖轨动程	152	152	离尖轨尖端380mm处
		直尖轨支距	153	152	直尖轨作用边与基本轨作用边距离 E_2
		曲尖轨支距	144	139	曲尖轨作用边与基本轨作用边距离 E_3(跟端)
		心轨动程	90	90	离心轨尖端450mm处
	终端	心轨动程	90	90	
		曲尖轨支距	144	139	
		直尖轨支距	153	152	
		尖轨动程	152	152	
		开口端尺寸	376.5	369.8	
乙股	始端	尖轨动程	152	152	
		直尖轨支距	153	152	
		曲尖轨支距	144	139	
	终端	曲尖轨支距	144	139	
		直尖轨支距	153	152	
		尖轨动程	152	152	

续上表

	检查项目		12号	9号	检查位置
左侧	始端曲尖轨跟端开口尺寸		704	676	曲尖轨跟端两尖轨作用边距离
	导曲线正矢	始端2	16	—	12号 P50(75) 5341mm、P60(92) 5291mm
		始端1	32	34	9号 P50(75) 4388mm、P60(92) 4330mm
		中轴	37	43.5	337mm
		终端1	32	34	
		终端2	16		
	上股外矢距		332	342	上股钢轨作用边至钝角辙叉实际尖端距离
	下股外矢距		335	347	下股钢轨作用边至钝角辙叉实际尖端距离
右侧	下股外矢距		335	347	
	上股外矢距		332	342	
	导曲线正矢	始端2	16	—	
		始端1	32	34	
		中轴	37	43.5	
		终端1	32	34	
		终端2	16	—	
	终端曲尖轨跟端开口尺寸		704 (352×2)	674	曲尖轨跟端两尖轨作用边距离

4.复交道岔的检查记录及记录表

复交道岔的检查记录,应根据现场检查的实际地点正确点对应到记录表上填写,见表5-17。

5.复式交分道岔导曲线支距

(1)复式交分道岔导曲线的支距的测量位置。复式交分道岔的导曲线应保持圆顺,按支距设置,如图5-49所示。支距是以菱形对角线长轴为基线,与短轴的交点0为支距的起点,以此点向左、右两侧每2m量取一个支距点1,再以此点0向左、右两侧每4m量取第二个支距点2,终点支距位置点3即横距的尺寸。

(2)复式交分道岔导曲线支距计算。各点支距计算如图5-50所示。

起点支距:

$$y_0 = \frac{B}{2} - P$$

各点支距:

$$y_n = y_0 - \frac{x_n^2}{2R_{外}} \tag{5-22}$$

式中:B——菱形短轴长度;

x_n——横距;

$R_{外}$——导曲线外轨工作边的半径;

P——导曲线外矢矩，$P = \dfrac{R_{外}}{\cos\dfrac{\alpha}{2}} - R_{外}$。

复交道岔的检查记录表   表5-17

站名：_____　　道岔编号：_____　　型号：_____

检查日期	项目	部位	前锐角辙叉				前双转辙器			钝角辙叉							后双转辙器			后锐角辙叉			
			叉后端	叉心中	查照间隔	护背距离	顺坡终点	尖轨中	尖轨尖	尖轨跟直股	尖轨跟曲股	可动心中间	短中轴	导曲线外矢	曲中外矢	可动心中间	尖轨跟直股	尖轨跟曲股	尖轨尖	尖轨中	顺坡终点	查照间隔	护背距离	叉心中	叉后端
	甲股	轨距																							
		水平	×	×	×		×			×			×			×			×			×	×	×	
	乙股	轨距											×												
		水平	×	×	×		×			×			×			×			×			×	×	×	
其他及临时补修日期																									
	甲股	轨距																							
		水平	×	×	×		×			×			×			×			×			×	×	×	
	乙股	轨距											×												
		水平	×	×	×		×			×			×			×			×			×	×	×	
其他及临时补修日期																									

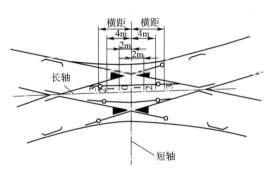

图5-49　复式交分道岔支距测量示意图

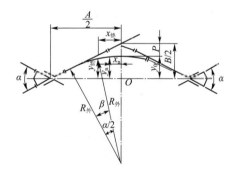

图5-50　复式交分道岔支距计算简图

6.复式交分道岔养护

由于复式交分道岔轨距、水平和各部分间隔相互牵连，因此，在养护维修过程中，必须遵循合理的起、拨、改作业程序，才能取得良好的效果。

（1）起道。在站场大平好、道岔起道量小的情况下，一般找一个适当的控制点，先起平钝角辙叉，按此控制点起平对面钝角辙叉，然后再以此为控制点，分别向两端起平。在站场大平不好、起道量大的情况下，可从一端起至另一端。

（2）拨道。先将两个主要行车方向的交叉直线与两端衔接的线路大方向拨顺、拨直，摆正叉心,然后由两个锐角辙叉的理论尖端拉弦线(长轴),测量改正支距,拨好导曲线。

(3)改道。先改好两个主要行车方向的交叉直线轨距,再以导曲线外股为标准,改好导曲线内股,然后对各部分间隔进行检查和改正。当基本轨弯折量不足或磨损时应及时整修。

(4)整治活接头水平下沉及高低不平。换下承垫活接头拼在一起的两根岔枕,改换悬空式接头,便于捣固,使枕底道砟坚实。

(5)保持导曲线支距的正确位置。钝角辙叉理论尖端至导曲线工作边中点的距离不易保持。

要检查整治基本轨弯折量,磨耗的基本轨弯折点要及时焊补,弯折矢度不足时要重新补弯。为保持导曲线的圆度,在导曲线外股岔枕上安设轨撑,在导曲线中点外股轨底外侧与基本轨弯折点轨底内侧之间用钢板相瓦顶撑,以防导曲线上股钢轨外移。

(6)整治尖轨爬行和拱腰。加强防爬和锁定工作,加强捣固,减少尖轨跳动和摆动。

(7)防止连电。复式交分道岔多铺设在电气集中的大站站场内使用,作业时为避免造成道岔轨道电路短路而影响信号显示,必须注意以下几点:

①在菱形内侧,两根曲尖轨尖端部分的距离较近,极易造成轨道电路短路。为此,除将尖轨尖端范围内的滑床板改为绝缘垫板、斜口滑床板和短滑床板外,作业时,还应注意在这些地方不准搁置工具和材料,以防连电。

②尖轨拉杆、连接杆改用方钢制造,并使凹下轨底以 1—3、2—4 的连接形式连接,而且连杆的顶面与轨底面间的空隙高度也较小。这样,当列车通过时,若尖轨与基本轨有较大的起伏或跳动,极易造成连电。因此,在维修作业中,强调重点加强捣固和避免高起道,也是防止造成连电的措施之一。

③熟悉交分道岔内的轨道电路布置特点,严格遵守有轨道电路道岔维修养护的注意事项及有关规定,进行养护维修作业。

(8)防止4mm锁闭不良。交分道岔的构造复杂,而且长度短,钢轨密集且通路多,由于扣件固紧钢轨能力较弱,在各种冲击力作用下,易出现道岔爬行、基本轨横移、尖轨及活动心轨变形等,造成4mm锁闭不良现象,使信号显示不正常,道岔错误联锁甚至4股开通,严重威胁行车安全,应及时发现并做好以下防治工作:

①交分道岔及其前后线路,要起好大平、拨直方向,改正不合格的轨距及槽宽间隔、矫直心轨、弯好矢度不合要求的基本轨,打磨尖轨、基本轨肥边,以保持密贴。

②增设特制轨距拉杆、轨撑及防横移挡板等零件,加强中轴处及尖轨范围内的横向刚度,防止基本轨横向移动,保持固定的间隔距离,同时对失效零件进行焊补整修或更换。

③加强交分道岔及其前后线路的防爬整体锁定工作,防止道岔内各部钢轨有移动爬行。检查交分道岔钢轨有无爬行的方法,除在道岔两侧设置爬行观测桩供检验外,还可以利用道岔本身的构造特点进行检验。如采用尖轨尖端的"四点一线"法、尖轨跟端处的"四缝一线"法及中轴处的"六点一线"法等,都可以判断和检验交分道岔的各股钢轨有无相对爬行。

(9)工电配合。为确保交分道岔的使用安全,凡进行涉及电务段设备的维修作业以及部分更换或整组更换道岔时,都应有电务工区人员配合工作,以保证作业质量和行车安全。

复习思考题

1. 简述"三道缝"现象。
2. 什么是导曲线的支距?怎样量取?
3. 影响道岔水平的因素有哪些?
4. 造成道岔方向不良的因素有哪些?
5. 普通单开道岔与曲线连接,其直线段长度是如何规定的?
6. 两线用60kg/m,12号单开道岔连接($\alpha = 4°45'49''$),线间距$E=5.10$m,连接曲线半径为400m,试用直股支距法确定附带曲线各点支距?
7. 道岔轨距在各部分的顺坡递减是如何规定的?
8. 交叉渡线的起道作业时,应注意哪些事项?
9. 怎样进行复式交分道岔起、拨、改道作业?
10. 尖轨拱腰病害应怎样进行整治?

项目六　线路设备大修

工程案例

北京地铁2号线,1987年底全线投入运营,到目前已经环线运营20多年,线路环向独立运行,六辆车编组,每小时40对车,配备车辆400辆左右,车站一律为岛式站台,宽13.1m,长118m,线路上部建筑为短枕式混凝土刚性道床,50kg/m钢轨,最小坡度3‰,最大坡度24‰,最小曲线半径正线250m,联络线150m。

北京地铁线路养护公司承担着首都轨道交通线路的日常检修、维修及大修任务,确保轨道线路设备的良好状态和平稳运行质量,保证列车安全运行,为乘客提供平稳、舒适的乘坐环境。目前,该线路养护公司有员工1700余人;下设9个基层单位、10个管理部室;专业技术人员近百名,其中高、中级专业技术人员50名;主要涉及铁道工程、无损检测、机械设计及自动化等工程类专业。拥有大型养路机械设备综合维修车、检测探伤车、轨道检查车、钢轨打磨车等大型养路机械12台、JY400等内燃机车等十数台、K900等焊轨设备以及探伤仪、捣固机等小型设备数百台套。

任务描述

作为地铁线路养护公司的技术负责人,某一天你接到电话报告说北京地铁2号线路需要进行大修,请你带领施工人员,去解决下列问题:

1. 为确保此线路范围内车辆运行顺畅高效,如何组织人员进行线路大修施工作业(流程)?
2. 线路大修具体包括哪些内容?具体操作流程如何?

任务一　熟悉线路设备大修

一、线路设备大修工作范围

地铁线路由于列车运行和自然力的作用,不仅发生弹性变形,而且产生永久变形。例如:钢轨因磨耗轨头断面减小,钢轨常年承载列车运行导致疲劳损伤,强度减弱,有时甚至折断;钢轨受电腐蚀、锈蚀严重;轨枕(木枕)因自然侵蚀和在列车的作用下的机械磨损而失效,洞内混凝土轨枕块成段松动等,这些设备损坏到一定限度就会危及行车安全,必须进行整修和更新。这部分设备的整修和更新工作量大,技术复杂必须进行大修作业。

二、线路大修内容

在安排大修工作时,要全面规划,突出重点,有步骤地解决线路设备的薄弱环节,适应运营

需要。线路接触轨大修(以100m计),分为换轨大修、综合大修和单项大修,其主要内容如下:

(1)按设计校正,改善线路纵断面和平面。
(2)全面更换新钢轨或再用轨及其连接零件,以及更换不合规定的桥上护轮轨。
(3)全面更换连接零件、轨下垫层或成段(一个信号区段)连接零件、轨下垫层。
(4)更换当年失效的轨枕并修理线路伤损轨枕,按规定补足轨枕的配置根数。
(5)清筛道床,补充道砟,全起全捣,改善道床断面,原铺砂子或天然级配砾石道床,根据要求更新为碎石道床。
(6)加强半径为800m及800m以下的曲线。
(7)线路上成段焊接钢轨接头,焊补钢轨和整修波浪形磨耗。
(8)整组更换道岔、岔枕,或进行道岔结构改造。
(9)成段整修整体道床或轨枕块。
(10)车场设备改善。
(11)成段更换接触轨、防护板和瓷瓶、托架,喷涂防腐防火漆。
(12)补充、修理及更换线路、信号标志,设置常备材料。
(13)整修路基及其排水和防护加固设备,加宽路基,整治翻浆冒泥及路基下沉。
(14)改造或安装防爬设备。
(15)由于进行线路设备大修而影响其他设备变动时,由地铁运营公司协调有关单位统一安排,其费用列在线路设备大修的有关计划内。

三、单项大修

单项大修主要内容如下:
(1)成段更换新钢轨和再用轨,成段焊接、铺设无缝线路。
(2)成段更换混凝土轨枕或宽轨枕。
(3)更换道口及其两端设备。
(4)工务机具(包括养路机械、各种有关车辆、车床等)进行拆卸修理,更换或增加部件。
由于进行线路设备大修而影响其他设备变动时,应由地铁运营公司统一安排。

任务二 线路大修施工流程

大修工程必须以正式批准的文件和施工计划为依据,实施计划不影响列车运营。涉及其他设备变更的,应先报方案,经地铁(或轻轨)运营公司批准后再行编制。在安排大修工作时,应全面规划,突出重点,有步骤地解决线路、道岔、接触轨等薄弱环节,以适应城市轨道交通运输发展的需要。

一、施工方案

线路设备大修前要做好调查研究工作,按工程项目、日期,编制施工方案。其主要内容如下:
(1)设备现状、技术条件和技术标准。

(2)按照工序顺序编制施工进度计划(即施工网络图)。
(3)劳动组织、机具使用、施工方法和技术作业过程。
(4)施工的临时措施。
(5)保证质量、安全的制度及措施。
(6)职工生活安排。

二、施工组织

线路大修施工时,一般把施工技术作业过程分为准备、基本工作和整理工作的3个阶段。

1.准备工作

为保证线路大修的正常进行,必须在施工前期做好一些准备工作。准备工作要在基本工作开始前一天完成下列工作。
(1)根据线路大修的施工内容、施工方法及机械配属情况,确定施工的组织形式和人员分工。
(2)按施工方案的技术要求,查明设备,线路大修地点的施工条件。
(3)向施工地点运送并散发材料(道砟、轨枕、钢轨及连接零件)及机具。
(4)施工前准备好施工用的临时设施。

2.基本工作

基本工作是在封锁区间或列车间隔时间进行线路作业。这个施工阶段要破坏线路正常状态,夜间施工时间短,如果组织不当,不仅影响施工质量,而且不能按时开通线路,影响列车运行。

3.整理工作

整理工作是在基本工作结束后,进行以下几项工作:
(1)检查线路状态,消除线路施工遗漏下来的不正常状态。
(2)收集线路上撤下的旧料。
(3)检查、回收、清理线路上的机具。

任务三 单项大修作业

一、成段更换钢轨

成段更换钢轨是线路大修工程中的一项内容,工作量大,应在停电时间内完成。开通后第一列电客车按15km/h慢行,然后,逐步恢复列车正常速度。

1.基本技术条件

(1)成段更换钢轨,无论是直线或曲线,其接头一律采用对接。曲线内股使用厂制缩短轨。需大量锯制缩短轨时,应报运营公司同意。
(2)半径800m及800m以下曲线,应按《工务维修规则》规定安装轨撑或轨距拉杆。
(3)线路纵向坡度大于5‰的碎石道床应安装防爬设备。
(4)按现场实测轨温预留轨缝。

(5)钢轨接头及夹板、螺栓及螺旋道钉应全部涂油拧紧。

(6)轨道电路地段应安装良好钢轨绝缘。

(7)换轨前全部调直硬弯钢轨(1m弦的矢度<2mm)做到硬弯钢轨不上道。

(8)在混凝土轨枕地段换轨时,必须同时更换一切不合格标准的扣件。木枕地段应补足新道钉。

(9)线路上个别插入短轨时,其长度正线上不短于6m,站线上不短于4.5m。

(10)做好与有关部门的联系和配合。

2. 换轨前的准备工作

(1)钢轨搬运。人工更换钢轨时,应提前把钢轨卸到工地。配轨前应做好配对,每对轨长度相差不大于±5mm,正负差应左右间置,不得单股设计。现场有大量钢轨需要测量时,应尽量在同一轨温下用同一把钢尺量。卸轨时不准从1.5m以上高度往下扔。配轨时应随时拨正方向,对正轨位。

(2)连接钢轨。连接钢轨作业应在换轨前一日进行。连轨时按实测轨温留好轨缝。连轨始端应与原铺轨头对齐方正。如换轨地段在300m范围内轨缝过大或过小,接头错开较大,应留出调整量。

(3)散布材料。换轨前将夹板、螺栓、扣板、橡胶垫片等在换轨地段散开。

(4)备好机具。每个作业组要备好方尺、道尺、拐拧、撬棍、锯轨机、钻孔机等各种工具。

3. 换轨作业

(1)停电后进入施工现场并设好防护。

(2)卸掉接头螺栓,断开接头。

(3)起出全部道钉,插入道钉木片。混凝土地段,卸掉全部扣件。

(4)拨出旧轨,换入新橡胶垫。

(5)拨入新轨,上齐夹板及螺栓。

(6)拨正方向,上好扣件。

(7)量好轨距,拧紧扣件。

(8)全面检查线路质量,消灭超限处所。

(9)待信号安装好轨连线后拆除防护,开通线路。

4. 整理作业

次日通车后,夜间再安排一次整理作业以保证线路安全。

(1)再次上紧夹板螺栓,拧紧扣件。

(2)回收旧料,全面检查质量。

5. 施工注意事项

(1)卸、运轨时,应注意轨道电路,不得损坏电务设备。

(2)换轨作业要用专用工具,不得野蛮作业。

二、道床清筛作业

道床污浊后,道砟空隙被填满,逐渐形成板状硬结,雨冰浸入后不能及时排出,致使道床翻浆。道床板结后失去应有的弹性,加剧了道床和路基翻浆冒泥的形成而沉陷,对行车安全危害极大,所以,必须对线路(碎石)进行周期性清筛,大修地段除处理好道床病害外,还要狠抓道床清筛质量,保证洁度、厚度。同时要注意新砟的规格质量。

1. 清筛作业分类及内容

清筛道床作业一般分为计划清筛和全断面清筛两种,计划清筛每3~4年轮筛一道。轮筛时只筛至枕下10cm。在道床边坡上筛至砂质底砟,在双线的两线中间筛至枕底,这项作业结合综合维修进行。当道床不洁程度大于35%时,必须进行全断面破底清筛,这项工作由大修专业队进行。它的主要内容为清筛道床、补充道砟,全起全捣。结合清筛作业同时更换失效枕木。

2. 清筛技术标准及要求

(1)道床的清筛厚度和总厚度。在大修清筛道床时,其枕下道砟厚度不得少于300mm,道床总厚度不足300mm时,应全部清筛。木枕地段在运量小,行车密度低的情况下,碎石道床总厚度不得少于200mm。

(2)道床边坡及顶面宽度:

①道床边坡:在运量大、速度高的线路上,道床边坡采用1:1.75。

②道床顶面宽度:道床顶面应低于轨枕顶面20mm。

3. 清筛施工作业

(1)清筛作业捣筛方法。清筛作业采用捣筛法,捣筛法分为小组捣、班组捣、全队捣3种。小组捣筛法是2人作业组,在分担作业区逐空捣筛。具体做法有以下两种:

①首先筛作业区第1号枕木盒,筛出的道砟置于相邻的枕木盒外,1号盒筛完后,将第一根枕木靠到相邻作业区的枕木旁。然后再筛第2道盒,筛完2号盒后,将第一根枕木放回原位,依次逐根清筛完毕。这种作法枕木不大串位,工作不紊乱,轨道不易发生大面积变形,适宜长轨枕地段。但作业面较小,不易提高作业效率。

②清筛开始后,先抽出第一根枕木,将第一号道盒及第一根枕木底道砟同时筛,筛完后将第二根枕木放人第一根枕木位置,依次逐空捣筛完毕。这种做法有较大的清筛作业面,易于提高效率。但轨道易变形,适用于非长轨地段。为了提高作业效率,将第二作业法扩大到班组或全队进行捣筛。

(2)施工作业程序及内容。

①封锁前准备作业的内容:

a. 定好起道标准,把各测点的起道位置标记在钢轨上,以便施工人员检查对照。

b. 提前将需要更换及补充轨枕、道钉等零件散布到所需位置,新抽枕先钻好钉孔。

c. 人员要提前分好工。

d. 提前做好与电务及有关单位的联系工作。

e. 提前做好轨枕鉴定,对更换轨枕做好标记。

f. 施工领导人及工班长做好施工前各项工作的检查记录。

②施工前准备工作的内容:

a. 松轨距杆及打下防爬器。

b. 清出枕木头道砟。直线地段保留100mm,曲线地段保留200mm。
c. 刨松枕木盒道砟,深度到轨底。
d. 清除路肩污土。
③清筛基本作业程序如下:
a. 设好施工防护。
b. 按作业顺序逐孔捣筛道砟。
c. 更换失效枕木。
d. 方正枕木。
e. 回填道砟。
f. 全面起道找平线路。
g. 串镐。
h. 拨正方向。
i. 全面起道捣固。
j. 全面检查线路质量。
④整理作业(一般在次日)内容如下:
a. 加强接头捣固。
b. 打紧防爬器、木撑、拧紧轨距拉杆。
c. 改补道钉。
d. 收净散布道砟,整理外观。

三、道岔大修作业

1. 道岔大修技术要求

(1)线路大修地段有道岔时,必须更换伤损部件,抽换失效岔枕,并对原道岔进行全面整修,使其符合维修验收标准。

(2)更换道岔时必须注意以下几点:
①道岔类型不低于区间轨型。
②道岔前后各更换一根与道岔轨型相同的新钢轨作为引轨。拨正附带曲线,使其半径小于导曲线半径。
③单独更换新道岔,还应清筛道床,补充道砟,按标准规定安装防爬设备。

(3)调整道岔位置,拨正道岔前后线路方向。为适应运输发展的需要,经过大修的道岔必须符合《城市轨道交通设施养护维修技术规范》的规定。

2. 整组更换道岔

地铁线路上更换整道岔受到隧道限界的控制施工场地狭小,为了不影响第二天的运营,只能选择在夜间施工。由于施工时间短,施工困难,因此,做好在地铁洞内施工的各项准备工作显得非常重要,施工前应做好施工安排,施工时更应抓紧时间精心施工。

(1)施工前的准备工作
①用钢尺精确核对桩位,同时量出新旧道岔的全长,检查新旧道岔相互关联的线路。

②有条件时应做好道岔试铺工作,认真核对各处尺寸,检查零部件是否齐全,发现问题应及时解决。
③认真编制施工网络计划,作为工程安排及技术交底。
④做好与电务等有关部门的联系工作。
⑤施工前将新道岔、枕木、道砟、机具运至现场。
⑥施工前一天将所要更换道岔区的道砟扒出一部分。

(2)施工时基本作业程序

因为施工只能在夜间完成,施工场地狭小,工作时间短,所以对于一组道岔的更换只能分几次完成,每次施工时均应做好以下工作:

①施工领导应到车站值班室做好施工登记,停电后,设好防护,再开始工作。
②按施工计划安排拆除部分道岔进行更换,与此同时更换失效枕木。
③对安装好的部分新道岔进行方正枕木,上好螺栓,拧紧扣件。
④回填道砟后并捣实,为次日工作做好准备。
⑤限速开通线路。
⑥待道岔全部更换完毕后,应补足道砟并捣实,上紧所有的螺栓、扣件。
⑦检查质量,发现问题应及时处理,符合要求后再开通线路。

(3)施工后的整理作业

①开通线路后次日再检查道岔各部尺寸是否符合标准,并及时处理发现问题,对整组道岔进行捣固。
②收集旧料,清理施工现场。
③撤除限速牌,开通线路。

任务四 线路大、中修验收

一、验收组织和验收程序

线路设备大修工程每完成一个或几个单位工作量时,经施工单位自验合格后,提出自验记录,向工务主管部门提请验收,由验收人员确定验收日期,组织施工单位和接管单位(线路公司或运营公司)组成验收小组共同进行工程验收,填写实测资料和验收单。

施工单位在办理工程交验时,须提交如下竣工资料:

1. 线路大、中修

(1)工程数量及主要材料使用数量表;
(2)线路大修地段竣工后的线路纵断面图和平面图;
(3)钢轨编号及配轨表(钢轨钢号、生产厂、出厂年月、熔炼炉号资料等);
(4)既有无缝线路的纵向位移观察记录、铺设记录等资料;
(5)隐蔽工程记录;
(6)其他有关技术资料。

2. 铺设无缝线路

(1) 竣工后钢轨布置图(配轨图表、实际锁定轨温等);
(2) 每段无缝线路实际锁定轨温与实际轨缝尺寸;
(3) 每个焊缝的焊接记录和焊缝探伤记录;
(4) 焊缝编号和钢轨编号的对照表;
(5) 铺设后放散应力记录;
(6) 焊缝编号和钢轨编号对照表。

3. 其他各项线路设备大修

(1) 主要工程数量表;
(2) 其他有关技术资料。

4. 各项大修工程验收应符合设计文件规定外,并按验收标准进行验收,并做好记录交工务存档

二、验收办法

线路设备大修工作按以下验收办法:
(1) 正线为1公里(始终点不足1公里时,按实际长度合并)验收;
(2) 站线为一股道;
(3) 道岔为一组;
(4) 铺设无缝线路为一段(包括相衔接的普通线路),同时计算公里数;
(5) 其他按"处"、"公里"、"件"、"根"等自定。

三、验收标准

线路大中修按照设计文件及表6-1~表6-4验收标准进行验收,主要项目(大方向、大高低、线路锁定、道床清筛、捣固质量、路基排水等)一次达到标准,可评为"优良",如果主要项目不符合标准,次要项目漏填或不合格,经整修后复验达到标准,评为"合格"。

1. 碎石道床验收标准(见表6-1)

碎石道床线路大修验收标准 表6-1

序号	项 目	质 量 标 准
1	轨距	1. 木枕地误差+4mm、-2mm,混凝土轨枕地段+3mm、-2mm; 2. 变化率不大于2‰
2	水平	1. 误差不超过4mm; 2. 在延长18m的距离内,没有超过4mm的三角坑
3	方向	1. 直线远视直顺,用10m弦量,误差不超过4mm; 2. 曲线方向圆顺,以20m弦量,正矢误差不超过下列限度

续上表

序号	项 目	质 量 标 准			
3	方向	曲线半径(m)	缓和曲线实际正矢与计算正矢差(mm)	圆曲线正矢连续差(mm)	圆曲线正矢最大值与最小值之差(mm)
		250 及 250 以下	6	12	18
		251~350	5	10	15
		351~450	4	8	12
		451~650	3	6	9
		650 以上	3	4	6
		3. 曲线头尾不得有反弯或"鹅头"			
4	高低	目视平顺,前后高低差用10m弦量,不超过4mm			
5	捣固	空吊板不超过12%			
6	路基及排水	1. 路肩平整,并有向外流水横坡; 2. 排水设备畅通; 3. 符合规定标准			
7	道床	1. 清筛洁净,个别清筛厚度不足在30mm以内; 2. 符合设计断面,边坡整齐			
8	轨枕	1. 位置方正,间距和偏斜误差不超过40mm; 2. 新枕木要全部钻孔; 3. 无失效、无失修轨枕			
9	混凝土轨枕扣件	1. 螺纹道钉无损坏,丝扣涂油、拧紧; 2. 铁座平贴轨枕,顶紧挡肩; 3. 扣板顶紧、压紧、密靠,不良者不超过4%; 4. 胶姆无缺损.歪斜者不超过6%			
10	钢轨及其连接零件	(一)新钢轨及其连接零件	1. 钢轨无硬弯,接头轨面及内侧错牙,误差不超过1mm; 2. 接头相错,直线不超过20mm,曲线不超过规定缩短量的一半加20mm; 3. 轨缝每公里总误差,12.5m钢轨不超过±160mm、25m钢轨不超过±80mm,无连续三个以上的瞎缝; 4. 道钉浮离不超过8%; 5. 夹板、螺栓涂油上紧,扭力矩达到标准		
		(二)旧钢轨及其连接零件	1. 接头相错,直线不超过40mm,曲线不超过规定缩短量的一半加20mm,不能改为对接时,两股钢轨相错量不少于3m; 2. 无超过2mm的低接头(用1m尺量); 3. 同(一)中新钢轨及其连接零件中的1、3、4、5项		
		(三)无缝线路的钢轨及其连接零件	1. 伸缩区两端位移不大于20mm; 2. 接头相错不大于40mm; 3. 焊缝质量符合规定标准; 4. 缓冲区内实际轨缝较设计轨缝的误差在±2mm以内,但超过作业轨温上下限时除外; 5. 其他同(一)新钢轨及其连接零件中的4、5项		

续上表

序号	项目	质量标准
11	防爬设备	1. 安装齐全无失效; 2. 线路爬行量不超过20mm
12	道口	1. 木枕地段铺面下全部为新枕; 2. 栏木及栅栏整修完好,油漆鲜明; 3. 铺面平整牢固,轮缘槽符合标准; 4. 两端进路平顺
13	线路外观	1. 标志完整,位置正确,字迹清晰、工整、美观; 2. 钢轨上的符号齐全、正确清晰; 3. 弃土清除干净; 4. 散弃道砟收回
14	旧料回收	旧料如数回收,运至指定地点堆码整齐,并按规定移交线路公司或轨料库

2. 碎石道床道岔大修验收标准(见表6-2)

碎石道床道岔大修验收标准   表6-2

序号	项目	质量标准
1	轨距	1. 误差不超过+3mm、-2mm(有控制锁的不超过±1mm); 2. 变化率不大于2‰
2	水平	误差不超过4mm,导曲线无反超高
3	高低	前后高低差用10m弦量,不超过4mm
4	方向	1. 直线远视直顺,用10m弦量,误差不超过4mm; 2. 导曲线支距误差不超过2mm; 3. 附带曲线连续正矢差不超过3mm
5	道床	道床洁净饱满,夯实拍平,边坡整齐,没有土拢
6	岔枕	1. 间距误差不超过30mm; 2. 无失效、无失修; 3. 无连续空吊板,单根空吊板不超过12%
7	基本轨导轨	无硬弯、无倾斜,接头轨面内侧平齐
8	尖轨	1. 尖轨竖切部分与基本轨密贴; 2. 尖轨第一连接杆处动程,应符合地铁道岔图的规定
9	轨缝	按规定轨温计算,不超过±4mm,无连续瞎缝(最高轨温时除外)
10	转辙连接零件	1. 连接杆不脱节、不松动,销子上好; 2. 滑床板平直,不密贴的每侧不超过1块基本轨落槽; 3. 轨撑与钢轨不密贴的每侧不超过1个
11	辙叉与护轮轨	1. 护轮轨头部外侧至辙叉心作用面距离不小于1391mm; 2. 护轮轨头部外侧至翼轨作用面距离不大于1348mm

续上表

序号	项 目	质 量 标 准
12	各种螺栓及道钉	1. 螺栓无松动、无缺少,已涂油; 2. 道钉浮离不超过 8%
13	防爬设备	按设计安装齐全、无失效,支撑顶紧枕木
14	外观	1. 道岔钢轨编号、各部尺寸用铅油标记正确,字迹清晰; 2. 旧料收集干净

3. 整体道床线路大修验收标准(见表6-3)

整体道床线路大修验收标准　　表6-3

序号	项 目	质 量 标 准
1	轨距	1. 误差不超过 +3mm、-2mm(有控制锁的不超过 ±1mm); 2. 变化率不大于 2‰
2	水平	1. 误差不超过 4mm; 2. 在延长线 18m 的距离内,没有超过 4mm 的三角坑
3	方向	1. 直线用 10m 弦量,误差不超过 4mm; 2. 曲线正矢符合表 6-1 中的规定
4	高低	用 10m 弦在任何一处测量,其前后高低误差不超过 4mm
5	钢轨接头	1. 接头轨面及轨距线内侧错牙不超过 1mm; 2. 大轨缝不超过 5%,无连续 3 个以上的瞎缝,长轨条缓冲区轨缝应符合设计要求; 3. 接头应相对,直线误差不超过 40mm,曲线不超过规定缩短量的一半加 40mm; 4. 焊接头应符合焊接要求
6	支承块	1. 支承块无失效,挡肩及塑料管无损坏,表面整洁; 2. 支承块位置前后两块顺线路方向间距误差不超过 ±10mm
7	连接零件	1. 各种零件齐全无失效、无锈蚀、无污物(扣压力为 10~12kg/m); 2. 扣件失效者不超过 8%; 3. 胶垫损坏歪斜松动者不超过 6%; 4. T 形螺栓顶的指示线与走行轨位置正确; 5. 弹性垫层四周保持整洁无污物
8	道床侧沟及中心沟	1. 道床表面完整无缺损,平整、纵横、顺坡符合要求; 2. 钢筋混凝土无宽 0.3mm 以上、混凝土无宽 1.0mm 以上的裂缝; 3. 侧沟及中心沟底坡度符合设计要求; 4. 圬工整修无空洞、无裂缝、无砂浆堆集,新旧混凝土结合牢固、养生良好; 5. 沉降缝符合要求
9	线路外观	1. 标记完整、位置正确、字迹清晰; 2. 钢轨上的符号齐全、正确、清晰; 3. 旧料及时回收到指定地点,堆放整齐

4. 整体道床道岔大修验收标准(见表6-4)

整体道床道岔大修验收标准 表6-4

序号	项 目	质 量 标 准
1	轨距	1. 误差不超过 +3mm、-2mm(有控制锁的不超过±1mm); 2. 变化率不大于2‰
2	水平	误差不超过3mm,导曲线无反超高
3	方向	1. 直线远视直顺,用10m弦量,误差不超过3mm; 2. 导曲线支距误差不超过2mm且无硬弯; 3. 附带曲线用10m弦量连续正矢误差不超过3mm
4	高低	用10m弦量前后高低误差,不超过4mm
5	钢轨接头	1. 轨面及轨距线错牙不超过1mm; 2. 无连续2个以上瞎缝,大轨缝不超过5%
6	连接零件	1. 基本轨落槽,滑床板平直,不密贴每侧不超过1块; 2. 轨撑与不密贴,每侧不超过1个; 3. 各种零件齐全无失效; 4. T型螺栓顶面指示线与走行轨垂直; 5. 扣件失效者不超过8%且无连续失效
7	支承块	1. 支承块无失效,挡肩无损坏; 2. 支承块位置前后两块顺线路方向间距误差不超过±10mm
8	尖轨	1. 尖轨竖切部分与基本轨密贴; 2. 尖轨第一连接杆处动程,应符合地铁道岔图的规定; 3. 连接杆不脱节、不松动,销子良好
9	辙叉与护轮轨	1. 护轮轨头部外侧至辙叉心作用面距离不小于1391mm; 2. 护轮轨头部外侧至翼轨作用面距离不大于1348mm
10	道床及排水沟	1. 道床表面整洁无脏物,弹性垫层四周保持整洁、无污物; 2. 混凝土无宽1mm以上裂缝; 3. 新旧混凝土结合牢固,养生良好; 4. 排水沟畅通
11	外观	1. 标志完整、位置正确、字迹清晰; 2. 道岔有关符号数据齐全、正确、清晰; 3. 旧料及时回收,运至指定地点,堆放整齐

5. 接触轨大修验收标准(见表6-5)

接触轨大修验收标准 表6-5

序号	项 目	质 量 标 准
1	轨距	接触轨中心至相邻走行轨内侧距离为700mm,误差不超过±5mm
2	水平	接触轨顶面至相邻走行轨顶面距离为140mm,误差不超过±6mm

续上表

序号	项 目	质 量 标 准
3	弯头	1. 自端部起至575mm和2275mm处,分别有1:12.5和1:25的坡度; 2. 端部距相邻走行轨顶面平均允许误差+0mm、-10mm;已有线高出走行轨顶,在改造困难时,仍可保留原设计标准; 3. 位置正确,连接零件齐全; 4. 弯头顶面要平顺,连接处无错牙
4	瓷瓶	1. 瓷瓶电气性能和机械性能要符合设计要求; 2. 瓷瓶牢固、无松动,位置正确、清洁
5	托架及防护板	1. 托架顶端内侧面与相邻走行轨内侧面之间的距离为608.5mm,误差为-0mm、+15mm; 2. 托架顶端下面至相邻走行轨顶面为300mm,误差不超过8mm; 3. 防护木板内涂防火漆3遍,外涂防腐漆3遍;无腐蚀和虫眼; 4. 安装位置正确、牢固,无损坏,各种连接螺栓齐全; 5. 防护板拼2m以内设3根肋带,拼1m以内设两根肋带,木板要符合设计要求
6	连接螺栓	1. 混凝土底座或槽钢底座,光滑平整,其强度满足设计要求,钢材要镀锌、防锈、埋设牢固; 2. 地脚螺栓要有防锈设施
7	接触轨	1. 轨面平稳,直线顺直,曲线圆顺; 2. 各种连接零件齐全、无失效; 3. 焊接处要符合焊接要求; 4. 连接处不得出现高低±1mm,错牙±2mm; 5. 摇测绝缘表要符合设计要求

复习思考题

1. 轨道线路大修的主要内容有哪些?
2. 道岔大修作业有哪些技术要求?
3. 施工单位办理工程交接验收时,需要提交哪些竣工资料?
4. 轨道线路大中修项目验收时,应如何评定?

附 录

《轨道线路养护与维修技术》课程标准

一、课程的性质

轨道养护与维修技术是城市轨道交通工程技术专业、城市轨道交通运营管理专业的必修课程。其目标在于培养学生在轨道线路维修工务岗位上,从事相关轨道日常养护维修和小型改造、加固维护等职业的岗位专项能力。课程在《工程数学》、《城市轨道交通概论》、《轨道工程测量技术》、《城市轨道交通运营组织》、《城市轨道交通工程技术》等课程之后开设。

二、课程设计思路

课程内容突出对学生职业岗位能力的训练,理论知识的选取紧紧围绕工作任务完成的需要来进行,同时又充分考虑了高等职业教育对理论知识学习的需要,并融合相关资格证书对知识、技能和态度的要求。

课程依据城市轨道交通工程技术、城市轨道交通运营管理等专业的工作任务与职业能力中的工作项目设置,即:打破原有传统学科课程模式,转变为以工作任务为中心组织课程内容,让学生在完成具体项目的过程中学会完成相应工作任务,并构建相关理论知识,发展职业岗位能力。

三、课程教学目标

(一)能力目标

学完本课程之后,学生通过完成直线轨道各部位的检查与整修、曲线轨道的整正维修、道岔设备的检查维护、无缝线路维护等多项任务,根据《城市轨道交通养护维修技术规范》、《地铁线路维修规程》等,做线路的常规设备检查,进行轨道单项作业、线路基本作业、无缝线路作业、道岔养护作业等。

(二)知识目标

(1)掌握线路各部分构件名称及特点、道岔设备组成;
(2)掌握曲线整正的理论计算方法;
(3)掌握无缝线路应力放散调整的方法;
(4)掌握几种常见道岔养护的检查要点及质量技术要求。

(三)素质目标

(1)通过进行线路各项基本作业,能进行较好的沟通协调,体现出团队合作精神;

(2)通过现场实际操作普通单开道岔尺寸检查,能对出现的问题进行识别与处理。

四、课程内容和要求

本课程设置 6 个教学项目,每个项目又分为若干学习任务,每个学习任务以轨道的养护维修相关知识及任务实施为线索来组织实施教学。对应的课时和教学内容列表如下:

课程教学内容和安排表

项目名称	学时	教学项目	
项目一:城市轨道交通线路养护与维修准备	12	总体描述	简要介绍城市轨道交通线路养护作业的环境、线路养护维修及设备的检查内容
		学习任务	了解轨道养护维修的环境,掌握城市轨道交通线路养护维修的内容和设备
		教学目标	使学生掌握城市轨道交通线路养护维修的基本内容;了解进行线路养护维修都需要什么线路设备;使学生在进行线路维修作业前,能做好一系列的准备工作
		教学过程设计	1.学生准备 无。 2.教学方法 (1)板书教学。 (2)教学课件。 (3)相关视频资料。 3.教学组织 (1)首先回顾城市轨道交通线路的基本组成及其附属设备,为本项目内容的讲解做好铺垫。 (2)引出本节课的任务——请学生自己思考在轨道线路维修之前,我们要做哪些准备工作。给学生讨论时间,并以小组形式汇报讨论的结果,教师进行简单的点评,留下伏笔,让学生学完这部分的内容之后,再继续完善自己的答案。 (3)教授本部分的内容: ①讲授任务一的内容:一、城市轨道交通线路敷设方式;二、城市轨道交通线路分类;三、城市轨道交通线路其他相关设施;四、城市轨道交通线路养护维修内容。先让学生了解轨道线路的分类和相关设施,讲授完任务一的内容之后,到学生到现场,认知轨道线路的种类、组成设备和相关的设施。让学生更好地理解所授的理论知识。(2 学时理论+2 学时实训) ②经过现场的认知后,学生对轨道线路的组成有了更直观的认识,然后引导学生掌握使用小型机具的方法,掌握线路设备的检查内容;观看大型养护机械养护作业的视频录像,让学生对大型机械有清晰的认识。 (4)在讲授完理论知识之后,再回到本课程之间提出的任务,请各小组运用已学的知识,补充回答。各小组回答完之后,老师进行点评,给各小组评分。 4.单项考核 教师评分、实践感受报告、课后作业。 5.教学方式 理论教学+实践教学。

续上表

项目名称	学时	教学项目	
项目一：城市轨道交通线路养护与维修准备	12	教学过程设计	6.学生技能 城市轨道交通线路设备的基本知识。 7.教师技能 熟悉城市轨道线路养护维修的前期准备工作内容；熟悉线路养护维修的主要内容、工作流程和轨道线路设备的检查；认识线路养护小型机具和大型养护机械
备注			
项目二：线路病害防治	4	总体描述	结合具体工程实例，介绍轨道线路病害的种类及防治措施
		学习任务	熟悉轨道线路病害的种类，掌握治理的具体方法和措施
		教学目标	使学生掌握线路病害的种类；使学生会根据现场情况分析属于哪种病害及学会治理方法
		教学过程设计	1.学生准备 无。 2.教学方法 (1)板书教学。 (2)教学课件。 (3)相关视频资料。 3.教学组织 (1)首先回顾城市轨道交通线路的基本组成及其附属设备，为本项目内容的讲解做好铺垫。 (2)引出本节课的任务——请学生自己思考看到过哪些病害，给学生讨论时间，并以小组形式汇报讨论的结果，讲师进行简单的点评，留下伏笔，让学生学完这部分的内容之后，再继续完善自己的答案。 (3)教授本部分的内容。结合搜集到的图片、工程案例给学生讲解线路运营中可能出现的各种病害种类及成因。有条件时带学生到现场查看轨道线路是否存在病害，以便让学生更好地理解所授的理论知识。(2学时理论+2学时实训)。 (4)经过图片、工程案例的讲解后，学生对轨道线路病害有了更直观的认识，然后引导学生思考病害如何进行治理，进而引入治理方法和措施。 (5)讲授完理论知识后，再回到本课程之前提出的任务，请各小组运用已学的知识，补充回答。各小组回答完之后，老师进行点评，给各小组评分。 4.单项考核 教师评分、实践感受报告、课后作业。 5.教学方式 理论教学+实践教学。 6.学生技能 城市轨道交通线路设备的基本知识。 7.教师技能 熟悉城市轨道线路养护维修的前期准备工作内容；熟悉线路养护维修的主要内容、工作流程和轨道线路设备的检查
备注			

续上表

项目名称	学时	教学项目	
项目三：城市轨道交通线路维护作业	14	总体描述	线路养护维修各基本作业的方法及步骤
		学习任务	掌握线路维修基本作业的方法及步骤
		教学目标	使学生学会轨道线路单项作业方法、起道捣固作业方法及步骤、拨道作业方法和步骤、方正轨枕作业方法及步骤、单根更换钢轨作业方法及步骤、调整轨缝作业方法及步骤
		教学过程设计	1. 学生准备 无。 2. 教学方法 板书＋多媒体。 3. 教学组织 (1)给出关于轨道线路养护维修的各基本作业任务，包括若干子任务，比如线路单项作业、起道捣固、改道作业、和拨道作业等。 (2)学生思考、讨论，请学生口述自己的想法，锻炼学生的语言表达能力。 (3)理论教授为主，结合图片、视频给学生展示讲授轨道线路单项作业的内容和作业流程后，请学生结合所学内容，解决任务一中的各种单项作业操作方法。以此类推，请学生解决任务二、任务三和任务四。 (4)教师考核评分。 4. 单项考核 课堂测验。 5. 教学方式 理论教学。 6. 学生技能 轨道组成设备的基本知识。 7. 教师技能 能够指导学生进行轨道线路维修的基本作业
备注			
项目四：无缝线路养护与维修	6	总体描述	无缝线路故障的分析、无缝线路维修养护作业的内容
		学习任务	了解无缝线路养护维修的基本原则和要求、铺设无缝线路施工作业；掌握无缝线路养护的作业操作
		教学目标	使学生能学会在现场进行无缝线路维修养护
		教学过程设计	1. 学生准备 提前预习无缝线路的种类。 2. 教学方法 板书＋多媒体＋现场实践。 3. 教学组织 (1)检查学生预习效果，引出本部分内容的任务，给出轨道交通无缝线路的故障，请学生思考如何对该无缝线路进行养护维修。请各小组给出答案，教师公布各小组的答案，让学生学完这部分内容之后，各组补充完善。

续上表

项目名称	学时	教学项目		
项目四:无缝线路养护与维修	6	教学过程设计		(2)首先采用图片、录像等给学生讲授关于无缝线路的基本知识、无缝线路的故障种类、无缝线路设备养护的标准和要求和无缝线路维修养护的作业流程。 (3)最后通过现场观察,详细讲解无缝线路养护维修的操作过程,请每一位学生动手操作一遍。 (4)回到课堂,请小组成员结合学到的理论知识和实践操作过程,重新给出答案,然后各小组进行互评打分。 4.单项考核 课后作业+实践报告。 5.教学方式 理论教学+实践教学。 6.学生技能 无缝线路设备的基本知识。 7.教师技能 能指导学生无缝线路的养护维修
备注				
项目五:道岔养护与维修	14		总体描述	讲解道岔养护的标准、道岔养护维修的内容
			学习任务	了解道岔的养护标准、了解道岔水平不良、道岔轨距和方向不良、尖轨部分、导曲线、辙叉及护轨部分病害产生的原因; 掌握道岔病害整治的方法;掌握普通单开道岔的养护和提速道岔的养护维修内容、交叉渡线和复式交分道岔的养护内容
			教学目标	使学生学会识别道岔的病害,并根据病因进行养护维修
			教学过程设计	1.学生准备 复习道岔的基本知识。 2.教学方法 板书+多媒体+现场实践。 3.教学组织 (1)检查学生预习效果,引出本部分内容的任务,给出道岔的故障,请学生思考如何对该道岔进行养护维修,请各小组讨论给出答案。 (2)讲授道岔养护维修的内容。采用图片、录像等给学生讲授关于道岔的基本知识、道岔常见病害、各种道岔的养护维修标准和要求和养护维修的作业流程。 (3)最后到道岔现场,详细讲解各种道岔的养护维修方法,请每一位学生动手操作一遍。 (4)回到课堂,请小组成员结合学到的理论知识和实践操作过程,重新给出答案,教师点评,给出成绩。 4.单项考核 课后作业+实践报告。 5.教学方式 理论教学+实践教学。

续上表

项目名称	学时	教学项目		
项目五:道岔养护与维修	14	教学过程设计		6.学生技能 道岔的用途、道岔的分类、道岔的构造及其基本尺寸等知识。 7.教师技能 能指导学进行普通单开道岔、交叉渡线和复式交分道岔的养护维修
备注				
项目六:线路设备大修	2	教学过程设计	总体描述	讲解线路大修内容,施工组织流程及单项大修等内容
			学习任务	熟悉线路大修的主要内容,熟悉大修前基本施工组织流程;掌握单项大修作业基本操作
			教学目标	使学生能学会根据大修施工方案在现场组织施工作业,进行线路大修作业
			教学过程设计	1.学生准备 提前预习线路设备大修具体含义。 2.教学方法 板书+多媒体+现场实践。 3.教学组织 (1)检查学生预习效果,引出本部分内容的任务,给出线路设备大修的具体定义,请学生分组讨论如何进行编制大修施工方案,如何有效进行施工组织。请各小组给出答案,教师公布各小组的答案,让学生学完这部分内容之后,各组补充完善。 (2)采用图片、录像等给学生小组讲授关于线路大修的基本知识,详细讲解线路大修单项作业的操作过程。 (3)请学生小组成员结合学到的理论知识和看到的实践操作过程,重新给出答案,然后各小组进行互评打分。 4.单项考核 课后作业+实践报告。 5.教学方式 理论教学+实践教学。 6.学生技能 线路设备的基本知识。 7.教师技能 能指导学生学会编制大修施工方案,能示范单项大修作业的基本方法
备注				

参 考 文 献

[1] 张立.城市轨道工程[M].成都:西南交通大学出版社,2006.
[2] 刘永孝,李斌.铁路线路养护维修[M].成都:西南交通大学出版社,2011.
[3] 何宗华.城市轨道交通土建设施运行与维修[M].北京:中国建筑工业出版社,2006.
[4] 上海申通地铁集团有限公司轨道交通培训中心.城市轨道交通线路技术[M].北京:中国铁道出版社,2011.
[5] 黄守刚.铁路与城市轨道工务[M].北京:机械工业出版社,2010.
[6] 郭成富.铁路工务作业指导书[M].北京:中国铁道出版社,2012.
[7] 何宏斌.现代轨道原理与维修技术[M].成都:西南交通大学出版社,2007.
[8] 何学科.铁道工务[M].北京:中国铁道出版社,2007.
[9] 北京市地方标准.DB 11/T718—2010 城市轨道交通设施养护维修技术规范.